A SABEDORIA DOS CÃES

TRÊS GERAÇÕES, DOIS CÃES E A NOSSA BUSCA POR UMA VIDA FELIZ

A SABEDORIA DOS CÃES

TRÊS GERAÇÕES, DOIS CÃES E A NOSSA BUSCA POR UMA VIDA FELIZ

GOTHAM CHOPRA com
DEEPAK CHOPRA

TRADUÇÃO
Elvira Serapicos

ALTA BOOKS
EDITORA
Rio de Janeiro, 2020

A Sabedoria dos Cães

Copyright © 2020 da Starlin Alta Editora e Consultoria Eireli. ISBN: 978-85-508-1584-8

Translated from original Walking Wisdom. Three Generations, Two Dogs, and the Search for a Happy Life. Copyright © 2011 by Penguin Group (USA) Inc. ISBN 9781401396268. This translation is published and sold by permission of Plume, a member of Penguin Group (USA) Inc., the owner of all rights to publish and sell the same. PORTUGUESE language edition published by Starlin Alta Editora e Consultoria Eireli, Copyright ©2020 by Starlin Alta Editora e Consultoria Eireli.

Todos os direitos estão reservados e protegidos por Lei. Nenhuma parte deste livro, sem autorização prévia por escrito da editora, poderá ser reproduzida ou transmitida. A violação dos Direitos Autorais é crime estabelecido na Lei nº 9.610/98 e com punição de acordo com o artigo 184 do Código Penal.

A editora não se responsabiliza pelo conteúdo da obra, formulada exclusivamente pelo(s) autor(es).

Marcas Registradas: Todos os termos mencionados e reconhecidos como Marca Registrada e/ou Comercial são de responsabilidade de seus proprietários. A editora informa não estar associada a nenhum produto e/ou fornecedor apresentado no livro.

Impresso no Brasil — 1ª Edição, 2020 — Edição revisada conforme o Acordo Ortográfico da Língua Portuguesa de 2009.

Direção editorial: Pascoal Soto
Editor: Pedro Almeida
Produção editorial: André Fonseca
Tradução: Elvira Serapicos
Preparação de texto: Margô Negro
Revisão: Giselle Moura

Capa e Diagramação: Moré Designer
Imagem da Capa: AGE FOTOSTOCK / KEYSTOCK
Tradução para a língua portuguesa: Copyright © 2011, Texto Editores Ltda.
Produção Editorial: Texto Editores Ltda. (Uma editora do grupo Leya) - CNPJ: 08.108.543/0001-39

Publique seu livro com a Alta Books. Para mais informações envie um e-mail para autoria@altabooks.com.br

Obra disponível para venda corporativa e/ou personalizada. Para mais informações, fale com projetos@altabooks.com.br

Erratas e arquivos de apoio: No site da editora relatamos, com a devida correção, qualquer erro encontrado em nossos livros, bem como disponibilizamos arquivos de apoio se aplicáveis à obra em questão.

Acesse o site www.altabooks.com.br e procure pelo título do livro desejado para ter acesso às erratas, aos arquivos de apoio e/ou a outros conteúdos aplicáveis à obra.

Suporte Técnico: A obra é comercializada na forma em que está, sem direito a suporte técnico ou orientação pessoal/exclusiva ao leitor.

A editora não se responsabiliza pela manutenção, atualização e idioma dos sites referidos pelos autores nesta obra.

Ouvidoria: ouvidoria@altabooks.com.br

Dados Internacionais de Catalogação na Publicação
(CIP) (Câmara Brasileira do Livro, RJ, Brasil)

Chopra, Ghotam
  A sabedoria dos cães : três gerações, dois cães e a busca por uma vida feliz / Ghotam Chopra, com Deepack Chopra ; tradução Elvira Serapicos. – Rio de Janeiro : Alta Books, 2020. 248 p. : il. ; 15,5cm x 22.8cm.

  Título original: Walking wisdom : three generations, two dogs, and the search for a happy life.
  ISBN 978-85-5081-584-8

  1. Família 2. Pais e filhos 3. Relações homem-animal I. Chopra, Deepack. II. Título.

11-2459   CDD: 299.93

Índices para catálogo sistemático:
1. Sabedoria dos cães : Filosofia   170.44

Rua Viúva Cláudio, 291 — Bairro Industrial do Jacaré
CEP: 20.970-031 — Rio de Janeiro (RJ)
Tels.: (21) 3278-8069 / 3278-8419
www.altabooks.com.br — altabooks@altabooks.com.br
www.facebook.com/altabooks — www.instagram.com/altabooks

Para

Krishu, Leela, Tara, Kiran, Noah, Alex, Aanya, Mira, Dakshu, Sumair, Cleo e Nicholas. Você todos são como filhos.

Obrigado por todo o amor e pelas lambidas.

introdução

OBCECADOS. NÃO EXISTE PALAVRA MELHOR. ESTÁVA-MOS OBCECADOS. Quando eu tinha 7 anos e minha irmã, Mallika, 11, só falávamos — e pensávamos — em ter um cachorro. Reconheço que esse tipo de obsessão não era algo inusitado, porque a maioria das crianças é louca por cães e gatos e as famílias passam por essa fase. Mas quando você tem 7 anos e cada segundo da sua vida é ocupado por essa necessidade — esse desejo urgente, desesperado —, bem, a ideia de uma experiência universal não parece ter importância. Não se tratava de um rito de passagem. Era uma questão de vida ou morte. E nós nos comportávamos como se fosse.

Eu e Mallika passávamos as manhãs, tardes e noites importunando nossos pais. Fazíamos caretas. Suplicávamos. Adulávamos. Fazíamos promessas que sabíamos que jamais cumpriríamos. Prometi abrir mão da minha mesada para compensar o gasto com a ração, enquanto Mallika jurou que daria banho no cachorro todos os dias. Arrumaríamos a bagunça. Levaríamos o cachorro para passear. Tomaríamos conta de tudo.

— Vamos cuidar do cachorro, mamãe. É sério, nós vamos — eu dizia.

— Vocês não vão ter que fazer nada. Não vão nem perceber que o cachorro existe — Mallika argumentava.

Minha mãe, sempre aberta a negociações, aproveitou-se da situação para acertar algumas tarefas que vinha negociando fazia algum tempo. Meu pai, por outro lado, parecia impassível. Ele trabalhava muito, era um físico com vários empregos, não tinha interesse algum em colocar outro ser vivo na casa, especialmente um de quatro patas. Papai não era exatamente uma pessoa apaixonada por cães e olhava com nojo para o são-bernardo do vizinho — um idiota sem coordenação nenhuma que vivia babando. Via todos os cães como idiotas sem coordenação nenhuma, que viviam babando... e eram completamente obtusos.

As coisas poderiam ter parado por aí; mas, como sempre aconteceu em nossa família, quando minha mãe dava o sinal verde para qualquer coisa, a opinião de meu pai realmente não contava muito.

Mallika e eu comemoramos o iminente aumento da nossa família.

Os Chopra teriam um cachorro.

NICHOLAS era uma explosão de energia e anarquia, um filhote de samoieda que mais parecia uma bola branca de pelo. Mal conseguíamos distinguir uma ponta da outra. Nicholas era bobinho e brincalhão, adorava agradar, mas como a maioria dos filhotes não conseguia fazer nada direito. Quem se importava se ele fizesse xixi no lugar errado? E se mastigasse uma perna da mesa, um cabo de vassoura ou a almofada do sofá? Isso servia apenas para torná-lo ainda mais adorável. Não importava o que fizesse ou aprontasse, eu e Mallika estávamos felizes. Ridiculamente felizes.

E como poderíamos não estar?

Nosso sonho havia se realizado: tínhamos um cachorrinho.

introdução

Nicholas passava o dia correndo pela casa, lutando com brinquedos de pelúcia e aqueles ossinhos que trazíamos todos os dias da *pet shop*. Ia de um lado a outro da casa com velocidade e astúcia. Quando finalmente o encontrávamos, estava engalfinhado com alguma almofada ou destruindo algum móvel. Os sapatos estavam entre seus objetos favoritos, assim como os bichinhos de pelúcia dos nossos quartos.

A hora do banho, bastante frequente no início, enquanto ingenuamente acreditávamos que conseguiríamos mantê-lo limpo, era um festival de espuma que normalmente terminava com Nicholas fugindo. Nós seguíamos o rastro escorregadio por toda a casa, passando pela saleta repleta de livros e pela sala de estar coberta por obras de arte, terminando geralmente em um dos nossos quartos, onde encontrávamos nosso cãozinho mastigando uma almofada ou destruindo uma das muitas sandálias de plástico de Mallika.

— Tudo bem — ela dava de ombros, afastando os restos da sandália destruída antes de fazer um carinho em Nicholas. — Não tem importância.

Mas tinha, considerando o quanto minha irmã pré-adolescente gostava de suas sandálias.

— Nicholas é nosso bebê — ela me tranquilizava. — Nada jamais poderá se comparar a ele.

E com isso o assunto estava encerrado. Para nós dois.

Meu pai fez o que pôde para preservar o gramado. Insistiu para que mantivéssemos Nicholas no porão da casa, onde montamos um cercadinho/casinha de cachorro com água e comida, brinquedos e cobertores e, agora que sabíamos que ele gostava tanto, um velho par de sapatos. Porém, durante a primeira noite que passou conosco, Nicholas gemeu e chorou. Seus lamentos ecoavam por toda a casa. Aquela primeira noite no porão foi a última.

Em poucos meses, Nicholas deixou de ser uma bolinha de pelo e transformou-se em um lindo cão. Ainda assim, apesar das frouxas tentativas para treiná-lo, ele nunca perdeu os hábitos de filhote. Nicholas era um

a sabedoria dos cães

idiota cheio de energia e sem coordenação nenhuma, que vivia babando e que transformou em realidade os piores temores de meu pai. Mas, para nós, era só amor.

Nicholas acabou se tornando parte da família. Nossos três primos, que moravam a quinze minutos de nós na periferia de Boston — e que considerávamos mais como irmãos do que "primos de primeiro grau", como dizem os ocidentais —, vinham quase todos os dias a nossa casa para brincarmos com Nicholas. Mais anarquia.

Meu pai, no entanto, impunha limites. Nicholas ficava em outra sala durante as refeições e, a menos que Papa não estivesse olhando (nesse caso, eu e Mallika dávamos ao nosso garoto um pouco de ração humana), ele só comia alimento para cães. E apesar de ter conseguido escapar do porão, que Mallika e eu agora víamos mais como uma espécie de calabouço, ele só podia deitar em um pedaço de roupa suja perto da minha cama ou da cama de minha irmã. Ordens do médico.

Apesar de reclamar, Papa logo descobriu em Nicholas um grande atrativo. Desde pequenos, Mallika e eu aprendemos a resistir às experiências de meu pai. Até onde consigo me lembrar, ele tentava nos usar para colocar em prática algum tipo de rotina ou ritual que havia descoberto em algum livro: desde hipnose, inúmeras dietas, observação do silêncio por várias horas de cada vez (para aumentar nossa criatividade, ele dizia) até a "comunicação com o universo" por meio de uma Tábua Ouija para despertar em nós uma consciência mais elevada, fosse qual fosse o significado de tudo isso. Estávamos habituados a ser objeto das experiências de Papa e reagíamos com uma mistura de aborrecimento e empreendedorismo. Mallika, sempre o gênio da matemática, criou uma escala que, dependendo da intensidade da experiência, obrigava Papa a aumentar nossa mesada. Ela também cuidava das minhas contas e me cobrava juros por isso, o que eu considerava razoável.

Nicholas, por outro lado, sempre topava uma nova brincadeira, principalmente se tivesse algum tipo de recompensa no final. Ele demons-

introdução

trava uma aptidão notável para o aprendizado de um exercício — como ficar quieto ou pegar uma bola, até outras provas mais avançadas criadas por Deepak Chopra — e esquecia tudo rapidamente assim que recebia seu prêmio. Isso gerava uma grande frustração em meu pai, admirador do cientista Rupert Sheldrake, pioneiro de muitas teorias da consciência baseadas em seu estudo do comportamento animal. O comportamento de Nicholas desafiava a teoria de Sheldrake e de Papa, pois a evolução da inteligência e da consciência não deveria depender de um osso ou de uma recompensa qualquer.

— Darwin deve ter tido animais de teste melhores para trabalhar — dizia Papa, frustrado.

Eu não tinha ideia do que ele queria dizer, mas Mallika entendia tudo.

— Podíamos ter outro cachorro — ela sugeria. — Um cão treinado. Aí você poderia estabelecer uma variável.

— Não, obrigado — Papa respondia. O cientista maluco que vivia dentro dele estava determinado. — Trabalharei com o que tenho.

Um dos objetivos de meu pai com Nicholas era que nós todos reconhecêssemos a déssemos valor à confiança instintiva que sentíamos uns pelos outros. A materialização disso, dizia Papa, seria deixar Nicholas sem a coleira, confiando que ele continuaria ao nosso lado em vez de sair correndo. Eu e Mallika sabíamos que outros cães haviam conseguido, que milhões de cães antes de Nicholas haviam sido treinados para permanecer ao lado de seus donos sem a coleira. Nada demais. E mesmo assim estávamos nervosos.

Papa queria instaurar o notável poder da confiança, provar para nós que a mera demonstração de amor e de confiança em Nicholas seria retribuída com amor e confiança.

— Confiança é a base de qualquer relação acolhedora e evolutiva. Somente com esse fundamento básico e forte podemos avançar para coisas maiores, como a comunicação não local — ele ensinou.

a sabedoria dos cães

Para nós parecia algo duvidoso. Mas quem éramos nós para questionar um homem tão confiante em sua sabedoria? Quem éramos nós para questionar Papa?

Assim, em uma linda tarde de outono em que as árvores tinham coberto nossa rua de laranja e amarelo, chegou o grande dia.

Papa começou conversando com Nicholas da mesma maneira que conversaria com qualquer membro da nossa família.

— Daqui a alguns minutos, eu vou soltar a coleira do seu pescoço, tudo bem?

Nicholas olhou para ele sem uma expressão definida. Seu peito arfava. O coração batia forte.

— Nós o amamos e confiamos em você, e não queremos que se sinta preso — Papa prosseguiu. — Sabemos que você retribuirá esse amor e essa confiança ficando perto de nós.

Nicholas agiu com habilidade permanecendo quieto enquanto Papa soltava lentamente a coleira. — Nós confiamos em você — ele repetiu. — Todos nós confiamos em você.

Nicholas ficou quieto por um minuto, sorrindo de orelha a orelha com um fio de baba caindo do canto da boca. Para meu pai, Nicholas parecia uma criatura divina, ainda que idiota, completamente inocente e obediente. Mas eu e Mallika sabíamos. Antes que alguém pudesse dizer "ressonância límbica", ele desapareceu de nossa vista.

Eu gritei.

Mallika ficou nervosa.

Papa parecia completamente confuso.

Lembro claramente de que foi a primeira vez na vida que ouvi a palavra *imprudência*, que Mallika acabara de aprender nos primeiros dias de aula no colegial e que agora despejava sobre Papa. Ele também estava consternado, muito mais com a constatação de que sua mais recente teoria havia saído tão catastroficamente dos trilhos do que por qualquer preocupação com o cachorro. Passamos as duas horas seguintes procurando

introdução

pelas ruas, no quintal dos vizinhos e em um parque das redondezas, mas não encontramos nenhum sinal sequer de Nicholas. Ficamos arrasados — tanto pela perda do nosso cãozinho adorado quanto pelo fato de que teríamos que contar o que havia acontecido para mamãe.

Só há uma coisa na vida, eu aprenderia anos depois, comparável ao instinto de proteger seu filho de qualquer tipo de dor. É o instinto de proteção com relação à sua mãe. O relógio estava batendo nessa direção.

Enquanto íamos para casa, eu e Mallika fomos remoendo nosso silêncio. Estávamos convencidos de que Nicholas havia se perdido para sempre e pretendíamos ficar bravos com papai também para sempre. Porém, enquanto subíamos a calçada que levava à nossa casa — o que fizemos bem lentamente, para que Papa pudesse sentir a cada passo o tamanho da nossa tristeza —, vimos nossa mãe e, ao seu lado, Nicholas. Ela sorriu. Nós sorrimos. Fomos tomados por uma sensação de alívio.

— O senhor Casparian viu Nicholas nadando no reservatório. Felizmente ele o reconheceu — mamãe falou enquanto Papa fazia uma careta. — Devemos agradecer por termos bons vizinhos.

Ela passou a mão em Nicholas. Seu pelo branco tinha manchas de sangue seco, marcas de alguma briga com outro cachorro. Eu e Mallika corremos na direção de Nicholas e o envolvemos com demonstrações de afeto.

— Nunca mais faça isso! — repreendi Nicholas, enfiando as mãos em seu pelo e passando o nariz no focinho dele para que ele me entendesse.

— Não é culpa dele — Mallika lembrou, olhando para papai com raiva. Ela beijou a cabeça de Nicholas várias vezes e passou a mão em sua barriga.

— O senhor Casparian trouxe Nicholas para casa? — Papa perguntou.

Mamãe balançou a cabeça. — Ele tentou, mas não conseguiu. Nicholas veio sozinho.

Papa não conseguiu evitar o sorriso triunfante. Anos depois, ao lembrar esse incidente, meu pai nos disse que Nicholas provou que estávamos todos certos naquele dia — ele se mostrou provocador e obediente ao mesmo tempo. Ele queria liberdade, mas sabia que éramos sua família e voltou para casa. E, o mais importante, naquele dia deu-nos um grande presente. Ao deixar toda a família preocupada, aproximou-nos ainda mais. Nicholas nos ensinara muito, disse Papa. Não apenas sobre ele mesmo e sua pura inocência, mas também sobre nós mesmos.

— Vocês querem saber de uma coisa? — começou Papa durante o jantar, alguns dias depois que o gelo entre nós começou a ser quebrado — Talvez este cachorro tenha muito mais a nos ensinar do que nós a ele.

Nicholas olhou para Papa com um sorriso largo e idiota. Ele havia conquistado um lugar ao lado da mesa durante o jantar e nós podíamos lhe dar comida sem medo de que Papa nos repreendesse. Afinal de contas, foi Papa quem descobriu que Nicholas gostava de costelinha de porco.

Até onde me lembro, sempre houve em minha vida alguém me perguntando como é ter Deepak Chopra como pai. Querem saber se sou mestre praticante d'*As sete leis espirituais do sucesso*. Ou se tenho a *Saúde perfeita*, se medito todos os dias, se me comunico sem violência, se eu sei qual é meu quociente de *doshas*, ou se sou um iogue perfeito — em suma, se vivo a vida espiritual perfeita.

A resposta, claro, é: quase.

Na verdade, é NÃO.

Gosto de pensar que sou relativamente normal, alguém cujo humor muitas vezes depende de quantos pontos o Red Sox marcou na noite anterior, que acompanha atentamente o debate sobre escola particular *versus* escola pública para meu filho e sonha em seguir outra carreira e tornar-se um grande *chef* um dia. Mas devo admitir que tem sido uma viagem e tanto. Da Bíblia à biologia da alma humana, do *Bhagavad Gita* a *O grande Gatsby*, meu pai sempre acreditou que deveria apresentar a minha irmã e a mim as mais profundas reservas de conhecimento que ele pudesse encontrar. Dessa forma, também conhecemos muita gente interessante ao longo do caminho, incluindo videntes, psicóticos e inúmeras celebridades que durante ou após os seus quinze minutos de fama ficaram espiritualmente obcecados por nosso pai, Deepak Chopra. Encontramos também alguns profetas, uns do bem e outros... do lucro. Muitos deles nos ensinaram coisas valiosas, outros... nem tanto.

Ainda assim, não faz muito tempo que alguém me perguntou mais uma vez como foi crescer tendo Deepak Chopra como pai, eu me vi contando a história de Nicholas e algumas das lições que aprendemos com ele, inclusive meu pai. Recentemente, eu, meu pai e meu filho de 2 anos, Krishu, saímos para passear pela vizinhança com Cleo, nosso cão atual, e me vi pensando novamente naqueles dias com Nicholas. Em algum ponto da caminhada, Krishu viu alguma coisa ao longe e apontou para frente. Instintivamente, eu e meu pai olhamos para onde Krishu estava indicando, enquanto Cleo olhava para seu dedinho.

Ao perceber isso, Papa riu para si mesmo.

Eu lhe perguntei o que era tão engraçado.

— Esse é um exemplo da diferença entre os humanos e os cães — ele disse. — Os cães estão ligados ao presente. Não se preocupam com o amanhã nem chafurdam no ontem. Têm total consciência do momento presente e a atenção, unidirecionada.

Papa apontou para frente, imitando Krishu.

— Os humanos, por outro lado, estão sempre procurando sentido ou significado nas coisas, olhando ansiosamente para o horizonte em busca de alguma explicação mais profunda para a existência.

Papa estendeu a mão e fez um carinho na cabeça peluda de Cleo. Depois virou-se para Krishu.

— À medida que você for crescendo, vamos aprender coisas um com o outro. Cleo também.

— Dada! — Krishu sorriu, uma afirmação da ternura de papai.

a sabedoria dos cães

HOJE EM DIA, QUANDO PENSO em todas as influências que tive na vida, os suspeitos de sempre vêm à tona: professores e mentores, amigos, irmãos, pessoas queridas, parceiros comerciais e até adversários e rivais que conseguiram transmitir lições importantes ao longo do caminho. Mas em meio a todos eles, três seres se destacam. Um deles, claro, é meu pai. Os outros, não tão previsíveis, são meus cães.

Meu pai me ensinou coisas a respeito de sabedoria, curiosidade, abertura mental e me mostrou a riqueza proporcionada pela incansável paixão pelo conhecimento. Meus cães, Nicholas e Cleo, mostraram-me coisas como simplicidade, inocência, devoção e verdadeira liberdade espiritual. E aprendi outras qualidades com eles: lealdade, confiança, capacidade de perdoar e vontade de brincar. Quanto mais eu perguntava a outras pessoas, mais descobria que elas também aprenderam muitas lições (*espirituais*, ouso dizer) com seus companheiros caninos.

Recentemente, como tanta gente antes de mim, embarquei em uma viagem nova e fundamental na vida: a paternidade. Não vou repetir todos os clichês sobre como minha vida mudou no dia em que vi meu filho nascer. Aliás, ver o meu filho sair do útero não era algo que estivesse no topo da minha lista de prioridades. Eu estaria perfeitamente feliz do lado de fora da sala de cirurgia esperando para receber a boa notícia com um tapinha nas costas e um charuto. Mas fiz a coisa certa. Fiquei ao lado de minha mulher, Candice, segurando sua mão e dizendo coisas que eu torcia para que soassem reconfortantes e encorajadoras. Ainda assim, esse evento tido como miraculoso não me afetou da maneira que eu esperava. (Assistir ao Red Sox bater os Yankees no sétimo jogo depois de ter ficado em 3 x 0 no Campeonato de 2004, ou ver o New England Patriots vencer o Super Bowl contra o St. Louis Rams no Super Bowl XXXVI — esses foram verdadeiros milagres.)

introdução

Talvez eu seja meio lento, mas, só alguns meses depois, enquanto via meu filho se transformar lentamente, passando de um alienígena gosmento a um bebê movido por instintos de sobrevivência e depois um ser humano dotado de consciência, é que a ficha caiu: vou ter que pensar nos valores que quero transmitir ao meu filho.

Então eu despertei, literalmente; uma centelha se acendeu em minha consciência. Ali estava eu, exposto a tanta coisa durante toda a minha vida, tendo acesso ao meu pai — é claro que eu precisava perfurar aquele poço. Ao mesmo tempo, também refleti bastante a respeito da minha relação com Cleo. Desde que Candice e eu lhe demos abrigo — uma vira-lata resgatada com "problemas alimentares" —, Cleo tem sido uma fonte inesgotável de lições de vida, revelando-as de uma maneira que apenas sua família conseguiria decifrar ou dar valor. Pelo menos era isso o que dizíamos a nós mesmos.

Com todas essas coisas na minha cabeça, decidi que precisava organizar um encontro de cérebros. Reuni meu pai e minha cachorra em um domingo; fiz um pouco de café, abri um pacote de biscoitos para Cleo e outro de *brownies* para Papa e para mim. Meu objetivo: verificar se a filosofia de vida de meu pai e de minha cachorra se alinhavam. Conversamos a respeito de Nicholas e de Cleo, falamos de alguns dos acontecimentos mais memoráveis de suas vidas e das qualidades que observamos e que mais admirávamos neles. O resultado está neste livro.

Enquanto ríamos de nossas recordações, meu pai me lembrou de que muitas das qualidades que estávamos enumerando não só eram instintivas nos cachorros, mas também costumavam estar presente nos seres humanos.

— Na verdade — meu pai disse quando começamos a aprofundar essa ideia —, nós frequentemente criamos barreiras que neutralizam esses instintos. Ao identificar e alimentar essas qualidades em nossos cães, nós as cultivamos em nossas próprias vidas, e isso ajuda a nos sentir mais realizados a cada dia da nossa existência.

a sabedoria dos cães

— Existe uma genealogia para tudo isso — meu pai prosseguiu, incapaz de resistir à tentação de desviar a conversa para um de seus temas favoritos, ciência e evolução. "Procure no Google" é outra de suas expressões favoritas atualmente. — Há dezenas de milhares de anos, lobos e humanos disputavam alimentos. Mas com o passar do tempo essa relação se transformou. Os ex-inimigos tornaram-se amigos, enquanto as duas espécies reconheciam uma na outra espíritos afins. Os lobos — ancestrais dos cães — vivem em unidades familiares como nós, com pai, mãe e alguns filhotes.

Acontece que ele está certo. A jornada para que os cães se tornassem nossos melhores amigos teve início há aproximadamente 12 mil, 15 mil anos. Estamos falando de uma época de caça tanto para humanos quanto para lobos, muito antes de os assentamentos humanos terem surgido e de a cultura agrícola se estabelecer. Como parte do "processo civilizatório", os humanos começaram a cozinhar a carne sobre o fogo. O cheiro atraiu alguns lobos para esses primeiros assentamentos. Quando os humanos perceberam que alguns dos lobos não eram tão ameaçadores e poderiam ser muito úteis na realização de algumas tarefas, passaram a oferecer carne a eles para mantê-los satisfeitos. Com o tempo, desenvolveu-se uma verdadeira codependência: matilhas de lobos e grupos de nômades saíam para caçar juntos. Formara-se um sistema de troca: com sua velocidade e faro mais apurado, os lobos eram muito bons para localizar as vítimas potenciais. Em troca, de volta ao acampamento, os humanos cozinhavam a carne e alimentavam os lobos. Além disso, os lobos — sabendo onde era feito o pão, ou nesse caso, onde era grelhada a carne — eram ótimos guardas contra quem ousasse ameaçar esse conveniente arranjo formado com seus benfeitores.

Assim, essa união de conveniência se transformou em "casamento por amor", como diziam meus avós. Entre os lobos antigos e os cães que ficam sentados junto de nós, ocorreram as evoluções intermediárias do cão pastor, do cão de guarda e do cão defensor. Em resumo — na verdade,

introdução

durante vários milênios —, o cão domesticado e leal com o qual criamos vínculos emocionais manteve muitas das qualidades e instintos dos lobos originais que procuravam a carne cozida. Faça o teste com um filé mal-passado e vai entender o que estou dizendo.

Dê um passo à frente, ou para trás nesse caso, e você conseguirá identificar as ligações que temos com os cães. Meu pai se lembrou dos muitos artigos que leu quando Nicholas veio para nossa casa e ele imaginara se tornar um especialista em cães.

— Os cães conseguem nos entender — nosso comportamento — e imaginar o que desejamos. Eles conseguem captar códigos sociais humanos. É algo notável, considerando que até os chimpanzés, nosso parente animal mais próximo, a quem estamos geneticamente ligados em 96%, não conseguem entender alguns dos nossos gestos da mesma maneira que um cão.

Mais uma vez, a pesquisa e a gênese dos humanos e dos cães reforçam essa tese. Enquanto os humanos e os cães evoluíam por milhares de anos, a habilidade para se comunicar conosco tornou-se parte do DNA do cachorro.

— Muito simples — meu pai concluiu. — Os cães se tornaram nossos melhores amigos não por acidente, mas por causa de uma relação que evoluiu com o passar do tempo. Necessidades físicas, emocionais e psicológicas. Houve uma reciprocidade, nós suprimos as necessidades dos cães e eles preencheram as nossas. — Meu pai se virou para mim. — Parece-me uma relação bastante saudável.

As coisas são simples: os cães nos deixam fisicamente mais saudáveis obrigando-nos a fazer exercício e nos trazem bem-estar emocional quando pedem um carinho, que tranquiliza não apenas o corpo deles, mas também nossa alma. Um simples gesto de carinho em um cão pode fazer baixar a pressão sanguínea. É sério — faça você mesmo uma experiência. E, para muitas pessoas, levar o cão para passear — mesmo que na calçada da rua de uma grande cidade — é o mais próximo que elas chegam da natureza.

Fale com especialistas: embora raças diferentes tenham sido desenvolvidas com propósitos diferenciados — dos *retrievers* que ajudam os pescadores a recolher sua pesca aos cães-pastores que trabalham com animais e aos *poodle toys* que visam apenas fazer companhia —, todos os cães têm a capacidade universal de se comunicar com os humanos.

Mas é possível levar essa relação para outro nível?

Torná-la espiritual?

A MAIOR DAS LIÇÕES que aprendi com meu pai nesses anos todos é: "Nunca se leve muito a sério". É claro que, em nossa cultura, costumamos fazer exatamente o oposto; desenvolvemos ideias em torno de pessoas e criamos expectativas em relação a elas, e então nos decepcionamos quando elas não correspondem. Aí derrubamos os pedestais em cima dos quais havíamos colocado alguém.

Vivendo e trabalhando em Hollywood, onde há muitas garotas jovens e bonitas em busca da grande oportunidade, a expressão "Os homens são uns cachorros" é absolutamente precisa. Como pai e homem muito feliz no casamento, gosto de pensar que sou diferente, e mesmo assim sei que no fundo sou um cachorro. Não apenas porque às vezes parece que estou sendo movido por meus hormônios, mas porque sou um animal instintivo capaz de sentir emoções cruas e de ter um comportamento primário, mas também de sentir amor, lealdade, inteligência emocional e uma introspecção profunda. Fico pensando nas coisas — em como viver uma vida melhor, como contribuir de maneira significativa para a sociedade, como criar meu filho e cuidar de meus pais — e gosto de acreditar que estou sempre disposto a ouvir um bom conselho. Não tenho a pretensão de achar que sei tudo, independentemente de quem seja meu pai, principalmente quando ele me diz que tem um longo caminho a percorrer.

introdução

— Procuro não viver minha vida preocupado com o que os outros pensam. Uma qualidade espiritual fundamental é não julgar, e não se trata apenas de não julgar os outros, mas também de não viver sua vida preocupado se os outros irão julgá-lo.

Eu me senti mais tranquilo. Estávamos no segundo bule de café.

— Mais uma coisa — meu pai acrescentou. — A espiritualidade não começa e para. É uma parte onipresente da vida, de todos os momentos, de todos os encontros e relacionamentos. Todos os recantos da nossa vida estão preenchidos com a experiência permanente do *self*.

Ele pegou um biscoito e o deu a Krishu, que mandou Cleo sentar e então a recompensou com o biscoito. Meu pai sorriu. Quando ele interage com meu filho, às vezes sinto que está agindo da maneira como se estivéssemos fazendo tudo de novo.

— Todas as nossas interações uns com os outros deveriam ser sempre significativas e cheias de significado. — Ele assentiu com a cabeça. — O que poderia ser mais espiritual do que isso?

um

— Você gosta de cães, Papa?
— Acho que devo dizer que sim, certo?
— Certo.
— Sim, eu gosto. Eu não gostava até vocês aparecerem.
— E?
— E... quanto mais aprendo sobre os animais em geral, mais entendo que a maioria é formada por seres emocionais. Eles formam hierarquias sociais. Criam laços estreitos com sua prole. Cantam e brincam. E alguns têm níveis de consciência, até quase a autoconsciência, de forma que têm senso de humor. Os animais e os humanos também criam ligações especiais por meio da ressonância límbica, consolidando seu bem-estar fisiológico e emocional. Os mamíferos têm um cérebro límbico e desenvolvem relações emocionais e espirituais conosco. Eu provavelmente deveria passar mais tempo com os animais.

a sabedoria dos cães

EM MINHA FAMÍLIA, O IMPORTANTE É A FAMÍLIA. SOMOS profundamente unidos. Moro a um quarteirão e meio da casa de minha irmã. Levo meu filho para tomar café da manhã em sua casa praticamente todos os dias. Nossas famílias jantam juntas umas três vezes por semana e pelo menos uma vez no fim de semana. Nossos filhos se referem uns aos outros como irmãos; "primos" é um termo estranho para eles porque implica uma distância emocional que vai além de irmão e irmã, que é como eles se sentem em relação uns aos outros desde o momento em que vieram ao mundo.

Mallika e eu fomos criados da mesma maneira em relação aos nossos primos. Apesar de estarmos separados por continentes, ainda nos referimos uns aos outros como irmãos. Crescer com tantos "irmãos" e "irmãs" foi algo emocionante. Formavam-se facções inteiras entre mais velhos e mais novos, entre levados e santinhos, entre aqueles que gostavam de esportes e os que eram esquisitos, e assim por diante. Os grupos se subdividiam entre os que gostavam de beisebol e os que preferiam críquete, entre os que gostavam de futebol e os que escolhiam o futebol americano — havia divisão até no bloco das Barbies, com a rivalidade entre as que gostavam da Barbie indiana e as que preferiam a Barbie Malibu.

Hoje em dia a maioria superou essas diferenças superficiais e falamos de novo como irmãos. Agora nossos filhos, que tecnicamente são "primos de segundo grau", também se referem uns aos outros como irmãos.

No que diz respeito aos adultos, aplica-se a mesma familiaridade. Eu e Mallika chamamos o irmão mais novo do nosso pai de "Chota Papa", que em indiano significa "Papa pequeno". Os filhos dele chamam nosso pai de "Bara Papa", ou "Papa grande". Tudo isso pode provocar uma confusão considerável em torno da mesa do jantar. Tara — a filha mais velha de Mallika, com pouco mais de 8 anos e uma das mais velhas de sua geração — recentemente teve que responder a uma pergunta de uma colega de classe: "Os indianos são como os mórmons?". A menina tinha ouvido Tara falar dos seus vários "irmãos" e "irmãs".

um

E quanto ao *big* Papa, nesse caso o guru conhecido como Deepak Chopra, eu e Mallika sempre o chamamos de "Papa". Hoje em dia cada um de nós fala com Papa pelo menos quatro ou cinco vezes por dia. Foi por causa de gente como nós que as companhias de telefonia criaram planos familiares.

Mas na família temos apenas uma âncora de verdade. Mamãe. Sempre brincamos dizendo que, enquanto meu pai fala, minha mãe faz. Ele pode ser ótimo com lições e leis que resolvem tudo, da administração do estresse à loucura existencial, mas é a compaixão, o altruísmo e a suavidade de mamãe que sempre serviram de exemplo para todos aqueles que têm contato com ela. Sem dúvida, sou filho do meu pai — um sonhador, um criador, um peregrino impaciente e ambicioso —, mas as razões para ser como sou vão além da genética. O simples fato de ter chegado aonde cheguei, de ter conseguido encontrar uma mulher incrível para ser minha esposa e de termos começado uma família juntos deve-se à tapeçaria emocional tecida por minha mãe. Foi ela quem proporcionou, não apenas na família mais próxima, mas também entre os inúmeros irmãos e parentes mais distantes, o alicerce emocional em que todos nós nos apoiamos. Quando a merda bate no ventilador, ninguém pede conselhos a Papa. Nós chamamos a mamãe.

Por isso, quando em maio de 2009 ela recebeu um telefonema informando que seu pai havia sido internado no hospital, não levou mais do que cinco minutos para falar com o agente de viagens e comprar uma passagem para Nova Délhi.

Nana, como nós o chamávamos, havia desmaiado quando fazia sua caminhada matinal.

Nova Délhi em maio é muito quente — insuportavelmente quente —, com temperaturas altíssimas desde o amanhecer. Apesar disso, tanto Nana quanto minha avó, Nani, insistiam em fazer suas caminhadas diárias. É claro que, considerando que estão ambos com quase 90 anos e ainda muito ativos, é difícil convencê-los a mudar certos hábitos. (Esses hábitos,

a sabedoria dos cães

por sinal, envolvem caminhadas separadas em horários diferentes para que possam encontrar os respectivos amigos e conversar enquanto passeiam pelo parque circular.) Nana, em especial, encara essas caminhadas com muito realismo, como tudo o mais nesse estágio de sua vida. Muitas vezes, quando conversamos ao telefone, ele me fala de algum membro do grupo que não tem mais encontrado. Não há necessidade de nenhuma explicação.

Nana e os outros amigos aceitam cada ausência com total distanciamento, o que é ao mesmo tempo irônico e engraçado. Resignaram-se nessa etapa de suas vidas e é com esse espírito que observam e comentam o mundo.

— Não entendo por que ainda toleramos o Paquistão — Nana comentou comigo em uma viagem que fiz recentemente à Índia. Os políticos, principalmente seu papel nas relações tensas entre a Índia e seu vizinho, são motivo de discussão permanente para Nana.

— Talvez por ser uma potência nuclear — eu sugeri. — E qualquer ato de agressão poderia rapidamente se transformar em algo muito mais perigoso.

Nana acenou negativamente com a mão.

— Isso levaria anos para acontecer. — Anos, Nana calculava, era tempo suficiente para que nos deixasse.

Nana vem se preparando para a morte há anos, algo não muito incomum em seu grupo de amigos. No entanto, como os caminhantes seguem pelo caminho estreito em duplas, é preciso reorganizar o grupo sempre que um deles não aparece.

— Não é fácil — Nana disse uma vez. — As duplas são formadas por um falante e um ouvinte. Veja o caso de Ramesh — ele disse, referindo-se a um amigo de quase 40 anos. — Ele se foi dois meses atrás. Bem, Ramesh caminhava com Arun, que está sempre resmungando e reclamando disso e daquilo. Ninguém quer caminhar ao lado dele, por isso agora eu é que tenho que caminhar com ele.

— Seu avô diz que gosta de ouvir — Nani nos interrompeu. — Mas só faz isso porque está perdendo a audição.

Nana sorriu e consentiu. Nani o conhece muito bem.

Como Nana caminha todos os dias, gostamos de levar para ele um par de tênis novos quando o visitamos na Índia. Mas, desde que se convenceu, já há quase uma década, de que sua morte é iminente, ele se recusa a aceitar tênis novos; em sua opinião, isso seria um desperdício. Nana é um homem muito simples. Assim, como calçamos o mesmo número, passei a usar o par de tênis novos durante uma semana... ou até que não sejam mais novos. Estou acostumado a derrapar em canteiros de obras, caminhar à noite pelas partes sujas da Hollywood Boulevard, ou jogar basquete na praia antes de colocá-los em uma caixa com outra marca. Tudo isso para que Nana possa aceitar os tênis com o mínimo de culpa.

Mas, para a viagem que faria agora, mamãe não teve tempo de comprar presentes e organizar tudo. Enquanto corria para juntar suas coisas em San Diego, onde meus pais têm uma casa, telefonou para nos avisar que sairia de Los Angeles na manhã seguinte.

— Gotham — ela disse e fez uma pausa. — Talvez eu fique fora por um bom tempo desta vez.

— Está certo — murmurei do outro lado da linha. — Ficaremos bem, eu acho.

— Sim, vocês ficarão bem. Candice tomará conta de tudo — ela afirmou, carinhosamente.

Então esperou um pouco e completou:

— É com seu pai que estou preocupada.

Até onde consigo me lembrar, meu pai sempre trabalhou, e muito. Chefe da equipe de um hospital respeitado e professor-adjunto em uma

a sabedoria dos cães

universidade igualmente importante de Massachusetts, onde crescemos, ele procurou evoluir com um objetivo singular em seu caminho profissional. Em algum ponto da carreira, essa obsessão adquiriu contornos mais espirituais, e sua vida e ambição se transformaram. Fora da comunidade médica tradicional, foi o pioneiro de uma nova linha, que unia o tratamento convencional com a sabedoria antiga para curar. Enquanto abria caminho por esse espaço intocado, às vezes desafiado por cínicos, céticos, tradicionalistas — e ouso dizer racistas —, ele agiu com uma paixão e zelo que podem sugerir que estava imune aos seus detratores. Mas não estava. Por isso, enquanto eu e Mallika lutávamos para manter certo nível de normalidade em nossas vidas na periferia de Boston — onde o fato de sermos filhos de um médico indiano já era algo bastante extravagante, quanto mais de uma pessoa que estava ficando famosa por falar de coisas quase marginais, como ioga e meditação —, foi minha mãe quem permaneceu sempre leal ao lado de meu pai.

Ela havia assumido esse compromisso quando os dois se casaram, ela com 22 e ele com 24 anos. Compromisso que estava determinada a honrar. Poucos meses após o casamento na Índia, meus pais começaram uma vida nova na glamorosa cidade de Plainfield, Nova Jersey. Construíram uma vida com seriedade; meu pai trabalhava o dia todo no hospital e depois virava as noites no pronto-socorro em plantões noturnos. Em um mês, compraram uma TV em cores e um Fusca; o resto é história. Claro, encontraram algumas pedras ao longo do caminho, mas nada muito catastrófico. E agora cá estão eles, quase quarenta anos depois.

Assim, enquanto meu pai conquistava aceitação durante aqueles anos pelo trabalho que estava fazendo, viajando para todos os cantos da Terra para ministrar palestras e dar aulas, era minha mãe quem o lembrava de onde tinha vindo e, igualmente importante, para onde deveria voltar.

Naquela noite, meus pais chegaram a Los Angeles. Nós nos reunimos na casa de Mallika para o jantar. As últimas notícias vindas da Índia diziam que o quadro de Nana estava estabilizado, mas ele continuava

um

inconsciente no hospital. Seu coração estava fraco e talvez ele precisasse fazer uma cirurgia para a colocação de uma ponte de safena. Devido à sua idade, no entanto, esse procedimento era perigoso. A irmã mais velha de minha mãe estava esperando sua chegada para tomar essa decisão.

— Bara Nana (bisavô) vai morrer? — Tara perguntou enquanto jantávamos em silêncio. Minha mãe olhou para ela com os olhos cheios de lágrimas.

— Não, Bara Nana vai ficar bem — Papa respondeu, sustentando o olhar de sua neta.

— Posso tomar o leite com sabor de morango? — perguntou a pequena Leela (irmã mais nova de Tara). Desde muito pequena, ela sabia como conseguir as coisas que queria, intuindo quando os adultos estavam desarmados.

— É claro — minha irmã concordou, levantando-se para pegar o leite.

— Também quero leite com sabor de morango — o pequeno Krishu disparou, sempre imitando a irmã mais velha, que ele adora.

Mallika olhou para Candice, que assentiu com a cabeça.

— Posso fazer mais um pouco espinafre com *curry* — sugeriu meu cunhado educadamente, percebendo o ar sombrio. Ele é reconhecidamente o melhor cozinheiro da família. Como em praticamente todos os clãs asiáticos, navegamos pelos altos e baixos da vida em torno da boa mesa. Mas não nessa noite. Estávamos todos sem apetite.

— Não, obrigada — disse mamãe, levantando-se da mesa. — Vou telefonar de novo para a Índia para ver como estão as coisas.

Mais tarde, depois que as crianças foram dormir e meu pai saiu para atender a um chamado, minha mãe sentou-se junto a mim e Mallika.

— O pai de vocês ficará bem. Está acostumado a ficar sozinho. Mas, dessa vez, mantenham contato.

Irônico, eu pensei, considerando que em um dia normal nos falávamos uma meia dúzia de vezes.

— Vocês sabem o que eu quero dizer — ela insistiu.

a sabedoria dos cães

Nós sabíamos o que ela queria dizer. Com minha mãe tendo que viajar às pressas, sem nenhum planejamento e sem saber quando estaria de volta, o fato era que meu pai teria que reorganizar completamente sua rotina. Ele sabia se virar sozinho; vivia viajando, estava sempre ministrando palestras, dando aulas e promovendo seus livros. Não era com o aspecto físico, com seu paradeiro ou suas movimentações que ela estava preocupada; minha mãe estava pensando no aspecto emocional.

— Não se preocupe, mamãe — Mallika a tranquilizou. — Tome conta de Nana.

Os olhos de mamãe se encheram de lágrimas novamente. Ela concordou com a cabeça e depois estendeu o braço para pegar uma caixa com o símbolo da Nike em sua bolsa. Tirou a tampa da caixa e me mostrou um par de tênis novinhos em folha. Deu-os para mim e disse:

— Vá dar uma volta.

dois

— *Pai ou avô? Qual é seu papel favorito?*
— *Acho que gosto mais de ser avô. Quando eu era pai, estava tão ocupado e tão desatento que sua mãe teve que cuidar de tudo. Mas agora, apesar de ela continuar a cuidar de tudo, tenho mais tempo para brincar. Talvez devesse dizer que estou mais inclinado a brincar.*
— *Mas espere — você ainda é pai!*
— *Sim, mas meu papel mais lúdico é o de avô.*

TARDE DE SÁBADO. CANDICE ESTAVA COLOCANDO KRISHU NA CAMA, ritual de fim de semana que geralmente terminava com os dois tirando uma soneca à tarde, enquanto eu e Cleo nos atirávamos no sofá para assistir a qualquer jogo que encontrássemos na TV. Naquela tarde, entretanto, senti uma pressão incômoda para socializar com meu pai.

— O que você está fazendo? — perguntei a ele.

a sabedoria dos cães

— Wikipédia — ele disse, inclinado diante do computador, sem tirar os olhos da tela. Meu pai adora a Wikipédia e o Google. Estou falando de uma verdadeira paixão. Lembre-se disso ao ler seu próximo *best-seller*. Fonte inesgotável de sabedoria e conhecimento, ele é profundamente influenciado pelas duas fontes de informação mais amplas da internet.

— Sobre o que está lendo? — eu perguntei.

— Felicidade — ele respondeu, sem sentir a mesma obrigação que eu sentia.

— E o que descobriu?

— Como todas as emoções, a felicidade gera uma resposta biológica. Causa a liberação de elementos químicos específicos no cérebro na dosagem perfeita, melhor do que qualquer remédio. Fascinante.

Não muito, eu pensei.

Ele sentiu minha insatisfação.

— Todos os animais, inclusive nós humanos, criamos nossas próprias biologias. Ditamos a qualidade e a longevidade da vida que vivemos. O fato de você ter altas dosagens de serotonina, uma droga antidepressiva, ou cortisona, um anti-inflamatório, correndo pelo seu corpo, pode determinar tudo — como você se sente em relação a si mesmo, ao seu trabalho, aos seus relacionamentos, à sua vida. Se você conseguir autorregular esses elementos químicos no seu corpo sem a ajuda de nenhuma droga, poderá controlar a qualidade da sua vida.

— Interessante — decidi bancar o indiferente dessa vez.

Percebendo a situação e sentindo que continuaríamos naquilo pelas próximas horas, Cleo aproximou-se de meu pai, escorregou embaixo de seus pés, deu algumas voltas e deitou-se confortavelmente. Ele olhou para ela com desconfiança.

— Não se preocupe com ela — eu disse. — Cleo só quer ficar perto de você.

— Por quê?

dois

Dei de ombros. — Porque isso a deixa feliz, eu acho. — Toma essa, Wikipédia.

— Quantos anos tem Krishu? — meu pai perguntou, tirando os olhos de Cleo.

Essa é uma qualidade única de meu pai. Ele tem um conceito de tempo completamente diferente. Recentemente, alguém lhe perguntou quantos anos eu tinha. Ele me olhou como um técnico de laboratório que examina um rato em uma gaiola e respondeu confiante: "Vinte e cinco". Como tenho 34 anos e sou seu filho, não estou muito certo sobre como racionalizar isso, exceto que o fato de ele me tirar uma década de certa forma faz com que se sinta mais jovem. Com Krishu, não há tanto tempo assim para brincar. Ele está conosco há pouco menos de dois anos. Apesar de ter cobrado uma entrada pesada em seus terríveis dois anos, nesse momento ele estava completando vinte meses.

— Quase dois — eu respondi para meu pai. — Por quê?

— Ainda temos tempo — ele disse, lembrando cada vez mais um cientista maluco. — Aos 2 anos, o cérebro da maioria das crianças está quase totalmente formado. Aos 4, suas respostas para vários estímulos são tão rígidas que não podem ser alteradas. Aos 8, suas vias neurológicas estão tão definidas, seus padrões de comportamento tão fixos, que já não adianta mais.

Ele olhou para mim. — Você sabia que a maioria dos líderes mundiais — por acaso, quase todos homens — tem respostas psicológicas e biológicas de meninos de 8 anos? Ameace-os e eles o ameaçarão ainda mais alto, ataque-os e eles o atacarão com mais força. Dessa maneira, eles não são muito diferentes de meninos ou cães.

Franzi a testa para ele. Cleo, por sua vez, ao ouvir a palavra cães, empertigou-se. Aonde ele estava querendo chegar?

Não me entenda mal. Sentimentos como esse me perseguiam nos últimos meses enquanto via Krishu deixar de ser um bebê totalmente dependente da mãe para sua sobrevivência e se transformar em um ser

a sabedoria dos cães

humano de verdade, com a mente em rápida e constante expansão. Durante os primeiros dezoito meses de vida, concluí que eu não valia muito mais do que um jogador reserva do time campeão: de vez em quando recebia um tapinha nas costas pelo valor agregado, mas os colegas dificilmente perceberiam se eu fosse substituído por outro corpo. Quem realmente participava da evolução de Krishu era um bando de mulheres: Candice, sua mãe, minha mãe, várias "consultoras de amamentação" e outras mães mais experientes. Sem falar das tutoras *on-line*.

De repente, por volta dos dezoito meses, aquele bebê começou a se transformar em um menino. Eu me senti intimidado e ainda sentia o peso dessa transformação sentado ali com meu pai, percebendo que ele estava se preparando para começar suas experiências com minha prole. Candice havia passado os nove meses de incubação lendo todos os livros já publicados sobre desenvolvimento infantil; depois releu tudo quando Krishu nasceu, aparentemente tentando se transformar em mestre Jedi da maternidade. Eu tinha vacilado, confiando na ideia de que algum instinto paternal primitivo iria me guiar pelos labirintos da paternidade.

Ops!

Agora eu olhava para meu pai da mesma maneira que ele olhava para Cleo. Será que ele poderia realmente me oferecer a sabedoria que eu tanto desejava? Eu me saí muito bem, pensei comigo mesmo. Não?

Naquele momento, Candice e Krishu entraram pela porta da sala. Krishu tinha um sorriso largo no rosto, mas sua mãe parecia cansada. — Ele não está querendo dormir. Está excitado demais com a presença de Dada.

Foi só ouvir isso e Krishu atravessou a sala correndo em direção ao meu pai. — Dada! — ele disse, agarrando-se às suas pernas enquanto Cleo evitava sua descoordenada corrida.

Eu podia ainda estar me sentindo meio deslocado no papel de pai, mas tinha me adaptado muito bem ao de marido nos últimos sete anos. Olhando para Candice e sentindo seu cansaço, virei-me para meu pai e Krishu e tirei a coleira de Cleo da parede.

dois

— Por que não saímos para dar uma volta?

Fazia poucos meses que Krishu havia descoberto a funcionalidade das pernas e com elas o glorioso ato de caminhar. Um passeio pelo quarteirão de nossa casa na Califórnia era uma verdadeira aventura para ele. O que deveria levar aproximadamente cinco minutos geralmente se transformava em uma odisseia de meia hora; ele arrumava as pedras brancas que enfeitavam o jardim de um vizinho, falava o nome das cores dos carros estacionados na rua, mas o ápice de todos os passeios era quando brincava de pegar com Riley, a *golden retriever* que ficava sentada diante de sua casa à espera de quem passasse.

Ao fazer esses passeios diários, eu me lembrava de que nenhum dos dois cachorros que tive em minha vida — Nicholas e Cleo — aprenderam a brincar de pega-pega. Não sei dizer se refletia sobre eles ou sobre a incapacidade de minha família de ensinar a brincadeira mais simples e básica entre um cão e seu dono. Riley, por sua vez, era especialista na arte de pegar. Estava sempre cercada por algumas bolas de tênis. Com o focinho, ela as empurrava por baixo da cerca branca, esperando atrair a atenção de alguém que passasse por ali. Krishu, é claro, sempre queria brincar.

Quando toquei nesse assunto com meu pai — a incapacidade histórica de nossos cães de brincar de pega-pega —, ele franziu a testa e respondeu:

— Treinar um animal, seja um cão ou um humano, para reagir de maneira pavloviana, a latir ou arfar quando mandado, não é nenhuma grande conquista.

— É uma tradição bem bacana — eu sugeri, lembrando de todos aqueles comerciais com homens brincando alegremente de pega-pega com seus cães. Reconheço que era difícil imaginar Papa nesse papel.

Papa rebateu:

— Na verdade, uma das maiores qualidades dos cães é sua capacidade de apenas *ser*, sem nenhuma preocupação com as consequências. Esse é um atributo que deve ser estimulado.

a sabedoria dos cães

Papa é sempre do contra. Sem sequer tentar, eu o havia conduzido na direção errada. Ele recomeçou quando viramos a esquina e nos aproximamos da casa de Riley. Krishu correu na frente excitado, imaginando a brincadeira.

— Esse é um dos grandes problemas de nossa sociedade. Exigimos o conformismo, que as pessoas reajam como queremos, que atendam a nossas expectativas. E o resultado é que elas agem assim. O ser humano tem em média noventa mil pensamentos por dia. Você sabia que a grande maioria é composta pelos mesmos pensamentos do dia anterior?

Na verdade eu já sabia disso. Não por ser um cientista comportamental, mas por estar ao lado do meu pai o suficiente para saber que ele usa sempre os mesmos dados estatísticos e exemplos para enfatizar suas teorias. O que é irônico, considerando o que estava tentando provar. Preferi não tocar nessa questão com ele.

Ele prosseguiu:

— Quantas vezes os líderes de todo o mundo reagem senão com a mais absoluta previsibilidade? Mexa com eles e reagirão com desconfiança e hostilidade, ficarão na defensiva. Isso faz parte da história do planeta e leva a uma desconfiança ainda maior, ao confronto e à guerra. Eu diria que muitos dos líderes que vemos em todo o mundo — presidentes e primeiros-ministros, ditadores e semideuses — não são muito mais sofisticados do que um cão brincando de pega-pega. Atire a bola, e o resultado será o esperado. O único problema agora é que, junto com esses hábitos antigos, temos tecnologia.

Ele suspirou e balançou a cabeça. Nos últimos anos, contrariando sua fama de sábio da New Age em busca de respostas para a angústia existencial, a atenção de meu pai estava voltada principalmente para questões globais, como a guerra, a injustiça social e a ecologia. Para dizer a verdade, atualmente ele passa mais tempo meditando sobre a resolução de conflitos do que no carma, mais sobre terrorismo do que na atemporalidade. Ao entrar no que ele sinistramente chama de "crepúsculo da vida",

dois

ficou obcecado com a fisiologia e biologia do planeta, muito mais do que com sua alma. Como há muito trabalho a ser feito nesse sentido, encontro-o sempre frustrado e até mesmo desanimado com alguma coisa que ele viu no noticiário. Sua maior decepção é com a falta de liderança no mundo. Esse é um tema recorrente com ele.

— Dê um pouco de autoridade ao líder de um estado claudicante e o que ele exige? Mais. Reconstrua a economia ou o exército de uma nação em desenvolvimento e o que eles vão querer? Transformar-se em superpotência.

Papa balançou a cabeça pesarosamente.

— A maioria dos chamados líderes mundiais são tiranos agindo com o nível de consciência de garotos na pré-adolescência, sem capacidade para pensar além de suas próprias necessidades limitadas e rígidas.

Não foi nenhuma surpresa para mim o fato de meu pai conseguir relegar o cão do vizinho ao mesmo grupo triste e corrupto dos piores líderes mundiais. Ainda assim, eu me senti mal por ter suscitado o assunto, especialmente no preciso momento em que nos aproximamos da cerca branca de Riley. Ao ver seu amigo, Riley imediatamente pegou o máximo de bolas de tênis que conseguia segurar com a boca (incrivelmente, três bolas) e deixou-as perto dos pés do pequeno Krishu. Parecia que eu tinha armado tudo aquilo. Um largo sorriso tomou conta do rosto de Krishu quando ele pegou a primeira bola coberta de saliva, jogou o braço para trás e atirou a bola. Assim que Krishu soltou a mão, Riley saiu correndo, pulando pela terra e pelas folhas para pegar a bola antes que rolasse por cerca de três metros. Depois voltou com ela na boca, arfando e babando, e soltou a bola aos pés de Krishu, pronto para fazer tudo de novo.

Como sempre, Krishu reagiu com grande alegria, batendo as mãos e praticamente dançando no lugar, rindo muito. Ele olhou para mim e para meu pai com seu sorriso contagiante.

— Dada, joga — Krishu ordenou. Papa ficou olhando para Krishu, depois olhou para mim e para a bola molhada. Consciente de que um

a sabedoria dos cães

minuto atrás ele havia comparado o jogo de pega-pega à decadência da civilização humana, estava claramente em dúvida sobre o que fazer.

— Dada, joga!!! — Krishu pediu; com uma alegria prestes a sofrer uma transformação dramática.

— Se fosse você, eu jogaria — eu disse a meu pai, sabendo o que poderia acontecer.

Papa inclinou-se, abriu um sorriso forçado e atirou a bola gosmenta muito mais longe do que Krishu havia atirado. Riley foi atrás e correu pelo jardim de novo, agarrando a bola antes que ela parasse. Girando sobre as patas traseiras, Riley voltou correndo em nossa direção com a bola na boca.

— Uau! — Krishu olhou para o avô com os olhos arregalados. — Dada atirou longe!!! — Nesse momento, a admiração de Krishu pelo avô foi à estratosfera. Sentindo isso, o sorriso de Dada se transformou e tornou-se autêntico pela primeira vez no dia. Ele não precisou mais de estímulo para abaixar-se, pegar a bola e atirá-la ainda mais longe, com Riley em seu encalço.

Mais alegria para Krishu. Mais emoção para Dada. Mais pega-pega para Riley. Ficamos ali por uns dez minutos, enquanto Dada impressionava Krishu com seu braço até que, ironicamente, eu — o pai de Krishu — precisei dizer ao meu pai que precisávamos parar de brincar e ir para casa.

— Mas e Krishu? — Papa perguntou, preocupado.

— Diga que voltaremos amanhã e brincaremos de novo — eu disse. — Ele entenderá.

Papai concordou, apesar de hesitar. Krishu ficou decepcionado, mas logo compreendeu. Ele conhecia muito bem a rotina. Por isso, logo correu em direção à casa de outro vizinho, onde os caminhões Tonka do garoto de 5 anos estavam na varanda da frente para serem admirados.

— Então, ainda é contra o pega-pega? — perguntei ao meu pai.

Ele sorriu para mim.

dois

— Acho que eu estava errado. — Confissão rara, eu garanto. E pensou por uns instantes. — O que testemunhamos foi um dos melhores exemplos de alegria e inocência, tanto de Krishu quanto de Riley.

— E sua, eu acrescentaria.

— E minha — ele concordou. — A disposição para brincar, em todos os animais, principalmente nos cães, é sinal de bem-estar. Não há medo, raiva ou tristeza quando se brinca. — Ele foi se empolgando. — No cérebro, a brincadeira leva à sensação de pura alegria, que por sua vez produz hormônios poderosos e elementos químicos que podem ter um efeito saudável e profundo no corpo. — Papa me lembrou que havia feito uma pesquisa sobre isso anos atrás, quando era endocrinologista. (Toma essa, Wikipédia.)

— Neurotransmissores como a serotonina, a dopamina, a oxitocina e os opiáceos induzidos naturalmente são antidepressivos. Eles elevam a autoestima, a sensação de felicidade e de prazer — há uma verdadeira farmácia funcionando organicamente no corpo que nos deixa saudáveis quando acionada apropriadamente.

Então ele tocou no ponto favorito:

— Todos os mamíferos, incluindo os humanos, nascem com um espírito de brincadeira, mas em nós ele tende a desaparecer à medida que amadurecemos e nos tornamos adultos, ao assumirmos o peso do trabalho e da responsabilidade. Estaríamos muito melhores se nunca tivéssemos deixado de brincar.

Sério? Estávamos tendo uma conversa de adultos e eu sabia que precisava manter a linha aberta.

É verdade: os cães têm uma compreensão inata não apenas da vontade de brincar, mas também da necessidade da brincadeira. Riley pegaria a bola e a colocaria de volta nos seus pés para instigar a brincadeira do pega-pega, ou poderia mandar uma mensagem mais assertiva colocando a bola diretamente na sua mão e esfregando o focinho. Isso é benéfico para nós e para os cães — e certamente para Krishu.

a sabedoria dos cães

Cleo pode não ser tão boa no pega-pega, mas é uma grande aventureira. Nenhum passeio pelo quarteirão estará completo sem que ela pare em centenas de lugares ao longo do caminho. Uma cheirada aqui, uma lambida ali, ou um puxão na coleira para tentar atravessar a rua quando vê algo que desperta sua curiosidade.

Agora que meu pai estava de bom humor, ele observou:

— A própria curiosidade é um grande exemplo de diversão e do efeito profundo que tudo o que é lúdico pode ter, mesmo fisiologicamente. O ato de cheirar as coisas não é apenas a personificação da curiosidade de Cleo, mas também o estímulo do centro de prazer em seu cérebro. — Ponto para a oxitocina.

Instintivamente, dei um pouco mais de folga para a coleira de Cleo. Papa continuou:

— Existem muitas pesquisas sugerindo que os humanos que se expõem a coisas novas ao longo da vida têm maiores concentrações dos hormônios e elementos químicos que eu citei, e costumam ter vida mais longa e satisfatória.

Se você tem um cachorro, entende a necessidade vital do toque para seu bem-estar emocional. Não é por acaso que você demonstra seu amor fazendo carinho. O desejo que eles têm de serem tocados é ainda mais forte do que sua vontade de enfiar as mãos no pelo macio. As batidinhas na cabeça e a coçada nas orelhas são essenciais para os cães. Ao mesmo tempo, o ato de fazer carinho em um cachorro desperta uma sensação de calma nas pessoas. A diferença está no fato de que a maioria delas não tem necessariamente consciência do prazer que estão experimentando, enquanto os cães certamente têm. Você já percebeu como os cães às vezes forçam a cabeça debaixo da mão humana querendo ser tocados?

Meu pai lembrou também que faz parte da nossa natureza o desejo de sentirmos alegria, mas permitimos que os desafios da vida moderna abafem essa experiência. No entanto, se prestar atenção, verá que seu melhor amigo está tentando fazer você recuperar esse desejo demonstrando o seu próprio. Algo notável e intuitivo.

dois

Chegamos ao fim da nossa aventura em torno do quarteirão e paramos diante da porta de casa. Cleo e Krishu fizeram tudo o que podiam para prolongar a jornada — Krishu instigando o que agora lhe parecia o elo mais fraco, seu avô, com gestos e repetindo "pega... pega... pega"; Cleo puxando a coleira para longe de casa, sem dúvida querendo continuar suas buscas no reino de fantasia em que se transformava nossa vizinhança.

Meu pai olhou para mim em busca de orientação. Balancei a cabeça, pois estava na hora do jantar de Krishu; depois ele tomaria banho e em seguida viria o ritual noturno, com a leitura de livros, um pouco de música, beijos de boa noite do papai, da mamãe, de Dada e de Cleo, e depois cama. Existem alguns rituais realmente importantes na vida.

Candice abriu a porta com um grande sorriso no rosto. Todas as vezes que olha para seu filho, ela reage com uma alegria instintiva, da mesma maneira que Krishu quando brinca de pega-pega com Riley, ou Cleo quando vê Candice.

— Você se divertiu no passeio, Krishu? — Candice perguntou a Krishu pegando-o nos braços e lhe fazendo cócegas.

Ele fez que sim, muito animado, louco para contar tudo:

— Dada atirou a bola longe!!!

Candice olhou para meu pai, sorrindo.

— Ele conseguiu fazer você brincar de pega-pega? — Candice balançou a cabeça, impressionada. Ela conhece meu pai muito bem para entender a importância desse acontecimento.

Papa respondeu com um sorriso, confirmando com a cabeça. — Se pudéssemos ensinar todos os líderes mundiais a brincar de pega-pega, acho que estaríamos no caminho certo.

a sabedoria dos cães

MAIS TARDE, NAQUELA MESMA NOITE, depois que consegui fazer Krishu dormir, Cleo aconchegou-se ao lado dele; voltei para a sala e encontrei meu pai diante do computador novamente.

— Mais Wikipédia?

— Twitter.

Deepak Chopra é um grande tuiteiro. O homem tem mais a dizer do que qualquer outra pessoa no mundo. Seus editores não conseguem acompanhar toda a sua produção. A invenção de plataformas *on-line*, *blogs* e redes sociais em que não existem intermediários entre um homem e seu público foram um grande presente para meu pai. Ele está em contato permanente com seu público por meio do *notebook*.

— Sabe de uma coisa? Eu estava pensando... — comecei a falar e parei, como se aquilo estivesse me ocorrendo naquele momento, sem que eu tivesse pensado nas palavras. — Talvez pudéssemos fazer isso novamente.

— Fazer o quê?

— Ficar mais tempo juntos — eu sacudi os ombros involuntariamente. — Conversar. — Balancei a cabeça, para reforçar o que havia dito. — Acho que é bom para Krishu.

— Tudo bem — ele disse, sem se mexer.

— Nós vamos para Nova York na semana que vem, para o casamento de um amigo. Você estará lá, certo?

Ele confirmou com a cabeça; nesse momento Cleo surgiu na sala e ficou olhando para nós, como que avaliando o cenário para brincar. Ela tem uma intuição muito forte em relação ao que acontece na casa e, todas as vezes que percebe que alguém vai fazer alguma coisa, dá um jeito de descobrir o que está acontecendo.

— Escute, Gotham — meu pai começou a falar, sentindo algo no silêncio, como Cleo. — Não é fácil criar um filho. Apesar de todos os livros, inclusive os meus — ele sorriu diante da ironia —, não existe um método perfeito, não existe um manual do proprietário para garantir o êxito.

dois

Ele ficou em silêncio por um instante. Cleo foi se aninhar novamente perto dos pés dele, identificando o lugar em que ficaria mais confortável.

— Como criar Krishu para que ele tenha um pensamento independente, sonhe em mudar o mundo, seja alegre e inocente como Cleo e Riley, em um mundo que exige o contrário e força a rigidez e a obediência às regras?

Ah, como eu gostaria que Papa tivesse respostas simples em vez de ficar fazendo perguntas retóricas.

— Talvez devêssemos conversar sobre isso quando nos encontrarmos de novo. — Concordei com a cabeça, sabendo que minha mãe ficaria feliz com o desenrolar da conversa.

Cleo começou a circular em torno do lugar onde estava e depois caiu aos pés do meu pai novamente. Ele olhou para ela com ar de dúvida novamente, sem saber exatamente o que ela esperava dele.

três

— Papa, você acha que o fato de ser vegetariano o torna mais espiritualizado?

— Você está me perguntando se sou vegetariano? Minha relação com o vegetarianismo é de idas e vindas. Atualmente sou estritamente vegetariano.

— Eu já sabia. Não era isso o que eu estava perguntando.

— Está certo, muito bem. O que eu quis dizer é: se você quer ser saudável, o que é um pré-requisito para quase todas as experiências espirituais — porque, se o seu corpo estiver saudável, sua mente estará saudável e você terá mais clareza —, a dieta vegetariana é facilitadora da experiência espiritual clássica. Mas, se estiver mudando sua dieta apenas porque deseja ser mais espiritualizado, é provável que o estresse causado pela mudança de dieta talvez faça o oposto.

O que estou dizendo é que a mudança na consciência acarretará a mudança no comportamento e não o contrário. Isso acontece com praticamente tudo na vida. Até que haja uma modificação na sua consciência, as mudanças de dieta ou comportamento não serão mais do que modas passageiras.

Isto posto, acredito que haja uma questão muito mais importante a ser discutida. O que significa ser "espiritualizado"? Em nossa cultura, isso está vinculado à noção de que devemos ser vegetarianos, bons em ioga e não falar palavrões. Mas a espiritualidade e sua busca vão muito além disso. Trata-se da busca por uma consciência mais elevada e uma compreensão da verdadeira natureza do cosmos. Reduzir a espiritualidade à sua dieta é pegar as teorias de Einstein na física e simplesmente dizer que ele era bom em matemática.

CLEO É UMA VIAJANTE BASTANTE EXPERIENTE. GOSTARIA DE TER FEITO um registro durante todos esses anos, mas acho que ela deve ter passado a marca das 100 mil milhas viajando entre Nova York e Los Angeles, com algumas viagens eventuais para Atlanta, onde mora a família de Candice. Como pesa apenas 4,5 quilos, Cleo pode viajar conosco na cabine do avião. Ela fica bem acomodada em sua caixa *de luxo* que se encaixa perfeitamente embaixo do banco da frente durante o pouso e a decolagem.

Temos um ritual todo montado — que depende de uma passagem absolutamente tranquila pela segurança do aeroporto, com todos devidamente hidratados e Cleo medicada. Cleo sempre foi muito nervosa e fica facilmente muito agitada. De vez em quando, tem problemas para dormir e pode passar horas andando em círculos pela casa. Nessas ocasiões, costuma ficar preocupada com certos locais da casa, aos quais se apega. Ela se aninha atrás de uma porta ou embaixo de um móvel como se um fantasma estivesse rondando a casa. Preferimos colocar a culpa por essas atitudes em alguma causa externa, pois Cleo foi resgatada do abandono. Quaisquer que sejam as cicatrizes emocionais e psicológicas que ela carrega, nós desconhecemos e fomos sempre pais muito amorosos. Também imaginamos que Cleo tenha desenvolvido algum tipo de intolerância em relação aos homens quando Candice estava na faculdade de medicina e convivia apenas com mulheres no dormitório. A teoria é questionável, mas poderia explicar por que Cleo fica completamente frenética perto de homens

três

que não consegue identificar. Essa característica, mais do que todas as suas outras excentricidades, é garantia de desastre quando levamos Cleo para lugares públicos, como o aeroporto. Ou cabines de avião, tanto faz. Ou *shopping centers*, lojas, parques, *playgrounds*, casa de vizinhos, bancos, lavanderias etc.

O que nos traz de volta aos medicamentos. Cleo geralmente toma benzodiazepina, uma droga ansiolítica que combate a ansiedade e induz o relaxamento e o sono. Geralmente damos o remédio a ela assim que entramos no avião, para que a primeira onda de tontura faça efeito antes da decolagem, quando o barulho e a movimentação do avião causam ansiedade não apenas nos cães, mas também nos humanos. Posso dizer que os remédios funcionam como mágica. Nunca tivemos um incidente. Mas também nunca tínhamos levado Cleo e Krishu juntos, como naquela viagem que fizemos em maio para Nova York (à qual nos referimos até hoje como a viagem "fatídica").

Krishu é o típico filho único, o centro do universo para seus pais. Fazemos tudo juntos. Somos esse tipo de família. Nesse primeiro ano e meio de vida, Krishu nunca dormiu longe de um de nós — nunca. Não estou falando de fins de semana fora. Estou falando de quartos separados. Dormimos juntos. Pronto, falei. Essa é uma situação que os pais mais progressistas evitam, especialmente durante aqueles debates acalorados organizados por "grupos de apoio às mães de primeira viagem" e reuniões paroquiais sobre paternidade. Mas posso garantir que isso é coisa dos ocidentais. Em Santa Monica, o dormir junto é uma técnica dos *hippies*. Na Índia, é apenas algo normal.

Da mesma forma que algumas colegas de Candice criticaram quando ela deixou escapar que dormimos juntos, Nana balançou a cabeça em sinal de reprovação quando Candice lhe disse que, nos Estados Unidos, muitos recém-nascidos dormem no próprio quarto, longe dos pais.

— E em alguns casos acompanhados de babás — ela acrescentou, e teve que esclarecer o significado da palavra.

a sabedoria dos cães

— Isso explica por que existem tantos viciados em drogas nos Estados Unidos — Nana declarou, conclusão que ele volta e meia retoma.

Independentemente disso, o fato é que somos tão grudados no nosso menino quanto ele em nós. Também consideramos um grande consolo esses estudos (sem dúvida realizados por cientistas *hippies*) que mostram que esse hábito traz maiores benefícios imunológicos, redução no risco da Síndrome de Morte Súbita Infantil, elevação da autoestima, diminuição da ansiedade e uma série de outras vantagens.

E não é só dormir. Krishu está envolvido em todos os aspectos da nossa vida. Fica sentado perto de nós enquanto nos arrumamos de manhã, vem conosco quando levamos Cleo para o seu passeio matinal (ela vai com duas coleiras, para que ele também possa conduzi-la) e ajuda a lhe dar algum agrado.

— Senta, Cleo! — Krishu ordena. Depois atira o biscoito, mirando o focinho.

Como pai responsável, papel que fui assumindo aos trancos e barrancos, sei o bastante para não envolver Krishu na medicação de Cleo. No entanto, como também já fui criança, sei o quanto é atraente qualquer coisa proibida. Krishu não é diferente, especialmente no que diz respeito a Cleo. Do remédio contra pulgas ao remédio para o verme do coração e outros suplementos que Candice insiste em dar a Cleo, Krishu precisa participar. "Dar remédio para Cleo" é algo muito importante para Krishu. É uma maneira de mostrar seu amor por ela. Por isso, sempre deixo que ele segure meu pulso nesses momentos. Krishu sabe que não deve encostar e sabe a diferença entre um remédio e um agrado.

Por isso naquele voo em maio (a tal viagem fatídica) Krishu insistiu em "ajudar" a dar a Cleo o calmante. "Claro", eu pensei. "Por que não?" Que diferença fazia se eu tinha que cuidar do cão e do menino? Candice estava no banheiro, a poucos metros dali. O que poderia dar errado?

Muita coisa.

Segurei a pílula minúscula na mão enquanto Krishu guiava meu pulso e mandava Cleo sentar. Sem drama. Tudo estava indo perfeitamente bem. Viajar com um menino e um cão? Não sei por que tanto barulho. Mas, exatamente no momento em que iríamos colocar a pílula na boca de Cleo, a aeromoça se aproximou para verificar se tínhamos prendido o cinto de segurança. Instintivamente, procurei fechar a mão, enquanto Krishu por algum motivo empurrou-a para frente. O efeito produzido lembrou o de um estilingue, só que em vez da pedra foi uma pílula minúscula que passou voando por cima da cabeça de Cleo e desapareceu embaixo da escuridão do banco da frente. Cleo olhou para a escuridão abaixo e depois se voltou para mim com um olhar ao mesmo tempo desamparado e infeliz. Estava claro que ela não cogitava ir atrás do remédio.

É claro que, como Papa da casa — e sabendo que a esposa não ficaria exatamente satisfeita com o rumo das coisas —, fiquei de quatro e comecei a procurar a pílula. Foi assim que Candice me encontrou ao voltar do banheiro, com Krishu em cima das minhas costas e Cleo lambendo meu rosto.

— O que houve?

— Nada — eu disse, erguendo-me instintivamente. — Krishu jogou um carrinho ali embaixo e eu estava procurando.

— E você encontrou? — Candice perguntou inocentemente.

— Não. Deve ter rolado para frente.

Ela deu de ombros.

— Você deu o remédio para Cleo?

Fiz que sim com a cabeça, fechando Cleo no cesto e olhando para Krishu, esperando que ele entendesse a mensagem. Imaginei que poderia contar com seu vocabulário limitado e a fé cega em seu pai.

Logo ouvimos a voz do comandante informando sobre o plano de voo, a duração e outros detalhes. Enquanto o avião se dirigia para a pista de decolagem e as aeromoças apresentavam os procedimentos de segurança, Candice ofereceu a primeira de muitas distrações para Krishu (livros de colorir, adesivos, quebra-cabeças etc.). Eu olhei para Cleo, que parecia

a sabedoria dos cães

tranquila em seu cesto. Satisfeito comigo mesmo e com minha dissimulação tão simples, ousei pensar que talvez estivesse ficando paranoico demais com a necessidade de Cleo em relação aos calmantes. Devemos mostrar um pouco mais de confiança a ela, eu pensei comigo mesmo; confiar em sua capacidade de se controlar sem a ajuda de narcóticos fortes. É esse tipo de intuição que os pais deveriam alimentar.

Eu deveria imaginar.

Assim que o avião começou a correr pela pista, pegando velocidade para a decolagem, ouviu-se um gemido vindo da caixa de Cleo. Nada demais, eu pensei. Mesmo sob o efeito de medicamentos, Cleo de vez em quando reagia com gritinhos de agitação, especialmente durante a decolagem e assim que seus ouvidos desentupiam. Dessa vez não era diferente. Candice nem sequer reparou, distraída com a brincadeira de Krishu. Mas de repente houve um gemido mais alto do que o primeiro. Candice olhou para baixo e depois para mim.

— Ela está bem?

— Claro, está — eu a tranquilizei. — É a decolagem — acrescentei, enquanto o avião planava graciosamente no ar.

Mas Cleo não estava nada bem. E rapidamente nos fez saber disso com um latido bem alto. Agora, não apenas Candice, mas também o casal que estava do outro lado do corredor olhou para nós com desconfiança.

— Estranho — eu disse, colocando a mão no cesto, determinado a continuar com meu teatrinho mal ensaiado. Dessa vez, quando o avião fez uma curva acentuada, virando sobre o Pacífico para seguir em direção ao leste, Cleo soltou vários gemidos de agonia. Como se tivesse um mau pressentimento em relação a algum perigo iminente, culminou seu choro com um lamento tempestuoso.

Todos os passageiros ficaram curiosos com os sons estranhos que saíam do nosso corredor. Eu balancei os ombros e sorri.

— Pegue-a — Candice pediu, sentindo a mesma tensão.

Obedeci e coloquei o cesto de Cleo no colo; tentei acalmá-la com sons e palavras tranquilizadoras. Mas de nada adiantou. Ela começou

três

a arranhar o tecido freneticamente com as patinhas. Seus olhos estavam arregalados, as pupilas completamente dilatadas, era uma cadela à beira de um ataque de nervos, uma viciada canina que precisava de sua dose.

— Calma, Cleo. — Abri o zíper e enfiei a mão na bolsinha lateral para ver se encontrava o vidro dos comprimidos. Quando tirei a tampa, arregalei os olhos em pânico ao ver que estava vazio.

— O que está fazendo? Candice perguntou.

— Você não percebe? Ela precisa de mais remédio! — Procurei me acalmar e falar com a voz mais solene. — Ela deve ter desenvolvido alguma tolerância a esse negócio.

— Bem, não temos mais comprimidos. Você deu a ela o último.

— Deus abençoe Candice por nunca duvidar de mim. Krishu começou a chorar, incomodado com a ansiedade de Cleo. — Tente acalmá-la.

Determinado a fazer com que aquilo terminasse bem, abri o zíper da parte de cima da bolsa de Cleo e enfiei a mão para lhe fazer um carinho. Cleo, aproveitando o momento, subiu pela palma da minha mão e saiu da sacola. Tentei agarrá-la, mas ela se soltou e foi para o colo de Krishu, cuja expressão foi do terror absoluto à mais pura alegria, como se acabasse de ver um camarada escapar do corredor da morte.

Finalmente livre, Cleo resolveu passear e disparou pelo corredor do avião. Boquiabertos, vimos Cleo pousar no centro do corredor e recuar com as patas traseiras, latindo ruidosamente, antes de correr para a frente do avião.

— Puta merda!!!

Krishu virou-se para mim, com um grande sorriso no rosto. Ele sabia que essa palavra era ousada demais para o gosto de sua mãe.

— Meeerrda!!!!!!!

Toda a cabine do avião estava em polvorosa, pois os passageiros começaram a perceber o que estava acontecendo. Saí pelo corredor à procura de Cleo. Ela tinha ido doze fileiras à frente, onde parou apoiada sobre as patas traseiras e latia a plenos pulmões para um jovem aterrorizado, acuado em seu assento. Corri para pegá-la enquanto as comissárias saíam de seus lugares para participar da caça.

Nos dez minutos seguintes, corri por toda a cabine do avião, com três comissárias decididamente irritadas. Para Cleo, aquilo rapidamente se transformara em uma brincadeira divertida. Assim que um de nós se aproximava, ela escapava, escorregando por baixo de um assento ou correndo por cima dos passageiros irritados. No início eu também estava histérico, mas pude ver que havia ocorrido uma transformação em Cleo. Seu pânico inicial havia se transformado em vontade de brincar. Eu só podia creditar o nervosismo dos passageiros ao fato de estarmos todos em um espaço confinado enquanto o avião ganhava altitude. Cleo, quando estava realmente furiosa, mal conseguia subjugar um mosquito, combate que havíamos testemunhado uma vez no quintal de casa.

Por fim, uma senhora sentada na poltrona 7C conseguiu acalmar Cleo oferecendo-lhe um pedaço de *croissant*. Sempre bem-comportada, Cleo nunca resistira às delícias da culinária francesa. Cleo se acalmou enquanto a mulher habilmente a alimentou e depois a segurou até que eu me aproximasse.

— Muitíssimo obrigado — eu disse, pegando Cleo, que continuou brigando para trazer o *croissant*. — Eu lhe devo um *croissant* — eu disse, envergonhado.

— Prefiro que me pague um coquetel — ela disse sorrindo.

Voltei para o nosso lugar, evitando os olhares dos passageiros, e afundei na poltrona ao lado de Candice e de Krishu.

— Você não deu a ela o remédio, não é? — Candice falou balançando a cabeça, a decepção estampada no rosto.

— Meerrrda!!!!!!!!! — Krishu reafirmou.

Era exatamente o que eu estava pensando.

três

AO VOAR DA COSTA OESTE PARA A COSTA LESTE DOS ESTADOS UNIDOS você basicamente perde um dia. Saindo de Los Angeles na hora do café da manhã, você mal consegue chegar a tempo de jantar em Nova York. Acrescente a isso o fato de ainda estarmos vivendo em estado de alerta e você não poder levar a bordo nada além de uma garrafa de água. E como atualmente você não consegue nem um amendoim em uma companhia aérea por menos de dez dólares, voar através do país é como jejuar para o Ramadã. Apesar de me dispor a desembolsar grandes somas para meu filho, sou claramente avesso à comida pressurizada vendida pelas companhias aéreas. O resultado disso é que ao desembarcar em Nova York estou sempre faminto. Ainda assim, por maior que seja meu desespero, sei que minhas necessidades não são mais a grande prioridade em nossa pequena família. Primeiro vem Krishu — trocar a fralda, verificar se as suas roupas estão secas, se está vestido adequadamente para não passar frio nem calor, se está com fome, com sede, cansado e se está tudo em ordem. Depois vem Cleo: precisamos garantir que ela tenha comida e água, que esteja quentinha e tenha um lugar para dormir; que possa fazer um passeio para superar os efeitos da longa viagem e fazer suas necessidades.

Nessa noite, depois de cumprirmos todos esses rituais, já passava das dez horas e minha fome parecia não ter limites. Percebendo que nossas alternativas estavam se reduzindo rapidamente, comecei a ficar histérico, nervoso com a possibilidade de ter que recorrer a uma pizza rançosa ou aos salgados que passaram o dia inteiro no balcão de uma lanchonete de esquina.

— Qual o problema com esse tipo de comida? — Papa perguntou.

— Nada. — Eu dei de ombros, sem querer aprofundar uma discussão. — Tem que haver outra coisa na vizinhança que esteja aberta e que seja boa.

Papa ergueu as sobrancelhas maliciosamente.

— Conheço um lugar.

Com seu relógio biológico desregulado pela viagem transcontinental, excitado com as luzes da cidade e o encontro inesperado com seu

Dada, Krishu também estava animado com a perspectiva de uma aventura no jantar.

— Nós vamos — ele disse, agarrando a manga do casaco do avô enquanto saíamos do apartamento.

Fomos conduzidos por meu pai até o lugar mais improvável a alguns quarteirões de distância — um antigo ponto de referência em Nova York. O que tornava o destino improvável para a família Chopra é que o restaurante é mais conhecido pela paixão por suas costelas, enquanto os Chopra — especialmente Deepak — não. Quando levantei a questão para meu pai, ele ficou na defensiva: "Eles têm aspargos grelhados".

A verdade é que não é fácil ser Deepak Chopra. Ele é diferente de outras celebridades, pois não consta de nenhuma lista de atores ou diretores de cinema. Também não é uma estrela do basquete, capaz de lotar estádios, ou um *rock star*, que faz shows para milhares de pessoas. Estrelas desse tipo têm colegas. Para cada Madonna, há uma Beyoncé. Para cada Tom Cruise, há um Brad Pitt, para cada Kobe Bryant, há um LeBron James. Mas existe apenas um Deepak Chopra. Nesse mundo obcecado por celebridades, em que cada movimento de uma pessoa famosa aparece no Twitter ou é registrado por um *paparazzo*, Deepak é um caso único.

Como também a razão de sua fama, uma espécie de santidade. Muitos dos seus fãs e seguidores acreditam que ele transpira sabedoria, respira afirmações espirituais e não pode errar. E, apesar de nunca ter declarado abertamente que é praticante de coisas como ioga ou vegetarianismo, a maioria das pessoas acredita que sim. O fato é que Papa não é radical em relação a nada na vida. "Uma vida rígida é uma vida estática", ele gosta de dizer. Só para constar, ele é fanático por exercícios (com mais movimentos do que estáticos) e não é muito fã de filés e costelas.

Ainda assim é particularmente atento para não desfazer a ilusão. Em sua cabeça, é bom que as pessoas tenham certos ideais, mesmo que ele tenha que arcar com o ônus de representá-los. Assim, embora ele não seja do tipo que foge de uma churrascaria quando sua família está com fome, você não nos encontrará sentados no salão.

— O lugar de sempre, doutor? — perguntou o *maître* grisalho quando entramos no restaurante. Papa confirmou com a cabeça e nós seguimos o homem em meio ao burburinho. Um grupo de jovens de terno estava junto ao bar, trocando farpas com as vozes roucas. Na ponta, o *barman* e outro rapaz do grupo assistiam a um jogo dos Yankees na TV pendurada no canto. Uma jovem mandava mensagens pelo BlackBerry enquanto seu acompanhante tomava sua bebida com um canudinho. Passando a área do bar, entramos em um salão espaçoso e movimentado no fundo do restaurante.

— Uma garrafa de água mineral, doutor? — perguntou o *maître*, enquanto ocupávamos nossos lugares. Meu pai concordou com a cabeça. O senhor grisalho sorriu e depois desapareceu.

— Você vem sempre aqui, Papa? — Candice perguntou ao meu pai.

— Rumi diz — meu pai respondeu, invocando seu poeta favorito: "Julga-me, define-me, coloca-me em uma caixa e essa caixa será teu caixão". — Ele sorriu para ela e colocou os "óculos Liberace", como gosto de chamá-los. As lentes são vermelhas e se tornaram simbólicas tanto para seus fãs quanto para os críticos conservadores que o perseguem e criticam publicamente cada um de seus aforismos.

Olhando para o cardápio, ele observou:

— Sei que o filé servido aqui é famoso.

Pois se valia alguma coisa, nessa noite Candice e eu fomos os únicos a pedir dois filés enormes com acompanhamento. Embora Papa pudesse ficar preocupado com as aparências em situações como esta, Candice e eu certamente não estávamos. Estávamos famintos e fomos vencidos pela fome.

Por mais famintos que estivessem seus pais e por mais agradável que fosse o restaurante, Krishu perdeu a paciência em poucos minutos. A grande ironia é que em lugares muito menos requintados ele parece aguentar algumas horas. Basta dar a ele alguns *dumplings*, *kashis* e um pouco de *shoyu* em um restaurante chinês qualquer e ele fica tão quieto quanto um senhor de 50 anos num hotel de luxo. Leve-o para qualquer lugar que tenha uma toalha na mesa e é preciso uma verdadeira *jihad*. Os copos de vinho, os talheres e um saleiro em forma de cisne conseguiram distraí-lo por cerca de seis minutos. Ele precisava de mais diversão. Papa, vendo que eu e Candice estávamos exaustos com a longa viagem, ofereceu-se para levar Krishu para um passeio pelo restaurante. Arfando de alegria e balbuciando mil coisas — "Krishu quer ver táxis?" —, meu filho topava qualquer coisa. Nós todos sabíamos disso e meu pai, como não podia deixar de ser, tornou-se mestre.

No curto período de tempo em que tivemos Krishu e Cleo juntos, Candice e eu aprendemos a valorizar cada momento que estamos sem eles. Nós nos tornamos craques em refeições rápidas, banhos de trinta segundos, cochilos de poucos minutos, conversas telepáticas e decisões baseadas na pura intuição. Naquele momento, no entanto, sentados entre garrafas de vinho *cabernet* e de água mineral, sem nada para nos pressionar, nós respiramos aliviados.

— O que vamos fazer com Cleo amanhã? — eu quebrei o silêncio.

— Durante o casamento? — Candice perguntou, entre um gole e outro de vinho, saboreando-o com o máximo de prazer.

Eu fiz que sim com a cabeça. Como o casamento era em Jersey, entremeado por vários rituais, nós provavelmente ficaríamos fora de manhã até a noite.

Ela deu de ombros:

— Podemos deixá-la com Papa.

Candice não é de dar de ombros, a menos que houvesse um par de sapatos em liquidação ou uma revista de fofocas no balcão do supermercado. Também não tomava decisões por impulso. Ela havia pensado no assunto.

— Você realmente acredita que podemos deixar Cleo com meu pai o dia inteiro? — Fiquei calculando as probabilidades de um dos dois querer pular da janela do apartamento.

— Ele ajudou a criar você, sabia?

— Não sabia. — Eu sacudi a cabeça, sem querer me deixar influenciar pela minha própria existência.

— Olhe! — ela apontou para a grande janela do restaurante. Dali podíamos ver Krishu no ombro de Papa, e meu pai apontando para os táxis amarelos e para os grandes ônibus azuis que desciam a Sétima Avenida. — Você e sua irmã nunca pensaram que ele seria um ótimo avô, mas ele está descobrindo.

— É, eu sei, mas ele não gosta muito de cães.

— Nem ela — Candice argumentou.

— Isso não faz muito sentido.

— Eles ficarão bem. Confie em mim.

Entre Candice e mim, a palavra confiança vale ouro. Ela não a usa levianamente e, quando pede, conta com ela. É uma das grandes qualidades de minha esposa. Desde que a conheci no primeiro ano da faculdade, ela tem sido minha melhor amiga e companheira constante. Enquanto crescíamos juntos e individualmente, às vezes brigando, durante toda uma década, saindo da adolescência e chegando ao final dos 20 anos, até amarrar o nó, seu comprometimento com nossa relação tem sido o grande ponto de estabilidade.

— Está certo — eu disse, tomando um gole de vinho.

Silêncio.

— Uau, você está ouvindo? — Candice perguntou.

— Não — eu sorri. — E isso é fantástico.

Os rapazes do balcão do bar estavam discutindo acaloradamente, o *bartender* e outros clientes gritavam entusiasmados com a vingança inevitável dos Yankees, mas não havia choro, nenhuma criança querendo isso ou aquilo, nenhum cachorro latindo furiosamente. Era como se estivéssemos em um seminário nos Alpes suíços. À noite. Durante uma tempestade de neve.

— Você acha que eles estão bem? — Candice não conseguiu resistir.

a sabedoria dos cães

Antes que eu pudesse responder, os acenos de Krishu tornaram-se audíveis. Alguns minutos depois, Papa voltou para a mesa com Krishu chorando em seus braços.

— O que aconteceu? — eu perguntei, levantando-me para pegar meu doce menino choroso.

— Eu não sei. — Meu pai balançou a cabeça. — Estava tudo bem. Eu mostrei a ele a grande vaquinha da entrada.

Nós tínhamos reparado na enorme vaca de cerâmica colocada diante do restaurante. Era uma das muitas obras de arte espalhadas pela cidade, vacas pintadas com desenhos variados. É claro que era estranho o fato de uma delas estar na entrada de um restaurante mais conhecido pelo abate de vacas e por vender sua carne temperada com alho a preços exorbitantes. Mas nós ainda não havíamos entendido.

— Então eu mostrei a ele como as vaquinhas saem da cozinha — Papa acrescentou.

Era a isso que eu e Mallika nos referíamos quando expressávamos nossa preocupação com papai exercendo seu papel de avô. Apesar de todas as revelações em níveis de consciência mais elevada que ele faz quase diariamente, as coisas simples às vezes lhe escapam.

— O que foi? — Ele nos encarou sem entender por que eu e Candice balançamos a cabeça e Krishu gritou ainda mais alto.

— Não pode comer a vaquinha!!!

— Eu fico com ele — Candice falou, pegando Krishu quando os garçons chegaram com nossos bifes suculentos.

— NÃO PODE COMER A VAQUINHA!!!!

— Papa, vamos trocar de lugar — Candice falou, escorregando pelo sofá. — Podem colocar os pratos na mesa — ela disse aos garçons, apesar de estar se levantando. Sua facilidade para reorganizar as coisas em questão de segundos é admirável.

— Onde devo me sentar? — Papa perguntou quando seus aspargos crepitantes chegaram.

três

— Ali — Candice apontou para o lugar onde ficara seu filé. É só mudar os pratos.

— Não pode comer a vaquinha, mamãe — Krishu choramingou novamente, enquanto meu pai ocupava seu lugar e eu me acomodava de novo no meu, determinado a devorar minha comida.

De repente ouvimos uma vozinha frívola:

— Ai, meu Deus! — Nós todos erguemos os olhos e vimos uma senhora de aproximadamente 50 anos diante da nossa mesa. Tinha os olhos arregalados de espanto. — Você é Deepak Chopra!

— Eu sou — meu pai respondeu educadamente.

— Uau, que coisa incrível! — Ela remexeu na bolsa e tirou um celular com câmera.

— Eu li todos os seus livros. O meu preferido é *As sete leis espirituais do sucesso*.

Papa sorriu delicadamente, agradecendo.

— Entendi tudo. Nós praticamos a Lei da Potencialidade Pura no escritório todas as segundas. Quando você sabe que todas as coisas vivas estão ligadas, vê o mundo de uma maneira completamente diferente.

Ela parecia orgulhosa, o sorriso brilhando diante de nós. E então, ao reparar na imensa bisteca e na taça de vinho que estavam diante de meu pai, a expressão de alegria absoluta se transformou em puro horror.

Depois da mudança na expressão, ele pareceu ter registrado o que ela estava pensando e começou a murmurar uma explicação.

Mas ela o cortou.

— Que diabos você está comendo?

— Mamãe telefonou — Papa falou enquanto passeávamos com Cleo pelo quarteirão depois do jantar. Eu e Candice tínhamos engolido

a sabedoria dos cães

nossa comida, pulado a sobremesa e o café e deixado uma boa gorjeta para compensar a bagunça que nosso filho havia feito embaixo da mesa e corremos para casa antes que Krishu desabasse completamente. Enquanto Candice cuidava do ritual noturno, fiz minha parte levando Cleo para passear. É uma rotina que aprecio bastante. Onde quer que estejamos, a última coisa que faço antes de ir para a cama é levar Cleo para um passeio. Sinto certa nostalgia quando estamos em Nova York, onde Cleo passou os primeiros quatro anos de sua vida. Apesar de estar vivendo na ensolarada Santa Monica há pouco mais de sete anos, ainda gostamos de pensar nela como um "cão de cidade". *Dureza* jamais será uma qualidade capaz de definir Cleo, mas persistência, alegria e animação — como a cidade de Nova York — certamente sim.

Ao sairmos do elevador para a rua, os passos de Cleo aceleraram. Os odores da cidade, especialmente na sua altura, pareciam energizá-la. Uma rua de Nova York à noite, com líquidos inidentificáveis escorrendo das pilhas de lixo, comida descartada pelos restaurantes fechados, marcas deixadas por outros cães e um ou outro morador de rua que encontrou um canto para passar a noite produzem uma cornucópia de esplendores que Cleo poderia passar horas examinando. Se pudesse, ela passaria a noite inteira neste quarteirão. E uma parte de mim, que gosta de vê-la tão feliz, toparia fazer isso com ela.

— O quadro de Nana estabilizou. Eles provavelmente irão mantê-lo no hospital por alguns dias e depois deixarão que mamãe o leve para casa.

— Ótimo. — Parei para deixar Cleo cheirar alguma coisa ao lado de uma máquina de vender jornais. — Isso significa que mamãe logo estará de volta?

— Não. — Papa balançou a cabeça. — Nana precisará de cuidados durante algumas semanas, ou meses. Ele não pode sobrecarregar o coração. Mamãe precisa ficar para acalmar todo mundo.

Esse é o maior dom de minha mãe. Sua presença dá a sensação de calma a todos que a cercam. Não importa o tamanho da tempestade, se

três

é uma doença na família, o estresse do primeiro dia do neto na escola ou as ansiedades normais do dia a dia, minha mãe encontra sempre uma forma de tranquilizar as pessoas. Todos nós — meu pai, Mallika e eu e até nossos parceiros e também nossos filhos — nos tornamos cada vez mais dependentes dela com o passar dos anos.

Porém, acima de tudo, a dependência emocional de meu pai em relação à minha mãe ficou mais evidente nos últimos anos. Ainda hoje, já com mais de 60 anos, ele passa a maior parte do ano viajando de um lado a outro do planeta. Um dia está em Chicago, no dia seguinte em Londres. Depois vai para Amsterdã e então para Tóquio. É um turbilhão que parece não ter fim. De vez em quando ele para por alguns dias em Nova York ou em Los Angeles, e minha mãe quase sempre está lá para recebê-lo, para ajudá-lo a desfazer e refazer a mala, para preparar uma comida caseira do jeito que ele gosta, para assistirem a um filme juntos, ou apenas para uma caminhada matinal pelo Central Park. O relacionamento deles tem uma qualidade antiquada que é quase impossível encontrar atualmente. Hoje em dia já não se usa a frase "Por trás de um grande homem há sempre uma grande mulher", nem se definem papéis tradicionais para homens e mulheres. Seria violar o progresso cultural que dizemos ter conseguido em nossa sociedade, e ninguém pode falar que marido e esposa devem desempenhar papéis tradicionais.

Quando olho para meus pais, no entanto, eles parecem ter transcendido esses tabus. O relacionamento deles, sem dúvida com seus altos e baixos, pontos de pressão e ansiedade, está enraizado em algo especial que se desenvolve somente depois de um período de tempo significativo, tendo sido alimentado com atenção, respeito e empatia de um pelo outro.

Qual será esse ingrediente especial que faz com que os relacionamentos durem e fiquem mais fortes com o tempo? Como passam de parcerias a vínculos, de contratos sociais a uniões espirituais? E não apenas entre marido e esposa, mas entre amigos, filhos, pais e seus filhos?

— Companheirismo — meu pai declara ao pararmos diante de um prédio por onde outro cachorro acabou de passar, deixando sua marca alguns minutos antes. — Em uma palavra, é companheirismo.

É uma palavra carregada de significado e contexto. Sugere confiança, amizade, lealdade e intimidade.

Mas infelizmente só iríamos até aqui naquela noite. Contornamos o quarteirão e estava na hora de subir e dormir.

EU E CANDICE já namorávamos há mais de quatro anos — todo o tempo que passamos na graduação na Universidade de Columbia — quando ela telefonou no outono de 1998 para dizer que estava em Nova Jersey pensando em comprar o lindo filhotinho abandonado que estava em suas mãos.

Eu fiquei sem saber o que dizer, com a sensação de que talvez fosse uma má ideia. Candice estava no segundo ano da faculdade de medicina, morando em uma parte da cidade carinhosamente chamada de Harlem dominicano. Eu tinha mudado para Los Angeles, onde estava trabalhando. Tínhamos prometido ser fiéis um ao outro e estávamos tentando manter o relacionamento a distância. Meu trabalho como correspondente internacional me fazia ir a lugares tão distantes quanto a Chechênia e Sri Lanka, Seul ou Bogotá, para cobrir conflitos e fazer matérias que muitas vezes não estavam nas manchetes. Nossa cobertura se destinava a adolescentes que desconheciam o contexto das matérias ou lugares que estávamos cobrindo e eu passava dias ou até semanas em alguma cidade exótica ou zona de guerra antes de fazer a longa viagem de volta para os Estados Unidos. Sempre que podia, eu passava por Nova York e despencava no dormitório de Candice para passar algum tempo com ela nas poucas horas que sua rotina na faculdade de medicina permitia.

três

Para mim, era a situação ideal. Eu sabia que Candice era especial. Ela mexia comigo de uma maneira que me parecia certa. Eu tinha acabado de me formar na faculdade, que meus pais pagaram durante quatro anos, mas Candice havia conseguido uma dupla graduação em três anos e trabalhado meio período para juntar dinheiro e pagar os empréstimos que havia feito para poder estudar.

E depois da formatura, enquanto eu usava meu emprego de repórter como desculpa para vagabundear pelo mundo, saindo com gente das *jihads* e narcotraficantes, comerciantes de armas e gângsteres variados, Candice estava determinada a conseguir seu diploma e entrar para o mundo da medicina. Enquanto eu parecia absolutamente incapaz de pensar no que realmente queria da vida, ela parecia ter nascido com um sexto sentido que lhe dizia exatamente o que queria. Éramos muito crianças quando começamos a namorar — tínhamos 18 anos na época — e conseguimos ficar juntos durante a época da faculdade e depois na vida do mundo adulto; conhecíamos um ao outro como ninguém mais, mesmo em nossas famílias.

Era por isso que meus pensamentos aceleraram. Estava juntando os fatos. Candice já tinha passado a fase de "pensar em comprar um cachorrinho". Ela havia decidido e agora estava apenas orquestrando as coisas para fazer isso.

— Está certo... — eu disse, hesitante, sentindo a nebulosidade entre nós. Um suspiro errado, uma ligeira mudança de tom, sem contar alguma palavra idiota, poderiam resultar em catástrofe e uma conta de telefone extremamente alta.

— Não se preocupe, você não vai precisar fazer nada.

Incrível, eu pensei. Ela havia sentido minha ansiedade antes mesmo que eu a identificasse.

— Não é... é que — eu balbuciei. — Eu só...

Era isso. Eu estava feliz com a nossa relação. Por que mudar as coisas? Por que introduzir outro ser na equação? Apesar de ter passado mais de uma década desde Nicholas, eu lembrei que ele representava um compromisso.

E agora eu percebia que o verdadeiro compromisso nesse caso não seria o cachorro, mas seria o de um com o outro.

— O que você acha?

— O que você quer que eu diga? — eu perguntei, dizendo a coisa errada na hora errada com o tom de voz errado.

— O que você quer dizer com isso? — ela devolveu. — Quero que você diga o que quiser dizer.

Não, ela não queria. Eu conhecia muito bem o terreno. Eu estava começando a me transformar em Harry Potter, perdido na floresta, com a ameaça de Lord Voldemort se aproximando rapidamente. Candice queria que eu dissesse alguma coisa, certo, mas ela queria que eu dissesse o que ela queria ouvir sem ter que me fazer dizer. Pior, ela queria que eu fosse sincero.

Mas era tarde demais.

— Como é esse cachorro?

— Ela é uma gracinha, Gotham.

Era como seu eu tivesse conseguido um passe livre. Com a mudança no rumo da conversa, apesar de involuntariamente, essa foi a primeira vez que Cleo limpou minha barra.

— A mãe dela é uma maltês. Mas não sei a raça do pai. Ou quem é o pai. Ah, meu Deus, Gotham! Ela é um encanto. Cabe na palma da minha mão. É tão pequenininha!!! — Candice estava viajando. Parecia que ia chorar. — Então você acha que devo ficar com ela? Eu devo ficar com ela, você não acha?

— Sim, claro — eu respondi, tentando me convencer. — Com certeza...

— Maravilha! — ela gritou, feliz. — Preciso que você me mande 100 dólares. É quanto ela custa, e eu só tenho 10 dólares na conta.

Sempre brinco com Candice, mesmo depois de todos esses anos, que os 100 dólares foram a etiqueta de preço mais enganosa que já vi. Só para constar, ainda estamos pagando aqueles malditos empréstimos estudantis.

três

— Não se esqueça de que sou a mãe do seu filho. Isso não tem preço.

Touché. Para falar a verdade, à sua maneira, mesmo quando a vi pela primeira vez algumas semanas depois de Candice tê-la levado para casa, Cleo mostrou-se inestimável. Nas semanas que se passaram, ela tinha deixado de ser uma bola de pelos que cabia na palma de uma das mãos e se transformara em uma bola maior, que cabia em ambas as palmas das mãos, colocadas lado a lado.

À noite — naquela época e até hoje —, Cleo gosta de se enrolar ao meu lado quando dorme, encostando-se nas minhas pernas, ou no meu peito, quando eu permito. Candice brinca dizendo que é porque ela gosta do meu cheiro, e estou começando a achar que não é um elogio. No início, quando eu ficava no quarto do dormitório de Candice, esperando que ela voltasse da aula e tomasse um banho para tirar o cheiro de formaldeído que ficava no seu corpo quando dissecava cadáveres humanos, Cleo me seguia para onde quer que eu fosse, sempre tomando o cuidado de fazer com que uma das suas extremidades me tocasse. Era uma característica estranha que nunca percebi em outros cães. A necessidade de Cleo pelo contato físico era óbvia e proposital. Ao poucos, fui ficando mais corajoso com ela e comecei a levá-la para longos passeios que fazia enquanto esperava por Candice.

Uma tarde, depois de um longo dia na cidade, Cleo e eu pegamos no sono no sofá diante da TV. Candice chegou com seu avental de médica (ela tinha feito plantão no pronto-socorro) e nos encontrou abraçados. Quando acordei, ela estava no outro sofá, olhando para nós com uma expressão indecifrável no rosto.

— Está certo — eu falei, erguendo-me no sofá. Cleo mudou de posição, mas não se levantou. — Este cachorro é legal.

Candice começou a chorar. As lágrimas tímidas rapidamente se transformaram em choro compulsivo. Eu fiquei olhando para ela, preocupado.

— O que foi?

— Hoje foi a primeira vez que vi alguém morrer no pronto-socorro.

— Alguém que você conhecia?

— Não — ela balançou a cabeça, recompondo-se. — Uma família, eles sofreram um acidente de carro...

Os detalhes eram ainda piores. Um casal com as duas filhas pequenas se envolveu em um acidente na West Side Highway. A mãe foi declarada morta assim que deu entrada no hospital, e a equipe médica do PS — da qual Candice fazia parte — não conseguiu reanimar uma das meninas. Ela também morreu diante deles.

— Acho que eu nunca, nunca conseguiria... — Candice voltou a chorar descontroladamente. — Quer dizer, se achasse que isso poderia acontecer comigo, acho que eu nunca conseguiria amar alguém, ter filhos, entende... se soubesse que eu iria perdê-los.

Eu a abracei e tentei acalmá-la.

— Está tudo bem.

Candice chorou por uma hora e foi adormecendo aos poucos. Como se estivesse sentindo seu desespero, Cleo saiu do meu lado e se aninhou junto a Candice.

A partir daquele momento, passei a acreditar que Cleo tem uma incrível capacidade de entender as pessoas próximas a ela. Quando alguém com quem se importa está triste, ela expressa sua empatia tocando-a, estendendo seu calor, mostrando que a pessoa pode contar com ela, que ela ficará ao seu lado enquanto for preciso. Da mesma maneira, quando a casa está alegre, Cleo fica contagiada. Corre pela casa, latindo alto, saltando em círculos. Nos dias de preguiça, especialmente quando Candice quer ficar deitada, tomar café na cama, assistir a um filme, Cleo pode ficar quieta, deitada durante horas, mantendo um olho em sua mestra para o caso de haver alguma mudança de humor. Ela está conectada conosco tanto emocional quanto espiritualmente, disso tenho certeza, e nunca precisei de experiências ou estudos elaborados para corroborar essa tese.

três

NÃO SOU MUITO FÃ DE CASAMENTOS e de tudo o que os cerca — os códigos de vestimenta, as formalidades intermináveis e os rituais bizarros, as lembrancinhas toscas e as bandas bregas são demais pra mim — por isso, a desculpa de um filho tão irrequieto quanto Krishu é realmente uma bênção. Estou sempre atrás de Krishu do lado de fora das capelas e dos salões para recepção, junto com os fumantes, enquanto do lado de dentro fazem a estranha dança da galinha e da conga. O maior presente, no entanto, é quando chego ao limite da minha tolerância depois de várias horas dedicadas ao casamento e para ir embora uso meu filho como desculpa: "Eu adoraria ficar mais, mas para ele foi um dia muito cansativo. Precisamos ir embora…". Krishu desempenha muito bem seu papel. Ele chora e reclama na hora certa. Tem um *timing* realmente espetacular, um instinto teatral genuíno para fazer drama no momento exato.

Para desgosto de Candice, quando vamos a algum casamento, passo a maior parte do tempo preocupado em fazer com que meu filho tenha um chilique no momento em que eu precisar. Reconheço que isso acaba com a possibilidade de curtir qualquer parte da festa. É claro que Candice é exatamente o oposto. Ela adora casamentos — principalmente os momentos mais dramáticos, como quando a noiva sobe ao altar ou quando o casal faz seus votos ou dança pela primeira vez ao som dos mesmos conjuntos bregas. Há um motivo, é claro. Esses rituais captam o verdadeiro significado do casamento — compromisso e companheirismo. Um casamento bem-sucedido é um compromisso permanente de um com o outro, que alimenta um sentido sempre crescente de companheirismo ao longo do tempo. Mas esses rituais especiais, tão bem coreografados no esforço absorvente em que se transforma a festa de casamento, são os momentos mais simbólicos de celebração.

a sabedoria dos cães

Nesse casamento em Nova Jersey, que celebrava a união de um amigo da faculdade com sua linda noiva, todas as forças do universo pareciam gloriosamente alinhadas. Candice teve sua dose de momento dramático — a noiva fugiu do *script* e confessou a tristeza com a ausência do pai que havia falecido — e eu levei Krishu para passear e ver a Estátua da Liberdade durante a festa. Convenientemente, Krishu teve seu ataque dez minutos após o início do jantar — exatamente quando começavam as lembrancinhas toscas. Hora de ir embora para a família Chopra.

Acrescentando-se a isso o fato de estarmos cientes de que havíamos deixado meu pai sozinho com Cleo (ou vice-versa) durante sete horas, saímos do casamento como Bonnie e Clyde à francesa.

— Você acha que Cleo e meu pai estão bem? — perguntei a Candice, carregando Krishu adormecido enquanto caminhávamos para pegar o trem de volta para Manhattan.

— Tenho certeza de que eles sobreviveram.

Sobrevivência básica, é claro, não era exatamente uma esperança. Eu contava com isso.

— Precisamos mostrar confiança ao seu pai. Se não tivermos confiança nele, como é que ele poderá confiar em si mesmo?

Aquilo me pareceu familiar — Candice proporcionando confiança que se traduziria em autoestima e fortalecimento, neste caso para meu pai. Era bom saber que ele agora fazia parte do nosso grupo.

— Pare de se preocupar — Candice insistiu. — Eles estão bem.

Houve uma época em que bastava colocar a chave na fechadura para atrair a atenção de Cleo. Se houvesse várias fechaduras na porta, podíamos ouvi-la gemendo e arranhando a porta do outro lado.

Agora, no entanto, com a audição se deteriorando, ela já não respondia tão depressa. Por isso, uma de minhas tarefas era encontrar Cleo assim que chegávamos em casa, colocar a coleira e levá-la para passear. Ela costuma cochilar em algumas áreas familiares — em cima de alguma peça de roupa suja, se conseguir assentá-la, ou em uma cama (de preferência desfeita), ou, como último refúgio, na sua própria cama. Mas o apartamento de meus pais em Manhattan era um território completamente novo para Cleo, e eu não tinha ideia de onde procurá-la.

Enquanto vasculhava o apartamento, reparei em uma série de brinquedos para cães espalhados pela sala. Caixas de bichinhos de pelúcia, brinquedos de morder, um osso de borracha, duas bolas cor-de-rosa e uma orelha de porco estavam espalhados por ali. Também havia um pouco de comida de cachorro no chão de madeira. Mas nenhum sinal de Cleo. Na cozinha, encontrei outra orelha de porco entre duas tigelas — uma cheia de água e outra com leite.

Leite! Coisa de amador. A digestão de Cleo é delicada, para dizer o mínimo.

Peguei o caminho mais curto até o quarto de meus pais. As luzes fracas da cidade penetravam pela janela, o suficiente para mostrar os grandes travesseiros espalhados no chão. Era evidente que haviam sido atirados aleatoriamente da cama para abrir espaço para Cleo e meu pai, que dormiam profundamente. Como era de imaginar, Cleo havia se aninhado junto às pernas de meu pai. Ela foi a primeira a se mexer ao me ouvir finalmente.

— Vamos lá, Cleo! Quer dar um passeio?

Ela se ergueu, mexendo a cauda. Arqueando as costas, ela se esticou antes de pular na minha direção, agora balançando também a língua.

Os movimentos de Cleo despertaram meu pai. Ele abriu os olhos.

— Já voltou?

Fiz que sim com a cabeça e prendi a guia na coleira de Cleo.

— Parece que vocês tiveram um dia e tanto. Você deu leite a ela?

— Ela pediu, quando eu estava colocando no meu café.

Não havia o que dizer.

— Está certo. Vou dar uma volta com ela pelo quarteirão.

— Vou com você — meu pai falou, mexendo a cabeça.

a sabedoria dos cães

AS NOITES DE VERÃO EM Nova York são ótimas. Apesar do calor opressivo durante o dia, um passeio sob as estrelas é algo incomparável. O ar quente, a brisa refrescante compõem o cenário perfeito para passear com seu cachorro quando você talvez precise de um caminho decente para garantir que a diarreia iminente chegue antes de você voltar a subir as escadas. Naquela noite, esse caminho foi a Broadway.

— Talvez seja melhor evitar o leite da próxima vez — eu disse ao meu pai quando viramos a esquina na Broadway.

— É difícil dizer não para ela — ele respondeu. — Ela queria todos os brinquedos da loja.

— Percebi.

— Mas ela é engraçada.

— Como assim?

— Ela é muito carinhosa. Simplesmente andou atrás de mim o dia todo. Onde quer que eu fosse, não importa o que estivesse fazendo. Quase tropecei nela algumas vezes. Todos os cães são assim? — Papa olhou para Cleo com curiosidade.

Nesse sentido, Cleo está realmente mais para gente do que para cachorro. Ela gosta de companhia, especialmente das pessoas da família. Eu nunca a vi como um animal carente, mas admito que a linha é tênue.

— Eu não sei. Talvez o problema tenha sido as orelhas de porco. Ela adora essas coisas.

— Não acredito que sejam reais!

Eu sabia exatamente o que estava se passando com ele. A descoberta de que as orelhas de porco são realmente, bem, orelhas de porco costuma ser perturbadora para os marinheiros de primeira viagem. Mas Cleo adora aquilo mais do que tudo.

— Tenho certeza de que todo mundo acha que seu cachorro é único, mas Cleo definitivamente é especial. — Eu a levei até um lugarzinho sujo da calçada, esperando que a festa começasse. Ela fez xixi por obrigação e continuou. Nada.

três

— Sua persistência é contagiante — ele prosseguiu. — Quando percebia que ela não estava me seguindo, ficava preocupado, e saía à sua procura.

— É. Ela é assim.

— É isso o que acontece com os cães, não é? Nicholas, Cleo, quando eles surgem você sabe exatamente o que vai acontecer. Você acaba criando um vínculo forte com eles, apesar de não fazer esforço nenhum para isso. Vocês crescem juntos, brincam juntos e se amam. E então o cachorro morre. — Ele ficou em silêncio.

— Os cães são diferentes dos humanos nesse sentido. Até mesmo os melhores casamentos são imprevisíveis. Você não sabe o que a vida lhe reserva. As pessoas mudam, mas os cães não. Não de verdade.

É difícil argumentar. Cleo é um exemplo clássico. Desde que Candice a trouxe para casa na palma da mão e até hoje, apesar da idade, ela continua a mesma cachorrinha leal, brincalhona, com as mesmas idiossincrasias e laços profundos com a família.

— Por que, então, se a trajetória do relacionamento é previsível e fadada a acabar em sofrimento emocional, nós a alimentamos? — Papa olhou para Cleo.

Eu dei de ombros. Sabia que não precisava responder. Papa está acostumado a responder suas próprias perguntas. É a base de seu sucesso.

— Por causa da companhia. A satisfação emocional que conseguimos com o relacionamento compensa tudo o mais.

Será tão diferente dos relacionamentos que criamos uns com os outros?

É uma das coisas em que penso frequentemente enquanto observo meu filho todos os dias. Que tipo de menino ele será? À medida que sua personalidade evoluir e amadurecer, teremos coisas em comum? E se não tivermos? Às vezes, durante a noite, levanto e fico olhando para ele, pensando comigo mesmo se estou preparado para a ligação emocional que já estabeleci com seu ser e para a que aumenta a cada dia. Eu me lembro daquele dia em que Candice, ainda estudante de medicina, viu

a sabedoria dos cães

toda uma família ser destruída em um horrível acidente de carro. Todos os dias acontecem coisas ruins a pessoas boas. Tragédias separam famílias, reduzem a trapos os vínculos mais profundos que criamos uns com os outros.

— O medo ocupa grande parte das relações humanas, ou muitas vezes é o motivo para não as formarmos. O medo da dor e do sofrimento emocional, de ficar vulnerável a alguém, a ameaça da perda e da mágoa que podem surgir com essa vulnerabilidade.

— Os casamentos, os filhos, as amizades são formas de companheirismo — são intrinsecamente perigosas porque nunca podemos prever o rumo que tomarão. E mesmo assim precisamos nos entregar a elas com a mesma disposição, coragem e entusiasmo com que criamos vínculos com nossos cães.

Cleo pôs os olhos em uma pomba que estava alguns passos à nossa frente. Ela puxou a coleira naquela direção e nós a seguimos.

— Mas acho que as coisas mais importantes que podemos aprender sobre relacionamentos estão com a própria Cleo, nos laços que ela construiu. Suas relações se baseiam na lealdade e na confiança, na capacidade de perdoar e de não julgar. Ela dá afeto, mas também recebe. Isto é estimulante: ser amado, mas também poder oferecer amor a outro ser.

Cleo também entende seu estado de espírito. Ela pode brincar, chorar ou apenas ficar deitada e ouvir se você precisar. Durante toda a nossa vida, quase diariamente, tivemos nossos altos e baixos com ela.

— Ela é realmente notável — disse Papa.

Também olhei para ela, enxergando-a de repente sob uma nova luz. Quem sabe se Cleo conhecia o segredo para a formação das relações perfeitas? Se cuida, doutor Phil.

— O que ela está fazendo? — Papa falou, e sua expressão mudou da admiração para a confusão ao ver Cleo agachada.

Balancei a cabeça e pisquei.

— É, por isso, por mais que ela peça, não lhe dê leite.

quatro

— Papa, o que você faria se acreditasse que ninguém jamais descobriria o que você fez?

— Gosto de pensar que é assim que eu vivo. Rumi diz: "Quero cantar como os pássaros, sem me preocupar com quem ouve e o que pensam".

— Então é assim que você toca as coisas?

— Na verdade, não. Mas sua pergunta toca em um fenômeno interessante. Quando alguém faz alguma coisa que se torna pública, o público cria uma imagem dessa pessoa. E essa imagem, por não se conformar à realidade dessa pessoa, cedo ou tarde fica conspurcada. Acontece toda hora. E, quando essa imagem fica inevitavelmente conspurcada, a sociedade fica irada com essa pessoa quando de fato deveria ficar irada consigo mesma por ter criado essa imagem antes de tudo.

É um processo intrincado, com certeza. O exemplo perfeito de algo assim é Tiger Woods. Ele e todas as pessoas que acreditavam nele criaram a persona mítica em que ele começou a se transformar. Não apenas por ser um atleta dominante nos campos de golfe (o que ele provavelmente jamais gostaria de mudar), mas por causa de todo o resto, todos os patrocínios multimilionários que firmou e a imagem que consolidou. Ele não precisava criar essa imagem que ele permitiu que as pessoas criassem, mas fez isso provavelmente porque fazia bem para seu ego, para não falar do dinheiro. Tudo isso, porém, gerou falsas expectativas que ele não conseguia manter. Por isso levava uma vida secreta. E nos confins de sua solidão e isolamento, sua sombra emergiu. Quando você precisa viver de acordo com uma imagem que não é você, cedo ou tarde essa imagem será conspurcada. Todos ficarão irados e muitas pessoas acabarão feridas.

"ONTEM É HISTÓRIA, AMANHÃ É UM MISTÉRIO, HOJE É UMA DÁDIVA. POR isso é chamado presente."

Não tenho muita certeza de onde vem esse axioma bobo, mas já o vi em cartões de visita, em para-choques, camisetas, *mouse pads* e em pelo menos uma tatuagem. Se entrar no Google, encontrará quase nove milhões de entradas, com referências a Emily Dickinson, Bob Marley, Joan Rivers, Lil Wayne e um livro publicado originalmente em 1902 com o título *Sun dials and roses of yesterday*.

Não tenho ideia de quem pronunciou essas palavras pela primeira vez, mas sei que o mestre Oogway diz esta frase com grande elegância na animação *Kung fu panda*. Sei disso porque assisti ao filme todas as manhãs nos últimos seis meses às 5h30 da manhã.

Fiquei encarregado dos "deveres matinais" em nossa casa, turno que implica acordar com o garoto, deixar o cachorro sair para o quintal dos fundos, trocar a fralda do garoto, deixar o cão voltar para dentro de casa, dar-lhe um agrado, servir leite e cereal para o garoto, fazer *waffles* e então nós três (menino, pai, cachorro) sentamos diante da TV para assistir a *Kung fu panda*. Às 5h30.

Apesar dos meus esforços para variar de programa — tipo *Madagascar 2* ou quem sabe o canal de esportes —, a lealdade de Krishu ao panda é inabalável. Não podemos sair da rotina. É uma coisa realmente incrível. Krishu consegue assistir a *Kung fu panda* todas as manhãs como se fosse a primeira vez. Ele ri de todas as piadas de Po, se encolhe quando Tai Lung foge da prisão, agarra no sofá quando Tigresa, Louva a Deus, Macaco, Garça e Víbora se preparam para aceitar o desafio de Tai Lung. Krishu sabe o que vai acontecer — já fica esperando —, mas vivencia cada momento, todas as vezes, com um entusiasmo absolutamente incrível.

O mesmo não se pode dizer a meu respeito. Talvez por isso eu tenha sonhado com uma alternativa mais sinistra, em que Tai Lung realmente consegue ter sucesso em seu golpe contra o mestre Shifu. Nessa versão, Tai Lung acaba dominando o mundo, rompendo o equilíbrio espiritual do planeta e lançando-o na escuridão apocalíptica.

Nesse Armagedon, artes marciais como *kung fu*, caratê e judô teriam que ser recuperadas e reinventadas e os guerreiros mestres nessas artes seriam a última esperança para recuperar a civilização dessa loucura. É apenas uma ideia.

A recompensa pelo trabalho matinal era que às 6h30 eu podia devolver Krishu para a cama, onde ele se aninhava junto à mamãe, e montava em minha bicicleta novinha para dar uma volta exaustiva pelos cânions. O objetivo desse treinamento intensivo (além de sair de casa) era me preparar para uma viagem de bicicleta que eu pretendia fazer pela Itália. Meu cunhado, cinco anos mais velho do que eu, havia me incluído em um grupo formado principalmente por homens como ele: profissionais bem-sucedidos, investidores e alguns verdadeiros magnatas, cuja rotina havia se tornado muito menos movimentada por causa de um recuo na economia. Quando não estávamos em nossas bicicletas, disputando corridas como amadores, comparando pedais, engrenagens e componentes das magrelas, estávamos compartilhando vídeos do YouTube e *links* para mapas e comentários que mostravam o quanto era realmente impossível o esforço que pretendíamos despender na Itália.

a sabedoria dos cães

Além do rigoroso treinamento físico e dos jogos mentais estimulados pelo YouTube, eu também havia adaptado minha dieta. Carboidratos e açúcares eram rigidamente monitorados. As proteínas podiam ser consumidas à vontade e as calorias — antes proibidas — agora eram muito bem-vindas para fornecer a energia necessária ao treinamento, que incluía as subidas pelos cânions íngremes de Santa Monica e Malibu. Nossa cozinha havia se transformado em verdadeiro laboratório, com os armários cheios de pós coloridos e barras de proteínas. Eu passava o início da manhã misturando, batendo os ingredientes no liquidificador, preparando e ingerindo *shakes* sob os olhares horrorizados de Candice, Krishu e Cleo. Mas valia a pena, eu dizia a mim mesmo. Afinal, os dizeres das embalagens não prometiam energizar meu corpo e ajudar na recuperação depois de um treinamento particularmente desgastante?

Quanto mais eu pensava em todo esse treinamento e nos efeitos colaterais, menos clareza eu tinha sobre os motivos de estar fazendo tudo aquilo. Eu sabia que, apesar de gostar de andar de bicicleta, nada se comparava à adrenalina despertada pelo espírito de competitividade que eu sentia quando jogava basquete na quadra local, diversão que eu havia abandonado alguns meses antes depois de enfrentar problemas no joelho. Andar de bicicleta era um dos poucos esportes que eu poderia praticar sem causar grande impacto nas juntas. Ainda assim, não havia nada de competitivo no esporte, apenas passeios longos e árduos, às vezes subindo por colinas íngremes que exigiam uma estratégia para serem conquistadas.

No mínimo, para subir essas colinas era preciso ter a mente tranquila e os pensamentos sob controle por longos períodos. Esse tipo de treinamento mental era novo para mim; parecido com a meditação, com a qual eu estava familiarizado, mas muito diferente dos movimentos instintivos do basquete. A subida nas colinas íngremes com muita agressividade exigia um esforço excessivo, que sabotava as reservas de energia necessárias para os trajetos mais longos. A recalibragem da minha vida atlética — parte significativa da minha existência — era muito importante para

quatro

mim e algo que eu ainda estava ajustando à medida que a viagem para a Itália se aproximava. Por isso, mesmo tendo determinado como faria, eu ainda não tinha claro o porquê.

Meu pai reparou na minha súbita obsessão pelo ciclismo.

— Você está se dedicando bastante, não? — ele perguntou certa manhã, enquanto passava o café.

— Acho que sim — eu respondi, meio indeciso.

— Eu sei por quê — ele disse, colocando creme de avelãs na xícara. — Você está ficando velho.

Eu olhei para ele desconfiado.

— Você costumava calçar os tênis, pegar uma bola e ir jogar. — Ele misturou o creme no café. — Desde que você tinha mais ou menos 11 anos até alguns meses atrás. Agora você tem uma bicicleta cara, roupas caras para andar de bicicleta, líquidos estranhos e gel, está se preparando para uma viagem cara do outro lado do mundo só para praticar. — Ele deu de ombros e tomou um gole do café.

— Eu não acho.

— Você ainda é muito novo para uma crise de meia-idade. Mas está lá marcado na parede. Você vai para a Itália para se exercitar.

Fiquei olhando para ele sem saber o que dizer. Minha primeira reação foi de puro espanto pelo fato de ele se lembrar de mim quando eu tinha 11 anos. Não uma idade genérica, tipo 10 anos, ou uma categoria mais ampla, como a adolescência, mas 11 anos. Foi muito bom.

Balancei a cabeça enquanto enchia a garrafa de água.

— Não sei se é isso — eu resmunguei.

— É isso — ele acenou com a cabeça, convencido. — Embora nossa existência no contexto cósmico seja um simples parêntesis na eternidade, às vezes pode parecer interminável para aqueles que a vivenciam. Por isso buscamos alguma forma de nos distrair. — Ele mudou de assunto. — É uma bela bicicleta. Quanto custou?

Eu não iria contar de maneira alguma.

— Esqueci.

— Claro. — Ele acenou com a cabeça de novo enquanto saía da cozinha. — Bom passeio.

JÁ INSTALADO NA DISPENDIOSA CLASSE EXECUTIVA do voo para a Itália, voltei a pensar na minha conversa com Papa. Talvez ele estivesse certo. No fundo, eu sabia que havia uma parte de mim sentindo uma coceira. Eu havia me transformado em uma criatura de hábitos presa a uma rotina. Minha agenda diária era rígida e previsível. Alguns anos antes, eu perambulava pelo mundo, entrevistava e saía com narcotraficantes e terroristas (ou defensores da liberdade, dependendo do ponto de vista); agora eu tinha mulher, filho, cachorro, financiamento da casa, obrigações e compromissos, e um novo *hobby* bem caro. Por mais que adorasse minha família e valorizasse minha vida, eu via que estava indo por um caminho cada vez mais previsível — mais filhos, mais cachorros, mais dívidas, despesas com escola, obrigações e compromissos cada vez maiores. Como poderia compensar tudo isso? Comprando uma bicicleta ainda mais cara? Participando do Tour de France no ano seguinte? O que acabaria acontecendo com minha vida, no que ela iria se transformar? Em quem eu estava me transformando?

— Senhor Chopra, aceita um coquetel? — perguntou a comissária de bordo, interrompendo minha crise. Ela fora muito simpática durante o embarque e tinha me ajudado a identificar todos os acessórios da minha bela poltrona de couro. Eu já havia usado o hidratante e o umedecedor labial, colocado meias macias e pretendia colocar a máscara para dormir. Ela demonstrou grande interesse quando lhe contei o objetivo da viagem. Meu olhar passeou pelo sorriso atraente e os cabelos pretos. É aí que começa a crise da meia-idade, não é?

quatro

Eu balancei a cabeça.

— Não, obrigado.

Procurei recalibrar minha mente. Precisava parar de pensar no futuro distante, repleto de imagens perturbadoras da deterioração suburbana. Eu tinha problemas mais imediatos, como uma disputa fisicamente exaustiva para a qual ainda não tinha certeza de estar preparado. E não se tratava apenas do desafio físico. Boa parte da energia voltada para a corrida tinha a ver com todo o agito que a cercava. Não apenas os seis meses de preparação física intensa, mas também toda a discussão e pesquisa. Eu havia reunido um grande arquivo com vídeos no meu computador, que visavam inspirar tanto quanto intimidar. Nos dias que antecederam minha partida, quando fui até a loja de bicicletas para adquirir mais uma parafernália, falei da minha viagem para o gerente.

— Sério? — ele perguntou, bastante perplexo.

— É, sério.

Ele riu e balançou a cabeça. O que ele estava querendo dizer?

Eu tentei descobrir, mas ele não abriu o jogo.

— Bobagem ficar estressado por causa disso.

Tarde demais. Alguns dos trechos de montanha estavam entre os mais íngremes do mundo. Tinham nomes italianos interessantes como Passo dello Stelvio, Passo di Gavia e Passo di Mortirolo e eram descritos com admiração por aqueles que os conheciam. Embora a maioria das corridas dure entre quatro e cinco horas no máximo, as discussões sobre elas podem se estender por meses. Cada uma delas era cercada por lendas e folclore. Todas despertavam ansiedade e temor em ciclistas amadores e veteranos. Como no sujeito da loja de bicicletas. Eu estava devidamente estressado.

Depois de desembarcar em Milão, durante a viagem de três horas e meia de carro até a região das Dolomitas, pude ver as montanhas por onde subiríamos. Eram impressionantes, para dizer o mínimo; assustadoras, na verdade. De longe, pareciam majestosas, com os picos encobertos pelas nuvens. Enquanto a tarde se transformava em noite, dificultando

a sabedoria dos cães

a visão da estrada, continuei olhando pela janela, examinando o ângulo da estrada que serpenteava e contando "Mississippis" em minha cabeça, tentando ver algo que indicasse o tamanho daquelas encostas, quanto tempo levaria para atravessá-las. Quanto mais alta a contagem, mais nervoso eu ficava.

Imaginando que a melhor coisa a fazer para me acalmar seria me distrair, voltei minha atenção para Ian, o enérgico instrutor que havíamos contratado como guia para toda a semana. Mas ele não ajudou muito. Depois de uma conversa obrigatória sobre cinema e outros temas sem importância, voltamos a falar de ciclismo, pouco mais do que uma moda passageira para mim, mas uma grande paixão para ele. Quando descrevi as coisas que tinha ouvido a respeito das corridas épicas que iríamos fazer e o nervosismo que as cercava, ele respondeu solenemente:

— Não pense nisso. Você pode ficar paralisado se pensar desse jeito, é sério. Apenas concentre-se na estrada à sua frente.

Está certo, eu acenei com a cabeça. A primeira impressão que tive de Ian foi de que ele era um cara bem relaxado. Essa transformação para a seriedade me pareceu um pouco abrupta. Apesar de dizer que não devíamos pensar nas corridas que faríamos dali a algumas horas, seu tom de voz fazia exatamente o oposto. "Estou ferrado." Esse pensamento ficou ecoando na minha cabeça como o mantra que meu pai me ensinou a repetir durante a meditação.

Algumas horas depois, finalmente chegamos ao charmoso hotel que seria nosso lar nos próximos dias. Telefonei para Candice para ver se estava tudo bem.

— Você está nervoso com a corrida de amanhã? — ela perguntou.

— Aparentemente, nós não deveríamos falar sobre isso — eu disse a ela.

— Sério? — Eu conseguia imaginar a sobrancelha arqueada. — Por quê?

— Torna a corrida mais difícil ou algo assim. Eu não sei. — Balancei a cabeça. — Conversa de ciclista.

quatro

— Faz sentido.

— Sério? — Agora era eu quem estava fazendo caretas. — Por acaso você andou conversando com Lance Armstrong?

Ela riu.

— Claro que não. Concentre-se na corrida, e não na linha de chegada. O importante é a jornada e não o destino. Seu pai provavelmente diria algo assim.

— Ou a Nike. Como está o garoto?

— Bem. Distraindo a avó.

A mãe de Candice tinha deixado sua casa em Atlanta para lhe dar uma mãozinha. Preparava as refeições, trocava as fraldas, lendo, dando banho, assistindo a *Kung fu panda*; havia inúmeras rotinas que precisavam de alguma ajuda. Sua mãe era mais do que capaz de cuidar de todas elas. Mas, acima de tudo, *Wai pó* (termo chinês com que Krishu se referia à avó materna) era sua grande amiga de brincadeiras. Ela o mimava mais do que todo mundo e por isso era a sua pessoa preferida. Ele lhe dava ordens, pedindo comida fora de hora — sucrilhos durante a noite, sanduíches de manhã — como que para testar os limites da avó e descobrir os seus.

O momento não era bom. Pressionados por uma recém-formada máfia de mães, tínhamos iniciado nas últimas semanas o grande desafio do pinico. Consultamos todos os livros e todos concordavam que, quanto mais estruturássemos a vida ao redor de Krishu, criando uma rotina segura e expectativas confiáveis, mais tranquilo seria o processo. Por isso iniciamos a doutrinação de Krishu, como descreveu depois meu pai, nos mecanismos do mundo.

"Tudo começa com a regulamentação da biologia. Termina com a regulamentação do resto até você se transformar em um conjunto de reflexos condicionados."

Como muitas das declarações de Papa, essa lembrava algo que poderia ter sido dito pelo Unabomber.

a sabedoria dos cães

Desde cedo Krishu parecia ter assimilado a nova rotina, feliz por estacionar em seu pequeno piniquinho de plástico desde que um de nós se dispusesse a estacionar do lado e ler uma história para ele. Ele até conseguiu fazer direitinho uma ou duas vezes na primeira semana, recebendo elogios dos familiares com quem compartilhamos as boas notícias.

— Ele é realmente adiantado para a idade — minha mãe elogiou.

— Um grande prodígio — disse o pai de Candice.

Esses depósitos iniciais no piniquinho nos encheram de falsas expectativas. Candice e eu nos convencemos de que os livros estavam errados, de que o processo não levaria meses e que não haveria retrocessos. Seria apenas uma questão de dias para que nosso gênio metabólico dominasse o tao do cocô. Pode ser que Krishu tenha sentido essa pressão repentina para que amadurecesse muito depressa, o certo é que sua rebeldia logo se manifestou. Ele não estava interessado no nosso desejo de assimilá-lo a um mundo em que os pinicos eram despejados em estranhos tronos de porcelana com descarga. Ele estava perfeitamente feliz com o sistema vigente em que ele se aliviava quando e onde precisasse e depois nós o limpávamos. Tinha funcionado muito bem até então.

— Como está indo o treinamento com o pinico?

— Não muito bem — Candice respondeu. Ela colocava a culpa na chegada de *Wai pó* e seus mimos com o garoto. Nós sabíamos que as razões eram mais profundas, que nosso filho era o Magal Pandey, rebelde indiano legendário, do treinamento do pinico. Se tivesse uma oportunidade, ele comandaria uma revolução de crianças de 2 anos e resistiria a esse terrível costume. Ele havia liderado rebeliões semelhantes na caixa de areia. Ainda assim, era mais fácil colocar a culpa na avó.

Eu queria acreditar que o garoto acabaria entendendo. Era algo mais coerente com minha filosofia paternal. Com o tempo, devido ao desconforto ou ao inevitável despertar cultural ocasionado pelo fato de ser um adolescente fazendo cocô nas calças, Krishu iria nos suplicar para que o ensinássemos a fazer cocô no pinico. Eu pensava da mesma forma em relação à alimentação e ao sono; quando sentisse fome, ele comeria; quando ficasse cansado, dormiria. Por que tanta pressão para criar rituais e rotinas elaboradas para enquadrá-lo em coisas que ele desafiava instintivamente? Mais teorias que não tinham chance alguma com minha mulher.

— Ele sente minha falta?

— Você quer que eu minta ou prefere que conte a verdade?

— Vá em frente, minta.

— Ele está sentindo muito a sua falta, fica perguntando por você toda hora. — Impressionante.

Eu sabia que com a *Wai pó* em casa, ele nem sequer perceberia minha ausência.

— E quanto a Cleo?

Desta vez Candice nem se deu ao trabalho de perguntar.

— Ela está sentindo muito a sua falta e perguntando por você toda hora!

— Seria melhor... essa ingrata.

Candice riu e depois acrescentou carinhosamente:

— Você está, não está? — Era óbvio que Cleo havia se aninhado junto a Candice e estava recebendo carinhos.

— Eu não perderia meu sono por causa disso. Você conhece Cleo. Assim que você voltar, ela o amará mais do que nunca. A mente dela funciona de acordo com o que está bem à sua frente.

— É, eu sei. Mas por que ela não pode ser como aqueles cachorros de que falam tanto? Sabe, aqueles que ficam sentados diante da porta esperando pelo dono. Que ficam tristes e deprimidos porque para eles a coisa mais importante do mundo é a pessoa que não está ali.

— Há! Cleo? De jeito nenhum.

— Está certo. — Realmente, esse era uma dos maiores atributos de Cleo, a capacidade de concentrar a atenção no momento presente sem se distrair com nada.

— Estou com saudade — Candice falou, com uma voz muito sedutora.

— Mentirosa!

— Tome cuidado, Lance. É melhor você dormir para fazer a grande corrida sobre a qual não podemos falar e na qual você não deve pensar.

— Está certo. *Ciao*.

— Uau! Muito italiano.

Enquanto me acomodava no aconchegante quarto de hotel em Bormio, meu celular tocou. Era meu pai do outro lado da linha.

— Como foi o voo?

— Caro — eu respondi. Ele riu.

— Falei com sua mãe. — Ele fez uma pausa. — Nana está muito melhor. Sua condição é estável. Ele deve ir para casa em alguns dias.

Estável é um termo estranho se você realmente pensar a respeito. Certamente é melhor do que "crítico" ou "com risco de morte", mas muito distante do desejado, se quer saber minha opinião.

— Está certo. E isso quer dizer o quê?

— Quer dizer que devemos pensar em um dia de cada vez — Papa adotou o palavreado médico. — Ele ficará bem. Mas não quer falar demais.

Quem conhecia Papa como um médico meio feiticeiro sabia que se ele dissesse alguma coisa poderia romper o delicado equilíbrio da recuperação de Nana.

— Mamãe está bem? — eu perguntei, mudando o enfoque. Se por acaso não estivesse, isso seria um sinal revelador. Minha mãe é reconhecidamente muito equilibrada.

— Ela está bem. Um pouco emotiva. Afinal, é seu pai.

Por um lado, o fato de minha mãe estar "emotiva" era preocupante. Mas a inclusão da frase "afinal, é seu pai" acrescentava uma variável à equação. Eu não sabia muito bem como conciliar essas informações.

quatro

— Não se preocupe — disse Papa, interrompendo meus pensamentos. — Ninguém pode controlar o futuro. Você só irá se desgastar tentando. Pense apenas que Nana ficará bem e esqueça.

Lá estava ela de novo, a equação do desapego, atenção, intenção. Parecia simples, mas sua execução era terrivelmente difícil.

— Vou tentar — eu disse, sem muita convicção.

— Tentar não basta.

Certo, o peixe não tenta nadar, apenas nada. Um pássaro não tenta voar, apenas voa. Você não tenta andar, apenas anda. Entre Papa e Yoda, cresci com esses axiomas. Mas isso não tornava as coisas mais fáceis.

— Como está o bebê? — Essa era a saída que meu pai havia encontrado sempre que ficava sem saber como mudar de assunto.

— Bem. Mas o treinamento com o pinico não tanto.

Isso também o deixou perplexo. Eu apostaria meu último centavo que meu pai não teve nenhum envolvimento nesse tipo de treinamento quando eu era bebê.

— É, nunca é fácil. — Uau, grande recuperação. — E como está Cleo?

Eu ri, impressionado. O fato de ele se lembrar do nome, para não falar da preocupação com ela, representava uma grande e genuína ligação entre os dois.

— Ela está ótima. Agora que a mãe de Candice está lá em casa, ela realmente faz longos passeios todos os dias.

— Com que frequência ela vê a mãe de Candice?

Eu pensei um pouco. A mãe de Candice nos visitava a cada seis meses, mais ou menos. Foi o que eu disse a Papa.

— Você acha — Papa começou — que se abrisse o crânio de Cleo e examinasse seu cérebro, encontraria essa lembrança da mãe de Candice?

Torci para que aquela fosse uma pergunta retórica.

— Não tenho a menor ideia.

— O cérebro, tanto nos humanos quanto nos cães, não guarda lembranças. Não há um sistema de arquivo dentro do cérebro. As lembranças

a sabedoria dos cães

existem como possibilidades não localmente em uma planície central da existência.

— Deixe ver se entendi: é a diferença entre arquivar dados no HD e no servidor?

Pausa.

— A verdadeira diferença entre Cleo e nós está na habilidade dela de acessar o servidor com o mínimo de interrupção.

Desta vez exigi uma tradução.

— É muito simples. Os animais reagem e não refletem sobre suas reações. Eles se apoiam em suas lembranças e nas lembranças da espécie, mas não são influenciados nem mudam por causa das emoções.

Isso me fez pensar. Mesmo depois de alguns meses ou até um ano após uma visita da mãe de Candice, assim que ela atravessava a porta Cleo pulava em cima dela, brincando e pedindo seu carinho entusiasticamente.

— Então você acha que Cleo é motivada por lembranças? — eu perguntei. — Quer dizer, é óbvio que ela reage instintivamente a uma série de coisas.

— Há uma grande diferença — Papa respondeu rapidamente. — Reagir ao seu passado, às lembranças, é ser prisioneiro delas. Isso é o que a maioria das pessoas faz — passam por vítimas das experiências passadas. Agir instintivamente é algo completamente diferente.

— Os instintos se baseiam em nossa lembrança coletiva do carma. A alquimia de todas as nossas experiências passadas se manifesta nos instintos da nossa espécie. Os instintos dependem dessa reserva de experiências passadas.

— Até mesmo os humanos — ninguém precisa nos ensinar como nos apaixonar pela primeira vez. Não porque tenhamos qualquer lembrança disso ou porque é uma grande experiência, mas porque no momento certo parece a coisa certa.

— O problema é que criamos barreiras em nossas próprias vidas, nos condicionamos. Aquele primeiro momento da paixão cria uma lembrança à qual iremos recorrer pelo resto da vida. Cria uma expectativa do que deve ser o amor no futuro. É aí que as coisas ficam complicadas.

— Cleo está acima dessas complicações — Papa concluiu.

Levei um tempo para digerir. — Você realmente acredita que os humanos são capazes de uma coisa dessas? — eu perguntei.

Dessa vez Papa não respondeu com a hesitação de antes. Na verdade, ele nem sequer respondeu.

— Papa? Você está aí?

Ele ainda demorou um pouco para responder.

— Ligue a TV — ele falou, com a voz definitivamente alterada.

— Por quê? — Eu tentei localizar o controle remoto. — O quê?

Mais uma pausa.

— Estão dizendo que Michael Jackson pode estar morto.

CONHECI MICHAEL QUANDO EU TINHA 15 anos. Meu pai fora apresentado a ele por Elizabeth Taylor, que frequentava um centro de medicina alternativa em Massachusetts, onde meu pai era o diretor médico. Quanto mais a senhora Taylor conhecia meu pai e o material espiritual com o qual ele estava envolvido, mais se convencia de que Michael ficaria fascinado por ele. Embora estivesse mais interessada nos recursos de *spa* oferecidos pelo centro médico, para não falar do fato de estar tão distante de Hollywood e do caos que a cercava, ela acreditava que Michael se interessaria por "todo esse negócio mágico" de que meu pai falava — como meditação, consciência e carma.

Ela estava certa. Michael passou a fazer parte da família assim que ele e Papa se conheceram. E não foi só pelo "negócio mágico" que ele se interessou; foi também pelo "negócio normal". Alguns meses depois de ter conhecido meu pai, Michael o convidou para conhecer Neverland, seu rancho perto de Santa Barbara.

a sabedoria dos cães

Papa anunciou sua viagem em uma noite durante o jantar. Falou displicentemente, como se estivesse comentando o tempo.

— Quanto tempo leva uma viagem de Los Angeles a Santa Barbara? Tenho uma reunião em Los Angeles na semana que vem e depois talvez vá até o rancho de Michael Jackson. Ele quer me ver.

Mallika e eu olhamos para ele sem conseguir acreditar.

— O que foi? — ele perguntou enquanto tentávamos balbuciar alguma coisa.

— Michael...? — eu murmurei.

— Jackson...? — ela completou.

Papa fez que sim com a cabeça.

— Vocês querem vir comigo?

Mallika ficou arrasada. Ela queria muito, mas tinha uma viagem marcada para o dia seguinte, para fazer um trabalho voluntário na República Dominicana. Algo como limpar latrinas durante o verão. Mas eu não estava envolvido com nenhuma atividade filantrópica. Meus planos para o verão se limitavam a vagabundear no Fenway Park.

Mas eu tentava ser *cool*. Afinal, estava com 15 anos, auge da arrogância adolescente. Usava Cross Colors e Adidas. Jogava basquete no colégio e sentia J. D. Salinger completamente. Eu não podia reagir da maneira como queria: "Você está brincando? É óbvio que vou com você para conhecer o Michael Jackson".

Em vez disso, dei de ombros.

— É, parece legal. Eu vou com você...

Como a maior parte da minha geração, cresci como devoto de Michael Jackson. Eu não era obcecado apenas pela música, mas por *ele*. Foi o videoclipe de *Thriller* que inspirou as fantasias de Halloween durante vários anos seguidos e a compra de uma jaqueta de couro vermelho que eu cortei para ficar parecida com a que ele usa no clipe. Foi a performance em "Billie Jean", no especial de aniversário de 25 anos da gravadora Motown, que inspirou a compra de meia dúzia de mocassins e de uma luva de

quatro

esquiador — foi o mais próximo que consegui chegar da real. E houve também o chapéu de feltro preto que fiz meus pais comprarem e que usei tanto que acabou ficando mais parecido com o chapéu do Indiana Jones. Eu parecia um verdadeiro idiota usando aquele chapéu enorme aos 11 anos, mas como todo mundo idolatrava Michael Jackson era algo bacana.

Michael Jackson era bacana. O modo como ele dominava o palco ou sacudia um estádio com uma força de super-herói e puro talento, mas parecia tão vulnerável e humano fora dele... legal.

Pelo fato de ter crescido ao lado do guru das estrelas, tive a sorte de conhecer muita gente famosa. E se tem uma coisa que aprendi é que, de forma geral, pessoalmente elas não são tão assustadoras quanto podem parecer. Com o tempo, acho que percebi que tinha menos a ver com elas e mais conosco, com nossas expectativas. Idolatramos as celebridades, criamos ícones e depois ficamos decepcionados, até com raiva, quando elas não correspondem aos padrões que criamos.

Tive uma experiência bastante pessoal nesse sentido. Havia um escritor que eu idolatrava no colegial; eu o encontrei em um jantar e ele se mostrou irritado ao falar de uma grande livraria, dizendo que não colocavam seus livros na altura dos olhos nas prateleiras. Como se não bastasse, passou todo o jantar reclamando de uma loja *on-line*. Depois disso, vendo o quanto ele desprezava as pessoas que trabalhavam para divulgar sua obra para o público — e pior, percebendo sua pequenez —, ficou difícil apreciar as palavras que ele colocava no papel. E houve o caso de uma atriz muito sensual com quem eu vivia sonhando até ouvi-la dizer que a equipe do centro médico era formada "por um pessoal que não merecia ganhar sequer o salário mínimo". Depois disso, jamais consegui sonhar com ela da mesma maneira.

No mundo da "autoajuda", com o qual nos envolvemos cada vez mais ao longo dos anos, as ironias eram ainda maiores. Especialistas em relacionamento cujos casamentos estavam cheios de escândalos e infidelidade. Gurus da boa alimentação que se escondiam nos fundos dos restaurantes

a sabedoria dos cães

se entupindo de carboidrato e refrigerante. Defensores da "vida simples" que viajavam com comitivas de fazer inveja aos atletas profissionais.

Mas nada disso tinha a ver com Michael.

Ele era tudo o que eu havia imaginado e muito mais. Com o passar dos anos, nós nos tornamos amigos. Família. Descobri que ele era não apenas um artista brilhante e incrivelmente dinâmico, uma celebração do talento quase divino, mas também uma alma profundamente confusa e agonizante. Michael pode ter sido um homem com a cabeça sempre nas nuvens, desligado da realidade das "pessoas comuns", mas era alguém que sentia as emoções humanas com uma profundidade que jamais vi igual.

Anos depois de tê-lo conhecido, eu me matriculei na respeitada Universidade de Columbia — devido em grande parte a uma carta de recomendação escrita por ele. Michael vivia a maior parte do tempo em Nova York, na cobertura do Four Seasons Hotel, e eu o visitava regularmente, só para passar o tempo, às vezes ajudando em algum dos projetos em que ele estava trabalhando, tentando tirá-lo do isolamento que ele e seus colaboradores criaram. Mas nunca fui bem-sucedido. Para me compensar pelo trabalho, ele me pagava em dinheiro, tirando as notas de um saco que mantinha escondido atrás do vaso sanitário. Saindo dali eu telefonava para os colegas da faculdade, que pegavam o metrô e me encontravam no centro da cidade para gastarmos o dinheiro naquilo que era mais importante para nós naquela época: *strippers*.

O tempo passou e Michael passou de estrela do *pop* a maior talento musical que o mundo já tinha visto e depois à celebridade envolvida em escândalos. Seu rosto foi se desmanchando, resultado não apenas das cirurgias que visavam combater um de seus problemas psicológicos mais profundos, mas também a um problema de pele que a maioria das pessoas desconhecia. Para a imprensa, ele odiava a própria raça ou era uma aberração, acusações que o deixavam às vezes melancólico e outras vezes furioso. E é claro que havia as acusações ainda mais devastadoras de impropriedade sexual com meninos, que durante algum tempo iriam manchar

quatro

toda a sua glória passada. Eu, que já havia contado vantagem pelo fato de conhecer Michael Jackson desde os 15 anos, agora falava disso murmurando em voz baixa com receio dos olhares críticos e dos sorrisos.

Depois que as nuvens negras dos escândalos passaram, Michael entrou em uma nova fase de sua vida, que eu descobri logo depois: a paternidade. Nós realmente seguimos trilhas diferentes para o mesmo destino. Enquanto eu fui pelo caminho antiquado, Michael literalmente produziu uma família, que o amaria de uma forma que ninguém mais amou. Era fácil ver pela maneira como se comportava com as três crianças que elas eram as coisas que ele mais valorizava na vida. Quando Krishu nasceu, Michael telefonou e disse: "Eu lhe disse, Igger (era assim que ele me chamava; Michael criava apelidos para todo mundo), é a melhor coisa do mundo".

Eu o convidei para ser padrinho de Krishu, mas ele disse que não achava uma boa ideia. "Acho que você deve encontrar alguém melhor para isso", ele confessou. "Existem muitas coisas ruins em minha vida que ele não precisa saber."

Ele deu a Krishu o apelido de "the Chindian" e ligava de vez em quando para saber se Candice e eu estávamos falando várias línguas perto dele.

— Michael, ele só tem alguns meses.

— Não importa, ele é mais esperto do que todos nós. Não deixe de fazer isso.

Nos últimos anos de sua vida, apesar de estar encontrando maior realização espiritual e emocional com seus filhos do que jamais tivera na vida, Michael estava lutando. As pessoas mais próximas a ele sabiam e, apesar de várias tentativas, não havia muito que fazer. Mais uma vez, ele conseguiu construir um casulo ao seu redor e se isolar do mundo, especialmente por acreditar que tinha um segredo que não queria que ninguém mais soubesse.

Algumas semanas antes de eu ir para a Itália, ele me telefonara no meio da noite, como sempre fazia. Parecia estar muito lúcido. Tinha ouvido falar da minha colega jornalista Laura King, presa na Coreia do Norte, e queria saber se eu sabia de alguma coisa além do que diziam os noticiários. (Baseado em sua própria experiência com jornalistas, não confiava muito neles.) Quando eu lhe disse que não havia muita informação, que a Coreia do Norte era governada por um regime totalitário que controlava a imprensa, ele ficou em silêncio. Depois me disse que tinha visto fotos de Kim Jong-il, o grande líder da Coreia do Norte, que comandava a nação com mão de ferro. Percebera que o político sempre usava jaquetas militares, parecidas com as que Michael usava quando aparecia em público ou quando se apresentava.

— Você acha que ele é meu fã?

— Eu não sei.

— Se for, talvez eu possa ajudar de alguma maneira.

Eu prometi que iria verificar.

— Está certo. Espero que elas estejam bem. — Ele tinha lido que Laura e sua colega Euna eram mantidas em isolamento. — Ficar sozinha desse jeito não é fácil, isolada das pessoas, do tempo.

Eu concordei, sem saber exatamente o que dizer.

— Dê um alô para o Chindian — ele sussurrou. — Boa noite.

DEPOIS DE ENCERRAR A CONVERSA com meu pai, fiquei andando pelo quarto do hotel. Liguei a TV e fiquei zapeando pelos canais. Todos diziam que Michael Jackson havia sido levado para um hospital de Los Angeles. Muitos voltaram atrás na notícia de que ele já estava morto e se limitaram a dizer que ele estava em coma e que sua condição era crítica. Eu sabia que a cobertura da morte estava sendo montada, com caminhões estacionando diante do hospital para fazer a transmissão. Nas casas de Michael, em Los Angeles e em Neverland, na casa de seus pais em Encino, todos aguardavam ansiosos.

quatro

Sentado no meu quarto de hotel, eu havia deixado a TV ligada em um canal italiano de notícias, apesar de não entender muito bem o que dizia. Um vídeo do *site* de fofocas TMZ mostrava os paramédicos empurrando uma maca até a ambulância. Essas seriam as últimas imagens do grande Michael Jackson. Outras imagens mostravam a vigília dos fãs do lado de fora do lendário Cedars-Sinai Medical Center, em Beverly Hills. A repórter continuava falando, em italiano, com a voz quase tropeçando em si mesma enquanto transmitia as últimas notícias. Meu celular começou a tocar, as mensagens de texto e *e-mails* não paravam de chegar, amigos ansiosos para saber se eu tinha alguma informação. Olhei para o despertador. Já passava das dez da noite. Deveríamos sair com as bicicletas logo cedo para a primeira corrida. De repente, não tive tanta certeza de que ficaria na Itália por muito tempo, ainda mais na largada. Pensamentos contraditórios tomaram conta da minha cabeça — devia continuar ou voltar correndo para casa? Enquanto isso, o nó no estômago continuava aumentando, a suspeita crescendo; independentemente do que dissessem os noticiários sobre o estado de Michael, minha intuição era mais confiável.

Em um segundo, tomei uma decisão: desligar a TV e o celular. A combinação de *jet lag,* ansiedade por causa da corrida e as más notícias haviam me deixado abalado. Senti que o dia seguinte seria emocionalmente caótico, mas haveria períodos em que poderia me isolar por algumas horas e não pensar nas coisas. Foi uma decisão mais instintiva do que racional.

Deitado na cama alguns minutos depois, pensei em Michael, na primeira vez em que nos encontramos, no verão em que viajei com ele em uma de suas turnês pela Europa, e em todas as vezes que nos encontramos. Senti um peso no coração e tentei pensar nos momentos alegres que compartilhamos ao longo dos anos. Como quando saímos de seu apartamento em Los Angeles em uma noite de Halloween e fomos a uma boate e ele dançou tanto que todo mundo parou e começou a aplaudir — o anônimo com uma máscara de Godzila. Ou aquela vez no estúdio de gravação em Nova York, quando ele disse ao *rapper* Ice-T que eu era

a sabedoria dos cães

seu guarda-costas. Ice-T me olhou de alto a baixo e disse a Michael que poderia ajudá-lo a "melhorar" sua segurança se quisesse pensar seriamente no assunto.

Mas não conseguia afastar a tristeza, que estava ficando cada vez maior. "Esqueça a ilusão do controle", disse o mestre Shifu. Por isso resolvi mudar de tática. Decidi abraçar a tristeza. Não tentar me esquivar das emoções, mas "tomar posse" delas, como diria o doutor Phil, e me permitir senti-las. Em cinco minutos, mergulhei em um sono profundo.

NA MANHÃ SEGUINTE acordei com um sobressalto. Não precisei de despertador para sair daquele sono surpreendentemente reparador. Olhei para a tela da TV, pensando se deveria ou não ligá-la. Em vez disso, peguei o celular e conectei ao carregador. Pensei em verificar as mensagens e *e-mails*, mas, antes de decidir se queria fazer isso, o telefone tocou. Era Papa.

— Como você está? — ele perguntou.

— Você sabe... — fiquei em silêncio, sem saber o que dizer.

Eles confirmaram a morte agora há pouco.

— Certo. — Balancei a cabeça. Senti uma tristeza profunda, mas não fiquei chocado.

— Acho que você deveria ficar na Itália e participar da sua corrida de bicicleta — Papa sugeriu sem que eu pedisse.

— Mesmo? — Eu tinha pensado se não seria melhor cancelar tudo e voltar para casa.

— Isso aqui vai virar um circo. Já recebi telefonemas de todos os órgãos de imprensa que você possa imaginar. Até de Larry King. Estão perguntando por você.

— É — eu murmurei, sem surpresa. A ideia de encarar o frenesi da mídia não parecia muito atraente.

quatro

— Eu não entendo nada de ciclismo — Papa repetiu —, mas se fosse você pegaria a bicicleta e me concentraria na estrada.

Não era de surpreender que Deepak entendesse de ciclismo. Acontece que seu conselho era o mesmo dos especialistas. Nunca tente vencer a corrida, preocupe-se com uma etapa de cada vez. Não se preocupe sequer com toda a etapa, divida-a em seções e pedale de forma modular. Ouça os grandes ciclistas e eles dirão que nem sequer pensam em seções, apenas olham para o local onde a roda toca na estrada. Às vezes encontram as marcas da estrada e usam-nas para ajudá-los a encontrar um ritmo, até que todo o resto — a estrada, os outros corredores e até o tempo — desaparece. É a mesma experiência que os maiores atletas usam para descrever quando estão "na zona" ou "no auge", quando todos os detalhes desaparecem e eles se tornam um com tudo o que os cerca, incluindo eles mesmos. Na verdade, é o estado de consciência descrito nas grandes escrituras, orientais e ocidentais.

— Sou o alfa e o ômega, o início e o fim, o primeiro e o último — diz a Bíblia.

— Eu sou o início, o fim e o meio — diz o senhor Krishna no *Bhagavad Gita*.

O mestre Oogway concorda.

— Você está preocupado demais com o que e com o que será.

Pensei por um instante na estrada, em meu pai e no meu amigo. Pensei em minha mãe e em Nana, em Candice e em Krishu, e como a vida é efêmera, como passa em um piscar de olhos, o verdadeiro parêntesis na eternidade.

Passamos do treino com o pinico para o funcionamento regular. Deixamo-nos envolver por uma série de expectativas, ânsias e lembranças e sentimos algum conforto porque eles oferecem uma sensação de estabilidade e de previsibilidade. Traçamos metas e códigos para nossas vidas. Planejamos. Nos preparamos. E até mesmo aqueles que conseguem sentir os raros momentos em que estão firmemente "calcados no presente"

a sabedoria dos cães

sabem que ele pode estar cheio de perigos. E quando estão fora — como meu amigo Michael Jackson —, sentem que a existência comum carece dessa intensidade.

Papa quebrou o silêncio.

— Você se lembra de quando Michael nos levou até seu estúdio na primeira visita que fizemos a Neverland? E colocou *Billie Jean* e começou a dançar?

Michael estava quase tímido no início, apenas balançando a cabeça ao som da música. Mas em poucos minutos, como se não conseguisse se controlar, começou a se mexer seguindo a batida da música, dançando como só ele podia fazer.

— Foi lindo — Papa falou. — Porque ele estava no momento. Ele não era apenas o bailarino, ele era o bailarino e a própria música.

Eu lembrava.

cinco

— *Você sabe quem é Miley Cyrus?*
— *Não, quem é ela?*
— *Você sabe quem é Hannah Montana?*
— *Não é a amiga da Tara?*
— *É, mais ou menos.*

MINHA SOBRINHA DE 8 ANOS, TARA, É UMA CRIANÇA ESPECIAL. É A MAIS velha de um trio que inclui sua irmã mais nova, Leela, e meu filho, Krishu, e leva muito a sério seu papel. Ela costuma lembrar os rigores dos 2 e 5 anos quando cuida de seus irmãos mais novos.

— Deixe que ele fique assustado — ela um dia me aconselhou, quando eu estava sentado com as crianças no sofá assistindo a *Procurando Nemo*. Krishu ficou arrepiado quando o tubarão apareceu e começou a perseguir o pai de Nemo, Marlin, e sua leal amiga, Dory.

a sabedoria dos cães

— Tudo bem ficar com medo de vez em quando porque você descobre como as pessoas às vezes se sentem no mundo real quando as coisas ruins acontecem.

O papel de mentora cai bem em Tara. Ela é atenciosa e contemplativa. E, por sentir as coisas profundamente e parecer muito atenta ao que está acontecendo, os adultos da família prestam muita atenção ao que dizem quando ela está por perto.

Na família todos sabem que Tara só começou a falar realmente quando estava com quase 3 anos, o que é bastante tarde para os padrões normais, muito depois dos seus irmãos. A maioria acha que a primeira criança da família não tem o mesmo nível de interação que as crianças menores têm com seus irmãos mais velhos. A explicação de Tara é diferente: "Eu era uma criança pensativa".

Inquisitiva, também; o ponto de interrogação sempre foi sua forma favorita de pontuação. Atualmente, Tara observa também o tom de voz, por isso precisamos estar atentos não só ao que dizemos, mas também à nossa maneira de dizer.

— Por que mami Candy (como ela chama Candice) olhou para você daquele jeito quando você disse pra ela não comer aquele *cheesecake*?

— Você falou sério quando disse que nunca mais falaria com minha mãe de novo?

— Por que você disse para o seu amigo que a moça do café parecia uma garota "má"?

Eu já falei que ela tem 8 anos?

Mais do que bebê de Mallika e de Sumant, Tara foi o primeiro bebê da família, a preciosa primogênita que todos nós adorávamos de uma maneira especial. Isso incluía Cleo, que deu suas primeiras lambidas em Tara poucos dias depois de ela vir ao mundo. Foi em janeiro de 2002 e a iminente chegada do bebê de Mallika nos manteve todos por perto. O parto foi difícil e ela teve que ser submetida a uma cirurgia de emergência enquanto minha mãe chorosa, meu pai ansioso e eu esperávamos pelas

cinco

notícias trazidas pelo meu pálido cunhado. Quando ele finalmente informou que estava tudo bem, que Tara era saudável e que Mallika ficaria bem depois de alguns dias de descanso, pudemos celebrar.

Quando Tara chegou do hospital alguns dias depois, eu não sabia se deveria levar Cleo para vê-la. Com 4,5 quilos e sem histórico de agressão ou violência, não havia motivo nenhum para apreensão; mesmo assim eu estava hesitante. Candice também expressou sua preocupação. Nós adorávamos Cleo, mas isso não significava que confiávamos nela completamente. De qualquer forma, por que a pressa? Tara estaria por perto durante muito tempo; ela e Cleo acabariam se encontrando quando as coisas se acalmassem — qualquer que fosse o significado dessa expressão no contexto da vida de um recém-nascido.

— Pelo contrário — meu pai exigiu, surpreendendo a todos nós —, tragam a cachorra imediatamente. Não podemos fazer suposições e prejulgar o relacionamento.

Pelo contrário. Na expectativa da chegada de Tara, Papa vinha se preparando da única maneira que sabia — fazendo pesquisas intensivas sobre como alimentar a consciência de uma criança desde os primeiros estágios de sua existência. Ele tinha grandes planos para Tara — sem economizar na palavra "perfeição" ao falar do que imaginava para ela.

— Olhe para ela — ele disse menos de um dia após seu nascimento. — Ela é absolutamente perfeita. Uma verdadeira estrela — como seu nome.

Eu sorri, lembrando-o de que a maioria dos avós considerava os netos — especialmente os primeiros — perfeitos.

— Não. — Ele balançou a cabeça com veemência, como se coisas importantíssimas tivessem me escapado. — Ela não é como os outros bebês. — Ele examinou os outros bebês do berçário e voltou a olhar para Tara com um sorriso no rosto. — Tara irá mudar o mundo.

Como parte dessa estratégia e ambição expandida, Papa havia encontrado pesquisas que indicavam que a exposição de crianças a animais — principalmente cães — nas fases iniciais tinha efeitos benéficos.

a sabedoria dos cães

— Existem muitos dados sugerindo que as crianças criadas ao redor de animais de estimação se tornam grandes líderes. Seu senso de compaixão e empatia por outros seres é consolidado em um nível emocional. Traga o cão imediatamente — ele ordenou, como se já tivéssemos iniciado com atraso sua formação de líder.

Eu continuava desconfiado.

Papa voltou-se para a ciência:

— Estudos mostram que as crianças que crescem com cachorros na casa têm menos probabilidade de desenvolver certas alergias e até mesmo asma. O fato de os animais trazerem um pouco de sujeira para dentro de casa é bom — ele garantiu. — Isso estimula e fortalece o sistema imunológico da criança.

Essa postura era coerente com sua teoria de que os bebês são superprotegidos no Ocidente. No grande debate da vacinação, ele sugere o meio termo: dar o básico e depois jogar a cautela ao vento, deixando que o bebê e o mundo — neste caso, Cleo — encontrem seu equilíbrio.

— Não deixe o cão tomar banho — ele lembrou.

— Está certo — eu disse, apesar de ter dado banho em Cleo.

Lembro-me claramente da primeira vez em que Cleo e Tara se encontraram. Mallika tinha ido a nocaute por causa dos analgésicos e Sumant estava no trabalho, por isso não houve interferência da paranoia paterna ou materna. Tara — com apenas alguns dias de vida — foi colocada na cadeirinha, balançando delicadamente para a frente e para trás. Como a maioria dos bebês nessa fase, ela ficava acordada fazendo barulhinhos. Como meu pai gostava de dizer: "Como Buda, desperta e consciente de sua iluminação implícita". Trouxe Cleo para perto e, enquanto meus pais observavam atentamente, segurei-a pela coleira e deixei que cheirasse Tara a uma distância segura. Eu não iria correr nenhum risco. Deixaria que Cleo examinasse o bebê, mas a uma certa distância para que ela não fizesse qualquer contato. Aos poucos, fui soltando um pouco a coleira e deixei que ela encostasse o nariz perto dos pés de Tara.

cinco

Quando Cleo deu suas primeiras lambidas, Tara emitiu arrulhos sonoros. E então, deixando-nos em estado de choque, esticou o braço e encostou a mãozinha minúscula no nariz de Cleo. Foi um gesto tão delicado e gracioso que ficamos olhando espantados. Até mesmo Cleo — sempre tão frenética — parecia ter acalmado. Ela se aproximou um pouco mais, permitindo que Tara passasse a mão sobre seu focinho, subindo pela cabeça até chegar ao alto. Cleo parecia em transe. Eu nunca a tinha visto reagir dessa maneira a alguém que ela não conhecesse muito bem, muito menos uma criança.

— Está vendo? Eu disse a vocês. Tara é iluminada — falou meu pai.

A partir desse dia, a relação de Tara e Cleo sempre pareceu especial. À medida que deixava de ser um bebê e se transformava em criança, não houve um dia em que não se encontraram. Entre as primeiras palavras que pronunciou, ela disse: "Eu amo Cleo". Ela fazia questão de me acompanhar até o *pet shop* uma vez por semana para lhe comprar agrados e brinquedos. Às vezes minha irmã me ligava à noite insistindo para que eu levasse Cleo até sua casa porque Cleo não conseguia dormir se não colocasse a mãozinha no peito de Cleo.

Depois, quando a agenda de pré-adolescente de Tara começou a ficar mais complicada, com escola, amigos e várias atividades, ela fazia questão de não se esquecer de Cleo. Passava em casa antes de ir para a escola, ou à tarde, depois de terminar suas tarefas do dia. Nos fins de semana, sempre deixávamos Cleo passar a tarde ou até mesmo a noite na casa de Mallika, para que ela e Tara pudessem passar algumas horas juntas. Por sua vez, Cleo simplesmente seguia Tara pela casa aonde quer que ela fosse. E, se Tara tivesse que fazer lição de casa, arrumava um lugar para Cleo ficar a seu lado, fazendo-lhe carinho com uma das mãos e a lição com a outra. E, se decidisse assistir à televisão ou a algum filme que seu pai trouxera da locadora, Cleo ganhava um lugar ainda melhor, geralmente no colo de Tara. Quando a família se reunia — ao redor da mesa de jantar ou na sala para conversar — Cleo sempre ficava ao lado de Tara.

Quanto mais eu via a interação de Tara e Cleo, mais o meu coração se enchia de alegria porque eu enxergava uma repetição da relação que eu e Mallika tínhamos com Nicholas quando éramos crianças. Apesar de Nicholas ter se tornado meu companheiro com o correr dos anos, sempre brincando e brigando comigo, ele e Mallika criaram um vínculo mais afetuoso, mais amoroso. Apesar de gostar de correr para cima e para baixo comigo espalhando as folhas que caíam das árvores no outono ou de escorregar na neve durante o inverno, com Mallika, Nicholas sempre tinha uma mão carinhosa e um abraço afetuoso. Da mesma maneira que minha mãe, depois que ele morreu inesperadamente Mallika jamais pensou em ter outro cachorro. A possibilidade de sofrimento era grande demais. Eu sabia que para ela era difícil ver a relação que Tara construía dia a dia com Cleo. Uma parte sua via seu próprio passado se repetindo. Será que o fim seria igual?

Eu esperava que não.

A CORRIDA PELAS DOLOMITAS foi tudo o que deveria ser: fisicamente extenuante, espiritual e emocionalmente estimulante. Em alguns momentos, enquanto subíamos por picos gelados e o ar ficava mais rarefeito, minha mente vagava, eu me lembrava de Michael e a tristeza tomava conta de mim. Mas as exigências físicas me traziam de volta, obrigando-me a permanecer concentrado e, de muitas maneiras, felizmente, isolado da loucura que estava em toda parte. Assim que Sumant e eu chegamos ao aeroporto em Milão para pegar o voo de volta a Los Angeles, senti que apesar de ter passado uma semana da morte de Michael a cobertura da imprensa não havia dado trégua.

Quando pousamos em Los Angeles, as coisas pareciam ter se intensificado. Boatos sobre a morte (inclusive *se ele realmente tinha morrido*)

cinco

eram transmitidos e discutidos em toda parte. Teria sido um acidente, assassinato ou suicídio? Havia alguma relação com drogas, com problemas médicos ou até mesmo com a máfia, considerando as enormes dívidas que Michael tinha.

Na TV, documentários e especiais começaram a aparecer sem parar. Era impossível mudar de canal e não ver Michael cantando e dançando. Sua morte foi uma espécie de evento cultural, e apesar de reconhecer isso no nível objetivo — e de ter contribuído para isso participando de programas como o *Larry King Live* — eu não conseguia evitar a enorme tristeza que sentia. Apesar de ser o mais próximo de Michael, toda a nossa família sentiu esse vazio inevitável. Além de minha mãe estar longe, na Índia, esse foi mais um motivo para nos reunirmos ao redor da mesa de jantar todas as noites para ver se conseguíamos nos sentir melhor.

Até mesmo Tara percebeu a tagarelice incessante de todos os veículos de comunicação. Para ela, Michael não era um amigo da família, nem o enigma cercado de escândalos. Era o pai de Paris. A babá dos filhos de Michael era muito amiga de Mallika e trazia as crianças para brincar. Tara gostava muito de Paris. Sua doçura, seu respeito pelos mais velhos, sua graça e delicadeza eram qualidades que Tara imitava. Tara havia encontrado Michael apenas uma vez, um encontro sem importância até onde lembro, devido à sua impaciência para fugir dos adultos e correr atrás de Paris pela casa. Agora ela andava pensativa, imaginando o que aconteceria com Paris e seus irmãos.

— Ela deve estar muito triste porque não tem mais seu Papa. Aposto que está chorando muito. Estou triste por ela.

Todos sentimos profundamente a perda de Michael. Papa estava convencido, mesmo antes da confirmação do relatório do legista, que a morte súbita de Michael era resultado do descaso de médicos, que permitiram e alimentaram seu apetite por remédios controlados. Combinada com sua própria desconfiança em relação ao *establishment* médico, que em sua cabeça está mancomunado com empresas bilionárias, Papa se

a sabedoria dos cães

transformou em equipe de demolição composta por um homem só. Para ele, a morte trágica de Michael havia se transformado no ponto de ebulição em torno do qual se deveria despertar a consciência para a loucura dos médicos, nesse caso um médico armado literalmente com uma licença para matar. Para não falar dos laboratórios farmacêuticos e das seguradoras que estavam cunhando dinheiro manchado de sangue nesse negócio sórdido.

Papa não via razão nenhuma para evitar esse tipo de conversa ao redor da mesa. Considerava Tara extremamente madura para sua idade. Mallika de vez em quando desafiava suas ideias a respeito da preciosidade de Tara. Ela nos lembrava de que Tara era sutilmente influenciada pelo que dizíamos de uma forma que nem sequer suspeitávamos.

Ela está crescendo depressa — Mallika lamentava sempre, mas sabia que não havia como proteger Tara completamente da triste realidade que nos cercava. Não era só Papa que tentava, pelo menos, fazer ressurgir uma fênix de significado para a morte trágica de Michael. Os boatos e detalhes que cercavam sua morte estavam por toda parte. Na televisão, no rádio, na internet e em todas as revistas. Quem iria controlar o espólio de Michael? Quem iria ficar com a guarda de seus filhos? Onde ele seria enterrado? Sua morte seria apenas uma farsa?

O espectro da morte era palpável na casa. Não só por causa de Michael. Havia uma paranoia perturbadora todas as vezes que o telefone tocava — seria minha mãe para dizer que o estado de Nana havia piorado?

Tudo isso acabou deixando sua marca em Tara. Enquanto Leela e Krishu permaneciam distantes, escondidos no quarto de brinquedos, Tara parecia vagar. Quando estava triste ou magoada, sua tendência era ficar aérea. Com o tempo, essa característica se transformaria em rebeldia sub-reptícia, tendo sua mãe como alvo principal. Mallika administrava esse hábito com cuidado. Ela tinha sido alertada pelas amigas para ficar esperta nesse processo, pois Tara tinha apenas 7 anos e juntas elas estariam estabelecendo as regras e padrões que regeriam sua adolescência. Candice e eu ficávamos observando esse jogo e sentíamos uma espécie de alívio por termos um

cinco

filho. Eu não era muito bom em jogos emocionais, sendo frequentemente manipulado não apenas por Candice, mas também por Cleo.

Ainda assim, apesar da reação comedida de Mallika, Tara conseguia tocar nas feridas da mãe, levando sua paciência ao limite. Sumant às vezes tentava prestar algum socorro e era trucidado no processo. Cada vez que tentava impor algum tipo de disciplina à sua filha querida, ela começava a chorar e tudo ia por água abaixo.

Certa noite, Mallika e Tara tinham acabado de discutir por causa da repentina decisão de Tara de não ir para o acampamento de verão que começaria na manhã seguinte. Meses antes, Tara insistira que deveria ir ao acampamento de verão com suas amigas. Sabendo que sua filha não era grande fã das atividades propostas — principalmente acampar em barracas e praticar esportes —, Mallika insistiu para saber se ela realmente queria fazer aquilo.

— Eu tenho que ir — Tara suplicou na época.

Em defesa de Tara, pode-se dizer que Mallika podia não ter interpretado corretamente a expressão "tenho que". Não era "quero" nem "pretendo". Parecia mais uma obrigação devido à pressão das amigas, que Tara decidira atender para satisfazê-las. Pelo simples fato de revezar as caronas com minha irmã de vez em quando, eu havia percebido que a pressão das colegas já era motivo de estresse em sua vida. Qualquer que fosse o caso — talvez as amigas tivessem mudado ou alguma outra coisa mais interessante que o dispendioso acampamento tenha surgido —, Tara não só estava desinteressada como de repente começou a sentir dores no estômago e em outras partes do corpo, deixando claro que não tinha intenção de aparecer na manhã seguinte.

— Se você se comprometeu a fazer uma coisa, precisa pelo menos tentar — Mallika disse a Tara quando nos sentamos todos para jantar.

— Você não deveria tentar me forçar a fazer as coisas, mamãe — Tara respondeu, com um ar arrogante. Era um aviso, que nos deixou arrepiados.

— Você não deveria jamais me ameaçar — Mallika respondeu.

O recado estava dado.

Tara sabia que tinha ultrapassado os limites. Isso, junto a mais conversa sobre morte, acabou afetando Tara, que ficou com os olhos cheios de lágrimas.

— Ninguém me entende — ela choramingou. — Só Cleo. Ela é a única pessoa que realmente me ouve, a única que sabe quem eu sou.

Dizendo isso, ela deixou a sala e foi para seu quarto, sendo fielmente seguida por Cleo.

— Dada — Krishu virou-se para meu pai, que estava sentado ao seu lado. — Tara e Cleo chorando. — Para Krishu, as lágrimas de Tara eram as lágrimas de Cleo, e vice-versa. — Tara quer biscoito? — ele sugeriu.

— Não, Krishu. Tara está triste, mas Cleo fará com que se sinta melhor.

Era verdade, pensei comigo mesmo. Cleo iria fazer com que Tara se sentisse melhor. Mesmo depois de tudo o que ela havia feito.

FOI MAIS OU MENOS NA ÉPOCA EM QUE TARA nasceu, em 2002, que Papa e eu fomos de Los Angeles para Santa Monica visitar Michael em Neverland de novo. Eu me lembro nitidamente da viagem porque Cleo foi conosco. Papa não estava muito entusiasmado com a ideia, principalmente porque Cleo estava desesperada para ficar deitada em seu colo durante todo o caminho pela magnífica paisagem da Pacific Coast Highway.

— Ela deve estar com frio — eu disse a ele. — E gosta do seu cheiro.

Papa ficou olhando para mim, sem saber o que dizer. — Estou falando sério. Quanto mais forte o seu cheiro, mais próxima de você ela quer ficar.

— O que você está querendo dizer? — Papa adquiriu de repente um ar constrangido.

cinco

— Papa — é sério. Você entende... — deixei as palavras no ar, sem saber como continuar a conversa.

Qualquer um que conhecesse Papa saberia do que eu estava falando. A mistura entre óleo de almíscar, loção pós-barba, colônia, desodorante e talco gerava um coquetel aromático incrível.

— Por que você acha que eu deixo a janela aberta?

Papa balançou a cabeça e se ajeitou no banco com cuidado para não deixar Cleo cair. Apesar de Cleo já ter conquistado seu lugar na família, Papa ainda se sentia inseguro em relação a ela. Tolerá-la era a melhor palavra para seu comportamento com relação a ela. O que presenciava naquela hora talvez fosse o momento mais afetuoso que eles já tinham vivido.

— Você pelo menos sabe se Michael gosta de cachorros? Se tem medo deles? Não estou tão certo de que você deveria ter trazido o cão.

— Eu não sei. Mas, caramba, não dá pra ter medo de Cleo. Olhe para ela.

Como se tivesse entendido, Cleo respirou profundamente, espalhando a cabeça na perna de Papa, os olhos bem fechados.

— A propósito, você sabe que ela tem um nome.

— Eu sei qual é o nome dela — ele falou com ar severo.

— Eu sei que você sabe, mas sempre se refere a ela como "o cão" em vez de Cleo.

Eu senti o "não, eu não faço isso", mas Papa se controlou.

— Acho que se você começar a se referir a ela pelo nome em vez de "o cão" talvez pudesse conhecê-la realmente. Pode até acabar gostando dela.

Papa abaixou os olhos na direção do colo. Uma parte do pelo branco de Cleo estava encoberta por suas calças pretas e pela blusa. Ele balançou a cabeça.

— Não sei se você deveria ter trazido Cleo.

Tudo bem.

a sabedoria dos cães

É claro que eu não tinha ideia do que Michael achava de cães. Mas eu não tive alternativa senão trazer Cleo na viagem do fim de semana, pois havia ficado encarregado dos seus cuidados. Candice continuava mergulhada nos estudos, enfrentando os últimos meses da faculdade de medicina e tínhamos concordado que era melhor que ela ficasse comigo durante esse período. Eu estava determinado a mostrar que ela poderia confiar em mim, e isso fazia parte da minha estratégia para provar a Candice que seu compromisso comigo não era uma aposta, como eu às vezes sentia que ela encarava. Quanto a Michael, nossa amizade tinha acabado de atingir a marca dos dez anos e ele agora estava na mesma categoria de muitos dos meus amigos. Eu não pensava muito nas suas preferências ou necessidades. Sério, que sujeito pensaria?

O estilo de vida de Michael tinha entrado em uma espécie de normalidade — pelo menos em relação à sua rotina frenética. Na época, ele tinha dois filhos, um menino e uma menina, a quem era profundamente devotado. Para as pouquíssimas pessoas a quem abria um pouco de sua vida pessoal, eles conviviam com um pai coruja, circunspecto e disciplinado. Para aqueles que o conheciam, ficava claro que Michael havia criado uma família para amar e ser amado como nunca havia sido.

Naquela época, ele já havia superado um escândalo gigantesco que, apesar de nunca ter resultado em acusações criminais formais, havia manchado severamente sua imagem. Apesar de muito respeitado em vários círculos criativos, também era considerado por muitos como uma aberração, um pequeno número carnavalesco etc. Ironicamente (e talvez tristemente), ele não era tão protegido quanto muitos acreditavam, e tinha muita consciência de como as pessoas o viam. Por isso, havia se tornado cada vez mais recluso, convencido de que seus filhos precisavam ser protegidos dos abutres raivosos tão ansiosos para destruir sua carcaça de celebridade, e que ficariam felizes em atormentar seus filhos se tivessem uma oportunidade. O acesso a Neverland — agora uma sombra da casa fantástica que havia sido e lugar raramente frequentado, até mesmo por Michael — era algo incomum.

cinco

Michael, porém, ainda gostava de bancar o anfitrião para os amigos íntimos em Neverland. Eu tinha orgulho de me considerar parte desse grupo. Quando chegamos na casa tarde da noite e encontramos Michael na sala principal, nós nos abraçamos e o cumprimentamos calorosamente. Então ele deu uma espiada em Cleo.

— O que é isso? — ele perguntou, desconfiado.

Eu tinha mantido Cleo presa à coleira para ficar de olho nela. Ela não parecia ter ficado impressionada pelo fato de conhecer o legendário Michael Jackson, em vez disso ficou puxando para que eu a deixasse descobrir coisas novas.

— É minha cachorra. Seu nome é Cleo. — Ao ouvir seu nome, Cleo olhou para mim. Eu sempre disse que esse era o único truque que ela conhecia — responder ao seu nome.

— Eu não gosto muito de cachorros — Michael fez uma careta.

Papa sorriu.

— Você tem um leão. E come com chimpanzés. Como pode não gostar de cães?

Ele riu.

— Além disso, olhe para ela. É inofensiva. — Mandei que Cleo sentasse, mas precisei colocar a mão em seus quadris e puxá-la para baixo. Isso ainda não fazia parte do seu arsenal de truques.

— Venha cá. — Michael aproximou-se cautelosamente. Eu mantive uma das mãos nos quadris de Cleo e a outra segurando a coleira. — Ela é muito boazinha — eu menti.

— Não, ela não é — Papa avisou.

Eu disparei o olhar em sua direção. — Ela não é — ele repetiu.

— Ela conhece muito bem as pessoas. Se você for amigo, ela será amigável. Se você ficar nervoso ou se mostrar desconfiado, ela também reagirá dessa maneira.

Voltei minha atenção de novo para Cleo.

— Boazinha, Cleo.... — Essa era a nova estratégia que eu e Candice havíamos adotado — reforço positivo *antes* que Cleo fizesse alguma coisa.

a sabedoria dos cães

Geralmente ela fazia alguma coisa errada, por isso a abordagem tradicional de recompensá-la com algo não funcionava. Estávamos — para dizer o mínimo — abertos a ideias novas e criativas.

Instruí Michael para que colocasse sua mão diante do focinho de Cleo para que ela pudesse cheirá-lo. Ele fez isso cautelosamente.

— Eu não sou muito chegado a cachorros — ele repetiu.

Papa percebeu o momento dramático.

— Confrontar o medo com amor é o caminho da cura.

"O que ele disse?", eu perguntei para mim mesmo.

Enquanto isso, era óbvio que Cleo estava tentando entender o que acontecia. Eu sentia isso pela forma como seu corpo ficou tenso sob o meu toque. Ela estava gemendo muito, de uma forma que só eu sabia que não era um prenúncio de coisas boas. Mas Michael já estava se aproximando, e quando tentei puxar a cabeça de Cleo já era tarde demais.

Talvez sentindo o humor azedo de Cleo, Michael afastou a mão. Vendo isso, ela reagiu agarrando-o com sua pequena mandíbula. Michael, conhecido pela agilidade, pulou para trás, batendo em um piano onde estavam vários porta-retratos. Desequilibrados, os porta-retratos caíram, e o primeiro deles desabou em direção ao chão.

Instintivamente, tentei pegar a moldura de prata e vidro para evitar que quebrasse. Mas ao fazer isso soltei a coleira de Cleo. Michael congelou, olhando para Cleo ao perceber que ela agora estava livre. Ela também olhou para ele, esperando que ele se mexesse.

— Não se mexa — eu disse a ele, colocando o porta-retratos de novo em cima do piano. Parecia até que estávamos lidando com um tigre fugitivo. Possibilidade real em Neverland. Mas era tarde demais. O rosnar de Cleo tinha assustado Michael. Ele se contorceu e Cleo aproveitou. Michael esquivou-se com agilidade e correu na direção da elegante biblioteca que ficava do outro lado do corredor. Sem se intimidar, Cleo saiu atrás dele, latindo com toda a força de seus pulmões.

— Merda! — eu praguejei e corri atrás dos dois.

— Eu falei — disse meu pai, balançando a cabeça.

cinco

DEPOIS DE UMA COMPLICADA corrida pela mansão de Michael, finalmente consegui alcançar os dois em um dos quartos de brinquedo das crianças. Cleo havia encurralado Michael em um canto. Por isso, ele havia subido em uma pesada mesa de madeira, onde Cleo não poderia alcançá-lo. Enquanto isso, ela ficou latindo, caminhando de um lado para outro e abanando o rabo, esperando que ele descesse. Ela não estava tentando assustá-lo, apenas esperava que ele descesse para continuarem a brincar de pega-pega. Considerando as circunstâncias e o histórico medo que Michael tinha de cachorros (que eu descobri depois), ele certamente não poderia identificar a sutil diferença nas intenções de Cleo, mas eu sim.

Quando Cleo não gostava de alguém, dava para ver que as emoções a dominavam. Quando tinha más intenções, era possível perceber por sua postura. Ela enrijecia de ansiedade. O pescoço e a mandíbula ficavam tensionados devido à suspeita e à cautela. Ela se plantava no chão para ter estabilidade, rosnando, deixando claro o veneno. Por outro lado, quando queria brincar, seu pequeno corpo se enchia com um outro tipo de emoção e energia, ficando tenso e rígido por causa do nervosismo, mas para mim ela parecia completamente diferente. Em vez de se firmar no chão, pulava de um lado para outro, como um boxeador se preparando para lutar. O rabo se mexia em espasmos, como se não conseguisse esperar pelo que iria acontecer. E o mais perceptível, em vez de rosnar e latir, ela emitia um som que parecia qualquer coisa menos isso.

Naquela situação, enquanto Cleo esperava pelo próximo movimento de Michael, eu sabia que ela estava ansiosa à espera de mais diversão. Enquanto eu tentava pegá-la no colo, ela desviava, escapando com agilidade. "Que divertido", ela devia estar pensando. Todo mundo entrou na brincadeira.

— Está tudo bem — eu garanti a Michael. — Ela só quer brincar com você.

Ele escancarou os olhos, assustado.

— Ela é louca!

Cleo percebeu e recuou, embalou o motor e foi na direção da mesa. A pouco mais de meio metro de distância, ela pulou com as patas traseiras para a mesa. Michael arregalou ainda mais os olhos, com um misto de horror e descrença. Ele não era o único. Nunca em minha vida eu tinha visto Cleo fazer uma coisa daquelas. *Talvez* ela soubesse, eu pensei, que ele era o lendário Michael Jackson.

Felizmente, para todos nós, consegui agarrar a pequena Cleo. Ela se agitou e se contorceu, virando o pescoço para lamber meu rosto.

— Está vendo? — Eu disse a Michael —, ela está agitada e alegre.

Ele olhou para nós e balançou a cabeça como se fôssemos alienígenas. Irônico, eu pensei, considerando sua reputação.

— É sério, Michael, Cleo é inofensiva. Ela só... é diferente.

É, *diferente* — parecia uma descrição apropriada. Ou *especial*. Balancei a cabeça, corrigindo o que eu havia dito.

— Ela não é como os outros cães. Ou qualquer um que eu conheça.

— Não importa — eu disse a Michael enquanto voltávamos para a biblioteca, onde meu pai esperava por nós. — Cleo faz as coisas do seu jeito. Ela vive em um mundo à parte. Isso assusta as pessoas, paciência.

Michael sorriu pela primeira vez.

— Nesse caso, talvez tenhamos muita coisa em comum.

UMA DAS COISAS QUE MICHAEL E PAPA tinham em comum era o fato de serem notívagos. Pergunte ao meu pai e ele confessará que entre dez da noite e quatro da manhã passa o tempo alternando sono e meditação, de vez em quando acendendo as luzes (para grande aborrecimento de mamãe) para ler alguma coisa em um dos tantos livros que mantém

cinco

empilhados ao lado da cama ou para fazer alguma anotação (ou escrever um livro — não é brincadeira) no seu BlackBerry. Da mesma forma, sempre que visitei Michael, percebi que suas sessões criativas ocorriam durante a noite. Se não estava trabalhando no meio da noite, estava assistindo a filmes antigos, andando pela casa, ou até saindo para caminhar no escuro. Citando a famosa música de Simon e Garfunkel, Michael uma vez me disse que preferia a noite porque era no *som do silêncio* que ele encontrava sua própria criatividade e "ouvia música".

Eu mesmo nunca fui notívago. Mas a maneira como Michael descrevia a noite como sua fonte de criatividade fez com que parecesse tão atraente que eu me converti em alguém que também vagava pelo escuro em busca de inspiração.

Assim, estando nós três juntos — Papa, Michael e eu — a noite prometia uma sessão noturna. Embora o relacionamento entre mim e Michael tivesse evoluído ao longo dos anos e se transformado em uma amizade bem familiar, a relação entre Papa e Michael era mais cheia de nuances. Michael tinha em relação a ele uma postura diferente de todos os outros amigos e seguidores célebres. Para ele, Papa não era apenas um amigo, um professor ou um mentor. Também não era algo tão simples quanto uma figura paterna, era algo muito mais profundo. Eu aprendera que *guru* era uma palavra perigosa entre os ocidentais por causa de toda a onda *new age* e das inúmeras conotações que estimulava, mas sua verdadeira definição era a maneira mais exata de descrever a forma como Michael via Papa.

Pelas tradições da sabedoria oriental, não apenas todo estudante, mas também todos os homens, mulheres e crianças têm um guru. Quando era pequeno, um dos meus mitos favoritos era o grande deus Lord Rama, que se encontra existencialmente sobrecarregado e vaga pela floresta à procura de alguém que lhe ofereça orientação. Em determinado momento, ele encontra um velho sábio chamado Vashishta e diz que gostaria que ele o ensinasse a respeito do mundo. Surpreso, Vashishta ri. "Mas você é um deus, o que eu poderia lhe ensinar?"

a sabedoria dos cães

Rama ajoelha-se aos pés do sábio e responde: "Até mesmo Deus precisa de um guru".

Há uma devoção, respeito e amor que definem a relação entre um protegido e seu guru. É um sentimento mais profundo do que os laços familiares e transcende o que existe entre o mestre e o aluno. Não se trata apenas da sabedoria que o guru compartilha com seu discípulo, nem apenas palavras, lições ou *insights*. Em geral, o simples estar na presença do outro satisfaz a ambos. Porque esse é o segredo — trata-se de uma relação simbiótica. Assim como o protegido obtém satisfação com o guru, o guru obtém algo de seu protegido. Papa tinha milhares, talvez milhões de seguidores e fãs, mas também tinha algo único e especial de Michael. Não tinha nada a ver com o fato de ele ser uma celebridade — Papa sabia que Michael era criativamente brilhante, mas pertencia à geração de Elvis e dos Beatles, e em certa medida acreditava no estrelato de Michael apenas porque eu e o resto da cultura popular assim dizíamos. Não se tratava nem mesmo da amizade de Michael, que era leal e sólida. Era de fato uma certa qualidade elusiva de confiança e respeito que os unia.

Por mais que eu amasse meu pai, e enquanto crescia pude reconhecer e respeitar sua contribuição para o mundo e a maneira como as pessoas o viam por isso, eu sabia que sob vários aspectos jamais teria com ele o mesmo relacionamento que ele tinha com Michael. Meu relacionamento com Papa seria sempre atrapalhado pelo contexto e pelas circunstâncias, pelo peso da emoção e pelo excesso de familiaridade. O laço que se estabeleceu entre Michael e Papa tinha uma pureza que jamais alcançaríamos. E eu estava tranquilo em relação a isso. Na verdade, eu me sentia afortunado por estar perto apenas de vez em quando, fazendo o papel de terceira roda nessa ligação sagrada. Naquela noite particularmente, quando nos acomodamos na biblioteca, Cleo ainda olhando para Michael e balançando o rabo entusiasticamente, retribuindo o olhar com menos desconfiança, senti que aconteceria algo incomum.

cinco

COM O PASSAR DOS ANOS, Cleo havia aperfeiçoado sua maneira de reagir a qualquer pessoa de fora da família. Com poucas exceções, ela latia incansavelmente e rosnava para *qualquer um* que se aproximasse de casa. Nos dias e semanas após a morte de Michael, quando inúmeros repórteres e produtores de televisão, e eventualmente algum *paparazzo*, apareciam lá fora, Cleo se mostrava a eles.

Não era uma coisa tão ruim. Na verdade, Cleo funcionava com um bom meio de intimidação. Era praticamente impossível manter uma conversa enquanto ela latia e rosnava, por isso eu apenas dava de ombros e apontava para meu cachorro insano. A maioria entendia e depois de alguns dias desistiam e telefonavam para o escritório de meu pai para ver se conseguiam que um de nós participasse de algum programa para falar do nosso falecido amigo Michael Jackson.

Eu gostava de pensar que a ferocidade de Cleo para com os produtores, repórteres e fotógrafos que ficavam do lado de fora de casa era uma resposta ao vínculo que ela havia criado com Michael depois daquele primeiro encontro belicoso anos antes, que sua frustração com eles e seu comportamento de abutre devia-se à sua lealdade a Michael. Mas eu sabia que isso não era verdade. No último ano — exceto em circunstância muito raras — ela havia perdido a capacidade de distinguir os amigos de quem não era muito amigável. Candice e eu sabíamos que era algo previsível. Cleo estava velha e o fato de mal conseguir enxergar, cheirar ou ouvir tornava-a desconfiada e pouco amigável com quem não se dispusesse a dedicar algum tempo para criar algum vínculo com ela. Nós não conversávamos muito a respeito disso, mas estávamos em sintonia em relação a tudo o que dizia respeito a Cleo: era nossa responsabilidade fazer com que ela ficasse em situação confortável, mesmo com os sentidos prejudicados, no pequeno mundo em que habitava. Tínhamos que mantê-la longe de situações que a deixassem

a sabedoria dos cães

enfurecida, assustada ou ansiosa. Precisávamos permitir que envelhecesse bem, longe do barulho e da loucura do mundo exterior.

Mas, como com tudo na família, Tara percebeu essa mudança em Cleo e quis saber o que estava acontecendo.

— Por que Cleo está latindo tanto? — ela perguntou uma noite durante o jantar. — E pra todo mundo?

Eu estava pensando em como explicar o que era demência para uma criança de 8 anos quando Papa interveio.

— Porque ela não tem discernimento.

— O que significa isso? — Tara perguntou a Papa.

E Papa respondeu:

— Cleo trata todo mundo do mesmo jeito. Ela não distingue as pessoas pela cor, pelo sexo, se são amigas ou inimigas. Late para todo mundo igualmente — o mais alto que puder.

Tara riu com o avô.

Aquilo era certo: Cleo estava muito acima do maniqueísmo do universo. Pecadores ou santos, divinos ou diabólicos, índios ou caubóis, republicanos ou democratas — para eles, ela era uma cadela em todos os sentidos do termo. Ela realmente não diferenciava aquilo que os outros sempre polarizavam, colocando em lados opostos para poderem dar sentido ao mundo ao seu redor. Judeus e palestinos? Iguais para Cleo. Hindus e muçulmanos? Mesma coisa. Esquerdistas e direitistas? Expressões diferentes da mesma coisa no que dizia respeito a Cleo. Todos tinham a mesma resposta por parte dela: au-au!

— Todos deveríamos ver o mundo como Cleo — Papa continuou a falar com Tara. — Sem julgar as pessoas pelos títulos ou pela reputação que as acompanham.

Papa colocou Tara no colo e falou com ela seriamente.

— Cleo reage às pessoas depois que as conhece, com base na maneira como a tratam, e não porque ouviu alguém dizer alguma coisa ou porque leu alguma coisa em uma revista.

cinco

— Se todos no planeta tratassem os outros assim, nós provavelmente viveríamos em um mundo melhor, mais pacífico — ele concluiu.

Tara desceu do colo de Papa e foi até Cleo, que estava perto da janela ainda rosnando para um pedestre na rua. Tara se ajoelhou e fez um carinho em Cleo.

— Está tudo bem, Cleo. — Tara garantiu.

Tara virou-se para Mallika.

— Se algum dia tivermos um cachorro, espero que Cleo ensine tudo o que sabe.

Nesse momento, Candice, Mallika, Sumant e eu trocamos um olhar de cumplicidade. Amávamos Cleo, mas ela não era exatamente uma líder nata.

— Bem, você sabe... — eu tentei dizer.

Nesse momento o telefone tocou. Era um produtor do *Larry King Live*, pedindo que eu ou meu pai fôssemos ao programa daquela noite para falar mais de M. J. Tínhamos chegado a esse ponto. Pegue um Chopra, qualquer Chopra, para falar a respeito de Michael Jackson. Aparentemente, gerávamos audiência. Enquanto Papa havia se transformado em novo xerife da cidade, criticando todos os médicos que prescreviam vários remédios para os pacientes perdidos que suplicavam por elas, eu havia criado um segmento mais tranquilo. Não era mais apenas o "filho" de alguém, agora era conhecido como o "amigo", ajudando a mostrar um lado diferente de M. J.

Espere um pouco, de repente parecia ter ocorrido a todo mundo — inclusive para os inúmeros veículos da mídia que durante tantos anos cobriram todos os movimentos de Michael — que havia um traço de humanidade no homem. Na morte, finalmente ele se transformara em pessoa de verdade, e não era apenas a celebridade inacessível marcada por escândalos e esquisitices.

Concordei em ir ao programa. À minha própria maneira, senti-me grato pela oportunidade de dar ao meu amigo alguma referência, mesmo que na morte. Era minha maneira de homenageá-lo, de ajudar a desfazer algumas das críticas que tinham sido feitas a ele. Eu gostava de fazer as pessoas questionarem as coisas que haviam lido ou ouvido a respeito de Michael Jackson. Contei histórias a respeito dele como amigo e confidente, como contador de piadas e crítico de cinema teimoso. Contei que era incrível jogando basquete, mas também um desenhista fantástico. Isso o humanizava, mas tornava-o ainda mais misterioso. Ele teria gostado.

Mais tarde, naquela mesma noite, aconteceu a mesma coisa no estúdio da CNN quando comentei sem mais nem menos que Michael há pouco tempo tinha dado um cachorrinho para seus filhos.

— Espere um pouco — uma das produtoras falou durante um intervalo comercial —, eu pensei que Michael tivesse medo de cães. Juro que li a respeito disso em algum lugar.

Era bem provável que tivesse lido. O medo que Michael sentia de cães era bem documentado e atribuído ao fato de seu pai ter tido cães de briga violentos quando Michael era criança. Ele havia descrito para mim e para Papa naquela noite em Neverland, anos atrás, algumas das lembranças que tinha da ferocidade desses animais. Mas ninguém escreveu a respeito da mudança em seu coração. Não quero fazer especulações sobre sua superação do medo de cães, mas posso dizer que ele deu um cachorro — vários, pelo que me lembro — para seus filhos. E gosto de pensar que foi aquela noite, e Cleo em especial, que deixou uma marca capaz de em pouco tempo transformar o medo em amizade.

— VAMOS MEDITAR — meu pai sugeriu, quando nós quatro, eu, ele, Cleo (de volta na coleira) e Michael, sentamos no chão da biblioteca de Neverland.

Como é que é? Papa, você quer meditar aqui? Em Neverland?

cinco

— E *meds* — Michael abreviava tudo — realmente funciona?

Papa deu de ombros enquanto cruzava as pernas e se acomodava.
— Eu não sei. O que você sente ao meditar?

Michael pensou a respeito por alguns instantes e então confessou:

— Na maior parte do tempo, muitos pensamentos cruzam a minha mente.

— Tudo bem.

— Mas de vez em quando — Michael disse —, eu sinto o silêncio.

— Então está funcionando — Papa sorriu para ele.

— Eu gosto do silêncio — Michael sorriu de volta.

No seu caso, era fácil entender por quê. O silêncio estava além de tudo. Além do sucesso e do fracasso. Além do amor e da adulação, além da necessidade de ser importante e aceito. Além das fofocas e dos boatos.

Cleo parecia resignada com o fato de que não iríamos explorar o lugar tão cedo, por isso começou a andar em círculos, como sempre, até se jogar no chão ao meu lado, a uma distância segura de Michael. Ele olhou para ela com curiosidade, lembrando-se de sua presença.

— Ela medita? — Michael brincou.

— Ela não precisa — meu pai respondeu. — Ela vive no silêncio.

Dessa vez, eu e Michael olhamos para meu pai com curiosidade.

Como nunca foi de deixar passar em branco um olhar curioso, Papa falou:

— Nosso estado essencial é de inocência e infinitas possibilidades. Cleo não é influenciada por fatores externos. Ela não julga as pessoas e as situações com base no que ouviu na vizinhança ou leu em algum *blog*. É verdadeiramente curiosa em relação ao mundo ao seu redor, mas não carrega nenhum fardo, não é bloqueada por lembranças do passado, não tem expectativas em relação ao futuro.

Pela expressão de Michael, eu podia jurar que ele continuava sem entender o que Papa estava falando.

a sabedoria dos cães

— Em outras palavras — eu interferi — ela irá aceitá-lo pelo que você é, Michael. Ela não está interessada no que a *National Enquirer* disse a seu respeito no ano passado e não planeja fazer alguma coisa para impressionar você e se tornar sua amiga. Não está interessada em trabalhar com você, explorá-lo, fazer um dueto com você, produzir seu próximo álbum ou ser sua agente.

— E você diz que ela mora em Los Angeles? Não pode ser — ele riu.

Agridoce, eu pensei comigo mesmo.

— A capacidade de não julgar é talvez uma das qualidades mais espiritualizadas e mais difíceis de dominar — Papa prosseguiu. — Porque nos obriga a nos render completamente, relegar os fantasmas do passado e o peso das expectativas para o futuro. Devemos julgar as pessoas e as coisas espontaneamente, mesmo aquelas que conhecemos e com as quais já temos alguma história. Assim, nos libertamos dos laços com nosso passado. Sem raiva ou culpa, sem medo, porque não estamos mais premidos pelas lembranças de relacionamentos e lembranças amargas.

— Material pesado — Michael falou, balançando a cabeça.

Ah, sábia Cleo. Fiz um carinho em sua cabeça.

— Então não preciso ter medo do cachorro? — Michael se referia a Cleo, que havia rolado e ficado de barriga para o alto, sinal para que eu fizesse carinho.

— Cleo — Papa sorriu, olhando para mim. — O nome dela é Cleo.

— Em geral, o medo que as pessoas têm de cachorro está ligado à lembrança de experiências ruins no passado — Papa resumiu. Estava claro que os cães do passado de Michael — e a lembrança deles — eram apenas a porta de entrada para lembranças ainda mais torturadas, entrelaçadas com o relacionamento cheio de conflitos e muito bem registrado com seu pai. Isso era claro, mesmo com o pouco que ele decidiu revelar naquela noite para Papa e para mim. Geralmente é o que acontece com a rede de momentos que compõem as lembranças.

Michael contemplou tudo isso por mais alguns instantes.

cinco

— O que estou dizendo, Michael, é que o medo de qualquer coisa pode ser uma emoção tóxica e pode gerar grandes desafios na vida de alguém.

— É difícil voltar ao passado e desconstruí-lo. Não é impossível, mas muito difícil. O futuro, porém, é diferente. E, como Cleo, podemos decidir não julgar a partir de um certo momento. Reagir às coisas espontaneamente e não impor julgamentos antes que elas aconteçam.

— Eu sei o que vem agora — interrompi Papa, confiando no que dizia.

— Diga a ele, então.

— Veja se consegue ficar um dia sem reclamar, criticar ou condenar alguma coisa. É mais difícil do que parece.

Era um dos exercícios preferidos de meu pai desde que eu era pequeno. Um exercício de não julgamento e muito difícil, porque embora o pré-julgamento tecnicamente signifique a imposição de uma opinião, boa ou má, para a maioria das pessoas geralmente significava essa última, quer dizer, condenar, criticar ou reclamar de algo.

— Enquanto crescia eu vi lutas de cães — Michael revelou — e você teve isso?

Papa e eu caímos na risada.

— Cleo, você disse? — Michael olhou para ela.

— É — eu concordei, sem entender seu tom de voz, mas certo de que ele iria fazer alguma coisa.

Ele acenou com a cabeça e estendeu o braço hesitante. Cleo percebeu e se virou de barriga para cima. Eu segurei sua coleira com firmeza de novo. Confiante, Michael colocou a mão ao lado do seu focinho para que ela pudesse cheirá-lo, como eu tinha lhe dito antes. Cleo cheirou com curiosidade e então, satisfeita por ele ser amigo, começou a lamber sua mão.

— Agora você pode fazer um carinho — eu sussurrei.

E ele fez. Em poucos minutos soltei a coleira e Cleo foi na direção dele, esfregando-se em sua perna. Ele olhou para mim, sem saber o que fazer, apontando para ela. Com cuidado, continuou a fazer carinho em sua cabeça e seu pescoço, enquanto ela se aproximava ainda mais. Foi uma verdadeira revelação para nós observar os dois.

E então Cleo se virou, ficou deitada de costas expondo a barriga. É claro que era um gesto de submissão, sinal de que havia aceitado seu novo amigo e esperava ser recompensada pela graça. Queria que lhe dessem carinho. Enquanto abria as pernas e arqueava a barriga para cima, Michael arregalou os olhos espantado. Aquilo era muito mais do que ele pedira.

— Talvez ela seja uma agente no final das contas — Papa riu.

SENTADOS NA SALA VERDE do estúdio de Larry King, esperando pela maquiagem, Papa e eu assistimos a um desfile de amigos e colegas de Michael Jackson. Não havia sinal de trégua no que dizia respeito à cobertura de sua morte pela mídia. Na verdade, seu legado estava apenas crescendo. Eu havia participado do programa umas três ou quatro vezes, já a presença de meu pai ao lado de Larry na semana anterior tinha sido pelo menos o dobro disso. Sob vários aspectos, nós éramos complementares. Eu podia falar das ocasiões em que Michael e eu entrávamos nos cinemas logo após a passagem dos créditos para ver filmes como *Batman* (um de seus preferidos). Papa levava a questão além, falando da angústia existencial de Michael e por que ele dizia que se identificava tanto com o Curinga do *Batman*.

Mas naquele momento eu senti que as coisas estavam se esgotando. Não havia muito mais a dizer, muitas histórias a contar. Se no início eu me sentia bem ao falar de Michael, lembrar algumas das histórias do homem que era o centro das atenções, agora isso estava começando a me deixar triste. Enquanto as histórias perdiam seu brilho, aumentava a percepção de que meu amigo tinha ido embora para não voltar mais.

— Do que é que você vai falar? — perguntei a Papa, imaginando que deveríamos estar na mesma página para podermos falar de algo mais profundo diante das câmeras.

cinco

— Depende do que ele perguntar — Papa respondeu despreocupado.

Uma coisa que aprendi em minha limitada experiência com a mídia é que a pergunta do entrevistador não tinha tanta importância. Embora alguém como Papa fosse capaz de sair do *script*, eu preferia colocar na cabeça aquilo que queria dizer e falar o que havia decidido, sem me importar muito com as perguntas.

— Não é um método ruim — Papa comentou quando falei da minha estratégia. Nós dois ficamos pensativos por alguns minutos.

Mas era nesses momentos de reflexão, quando ficava sentado, pensando silenciosamente em Michael, que eu ficava mais triste.

— O que está acontecendo? — Papa perguntou enquanto eu olhava para Dione Warwick sendo maquiada.

— Acho que estou triste.

Papa balançou a cabeça.

— É. Vamos meditar por alguns minutos.

Ao longo dos anos, a meditação havia se transformado em panaceia para nossa família. Dor de cabeça? Meditação. Gripe? Meditação. Torção no joelho? Meditação. Tristeza? Meditação.

A questão é que realmente funcionava. Depois de quase trinta anos praticando — eu meditava desde os 5 anos —, a meditação havia se transformado em vício e refúgio. Apesar de não conseguir explicar seu funcionamento, eu era um grande defensor. Na faculdade, única época da vida em que abusei do álcool, descobri que a meditação era um grande remédio até mesmo para as piores ressacas. Compartilhei a descoberta com alguns amigos mais próximos e eles se tornaram devotos. (Quem disse que não transmiti a outros o legado da família?)

Por isso, meditar na sala verde do *Larry King Live* enquanto figuras como o reverendo Al Sharpton, o músico John Mayer e outros andavam por ali não me pareceu tão estranho.

Depois de alguns minutos, abri os olhos e olhei para Papa.

Como se tivesse percebido que eu estava olhando para ele, Papa abriu os olhos e olhou para mim.

— O que foi?

— É incrível como funciona mesmo. — Eu balancei a cabeça. — Como é que pode?

— A meditação — Papa respondeu após uma breve pausa — é a falta de julgamento em ação.

— Permitir que tudo se revele espontaneamente como deve ser. Ouvir o universo sem avaliar ou qualificar.

— Como Cleo ouvindo Tara? — Eu me lembrei da noite anterior.

Papa sorriu.

— Sim, exatamente como isso. Você sabe que o não julgamento não envolve apenas julgar pessoas ou acontecimentos? Envolve também as emoções. Podemos sentir tristeza ou dor, raiva ou inimizade. As pessoas às vezes querem consertar logo essas coisas. Na verdade, podemos não apenas sentir, mas também é necessário passar por estágios emocionais apropriados para evoluir emocional e espiritualmente.

As coisas estavam ficando inebriantes demais para mim. Balancei a cabeça e pedi a Papa que repetisse.

Papa assentiu com a cabeça.

— O que estou dizendo é que somos seres humanos, e não feitos humanos. Às vezes podemos apenas ser, sem nos preocupar ou julgar os sentimentos. Não precisamos fazer nada. Apenas testemunhar o eu.

Fiz um sinal para que parasse. Aquilo era suficiente.

— Entendi.

Papa sorriu, satisfeito.

— Está certo. — Ele adotou o semblante público e arrumou os óculos estilo Liberace. Parecia ter tido uma ideia. — Talvez eu conte a história da nossa meditação com Michael e Cleo.

cinco

PAPA, MICHAEL, CLEO e eu meditamos provavelmente por vinte minutos naquela noite na biblioteca de Neverland.

Lembro-me claramente de quando terminamos porque, ao meu abrir de olhos, Michael já estava com os olhos bem abertos, olhando para mim.

— Eu não sei — eu disse, sussurrando porque Papa ainda estava com os olhos fechados. — No que é que você estava pensando?

— Que eu preciso muito fazer xixi. — Ele sorriu.

Papa riu e abriu os olhos.

— Então não há dúvida de que está funcionando. É melhor você ir.

Michael saiu correndo como um colegial ao receber autorização do professor para ir ao banheiro. Ele voltou alguns minutos depois parecendo bastante aliviado.

— Por que você disse que funcionou? — ele perguntou ao sentar-se novamente, olhando com desconfiança para Cleo, cuja coleira eu segurava firmemente.

Papa respondeu:

— Por estar fazendo certo, a meditação o deixa mais alerta a tudo o que está ao seu redor, incluindo o que estiver sentindo.

Michael concordou com a cabeça, satisfeito consigo mesmo. Ele olhou para Cleo de novo.

— Quantos anos ela tem?

— Mais ou menos 3.

— Quanto tempo ela vai viver?

— Não sei. Espero que uns 15 anos. — Foi isso o que descobri em várias pesquisas que fiz na internet.

— Não é muito — Michael observou.

— Vida breve e doce, eu acho.

— Estamos todos no corredor da morte — Papa interferiu dramaticamente. — A única incerteza é quanto à duração do indulto e o método de execução.

a sabedoria dos cães

— Ela ficará velha como os humanos?

— Claro.

Quem já teve um cachorro conhece os sinais. A redução generalizada dos sentidos — a audição, o olfato, a visão. Eu fiz a lista para Michael.

Ele se virou para Papa.

— Se a morte chegasse neste momento, você estaria pronto?

Isso era típico de Michael, começar e estimular conversas que a maioria das pessoas tem nas rodas de adolescentes. Estávamos revivendo momentos que ele não havia tido.

— Todas as coisas vivas envelhecem e morrem — Papa observou — esteja você preparado ou não quando chegar a hora.

Silêncio.

— O senhor Buda nos ensinou a lidar com a morte. É a grande consumidora e somos seu alimento.

— Eu não — Michael balançou a cabeça.

— O que você quer dizer? — eu ri.

— Só que isso nunca vai acontecer comigo. Ficar velho desse jeito. Só isso. — Ele sacudiu os ombros. Ele falou com tanta naturalidade que foi difícil saber como reagir. Até mesmo meu pai — geralmente tão perceptivo e intuitivo — pareceu um pouco apreensivo.

Finalmente decidi romper o silêncio que se instalara novamente.

— Estou cansado. Vou dormir.

Eu dei boa-noite, puxei a coleira de Cleo e a peguei.

Ao sair, ouvi Michael dizer a Papa:

— Buda, eu li a respeito desse cara. Conte a história dele.

seis

— O que é consciência?

— Sério? Você espera que eu responda assim de uma tacada? Cada um dos livros que escrevi ou que escreverei fala da consciência.

— Você consegue resumir em um parágrafo?

— Consciência é o potencial imensurável de tudo o que é, de tudo o que foi e de tudo o que será. É a fonte da nossa subjetividade e também da nossa objetividade. A consciência divide-se simultaneamente em cognição, que é conhecimento; percepção, que é visão, tato, paladar e audição; mas também se divide simultaneamente em comportamento, discurso, relações pessoais, interações sociais, nossa relação com o ambiente e com as forças da natureza. Para os físicos, eu diria que a consciência é um emaranhado quântico, uma sobreposição de ondas de possibilidades para acontecimentos no tempo-espaço.

— Já é hora do almoço?

— Essa pergunta está errada. O almoço depende da sua fome e não da hora. Eu vivo na consciência intemporal — escrevi um livro inteiro a respeito disso chamado Ageless body, timeless mind ("Corpo sempre jovem, mente intemporal"). Se estiver fisicamente com fome, claro, vamos comer.

"NÃO SOU MUITO RELIGIOSO, NA VERDADE SOU MAIS ESPIRITUALIZADO..." Usei este refrão inúmeras vezes na vida. Na verdade, enquanto crescia na família Chopra, usava muito esta frase. Em alguns círculos era considerada profunda e até um pouco provocativa. Mas na verdade não significava nada.

A primeira parte, sobre não ser muito religioso, era verdadeira. A formação religiosa de meus pais — hindu e sikh — não migrou para os Estados Unidos quando eles deixaram a Índia no início da década de 1970. Embora não estivessem exatamente fugindo de alguma perseguição, a tradição religiosa e tudo o que a acompanhava simplesmente não era tão importante para eles.

Por outro lado, como imigrantes sem a grande família à qual estavam habituados em sua terra natal, meus pais valorizavam a cultura religiosa. Senão, como incutir nas crianças uma noção de tradição e família? Por isso, embora nunca tenhamos frequentado um templo, participado dos feriados religiosos ou observado seus rituais elaborados, celebrávamos nossa *indianidade* de outras formas. No Dia de Ação de Graças, quando a maioria das famílias americanas participa de jogos de futebol antes do jantar com peru, nós encontrávamos nossos amigos indianos, jogávamos críquete e comíamos frango *tandoori*. Na Páscoa, ignorávamos os coelhos de chocolate e nos reuníamos na casa de primos; cada um levava um prato e assistíamos a filmes de Bollywood. Só mais tarde percebi que meus pais não eram antiamericanos, acusação que eu costumava fazer quando queria torta de maçã em vez das sobremesas indianas excessivamente doces às quais estava habituado.

Meus pais faziam o melhor que podiam para nos ajudar a costurar essa nova cultura em que estávamos crescendo. Queriam que abraçássemos o *ethos* americano, preservando as raízes indianas. Não é algo atraente enquanto você é criança, mas, olhando por outro lado, consigo entender o que eles tentaram fazer.

Havia a família. Até mesmo a família que não era tecnicamente família, como as pessoas mais velhas da comunidade, a quem chamávamos de tios e tias, e os filhos de primos. Era uma expressão da intimidade e das obrigações familiares que tínhamos em relação aos outros. Podíamos não ter vivido na Índia, mas meus pais e as outras pessoas da comunidade indiana de Boston estavam determinados a trazer um pouco da Índia até nós.

Havia a comida. Apreciar os meandros de uma refeição indiana e suas muitas especiarias — cúrcuma e cominho, pimenta e *garam masala* e muitas outras — é uma forma de honrar as muitas texturas e sutilezas da cultura da nossa terra-mãe. Apreciar os diversos sabores da Índia é reconhecer e respeitar sua diversidade espetacular. Saber diferenciar a berinjela preparada no *tandoor*, como se faz no norte, da berinjela marinada e assada lentamente, como se faz no sul, é honrar toda a glória e complexidade indianas.

E havia as histórias. Fossem os mitos épicos que contavam as histórias não apenas de inúmeros deuses e deusas, mas também das grandes dinastias do passado, ou narrativas menos conhecidas de escrituras e textos obscuros, cresci ouvindo histórias e fábulas indianas. Mais tarde eu descobriria que essa era a verdadeira técnica usada conscientemente e propositadamente por Papa. Não tanto porque quisesse que fôssemos indianos, mas por acreditar que as histórias ressoavam profundamente e teriam um efeito literal para moldar nosso caráter.

— Os grandes mitos não são estáticos — ele me disse uma vez. — Estão sempre se reinventando em nossa existência diária. Os grandes heróis e vilões do folclore mítico fazem parte de nós e se expressam na vida diária.

Era um texto típico de Joseph Campbell, celebrando a jornada do herói, lembrando-nos de que existem razões para que certos mitos tenham permanecido por várias eras.

a sabedoria dos cães

— Não, é mais do que isso — Papa insistiu. — A leitura das grandes histórias já criadas pela civilização é o mais próximo que conseguiremos chegar do verdadeiro entendimento dos limites externos da consciência.

Consciência. Se o trabalho da vida de Papa — perto de sessenta livros, para não falar das centenas de *blogs*, milhares de tuítes e uma infinidade de *insights* espalhados por toda parte — pudesse ser resumido em uma palavra, seria *consciência*. A consciência e sua busca incansável permanecem no centro de tudo o que ele escreve e ensina. Mesmo que a maioria das pessoas jamais entenda, nem ele, Papa está determinado a manter seu curso.

— Sim, talvez seja verdade — Papa concordou comigo quando eu disse a ele que estávamos no terceiro buraco do campo de golfe La Costa. Alguns anos antes ele se interessara por golfe — e até escreveu um livro a respeito — e eu o acompanhei na empreitada. Compramos tacos e roupas caras. Mais caras ainda foram as aulas e os campos em que jogamos. Fizemos viagens estupidamente caras para praticar o esporte. Entre os prazeres descobertos pelos Chopra, o golfe foi um dos que duraram mais tempo. E apesar de ter caído significativamente no ano anterior, ainda acreditávamos que o jogo jamais desapareceria de nossas vidas.

— *Consciência* é uma palavra dura — eu sugeri.

— Por quê? — Papa perguntou enquanto se preparava para bater.

— É que, eu não sei... — Eu não sabia, esse era o problema. — Consciência é uma palavra tão grande. É tão... *inclusiva*.

— Essa é a questão. — Papa assentiu com a cabeça enquanto batia. A bola foi direto para o buraco e então desviou para a direita, terminando acerca de um metro de distância.

— A consciência está no centro de toda a criação. É a fonte de tudo o que existe, inclusive nós. E pode ser comprovada cientificamente. É uma ciência.

Eu não estava convencido, mas também não queria iniciar uma discussão. Minha mente já estava vagando em outra direção. Nas últimas

seis

semanas, eu estava tomado pela ideia fixa de transmitir alguma cultura ao meu filho. Ao olhar para a vizinhança e a cultura em que vivíamos eu ficava assustado. Além da brancura, não havia uma diversidade socioeconômica, especialmente em relação ao contexto mais amplo representado por Los Angeles, que é um dos lugares com maior diversidade cultural do mundo. O mais próximo que Krishu chegava de alguém com os mesmos ancestrais era quando encontrava Pradeep, o dono do restaurante indiano local, ou o velho e bom mestre Shifu. As únicas histórias que Krishu poderia vivenciar na vizinhança estavam mais para *O show de Truman*. As coisas eram tão limpas e concisas, quase coreografadas, esterilizadas. Vivíamos em uma cultura tão sensível ao politicamente correto, ao orgânico, com tanta paranoia em relação ao H1N1 que eu tinha medo de que o meu filho nunca sentisse embaixo das unhas a sujeira que eu considerava tão essencial para ele. E não era só porque *as crianças precisam se sujar; como é que ele iria agir e contribuir de maneira significativa para o admirável mundo novo globalizado do século XXI em que vivemos?*

Para mim, as histórias dos grandes mitos indianos com os quais convivi na infância, tão cheias de guerra e conflitos entre as forças do bem e do mal, saturadas de triunfo entre os justos e os nefastos, pintavam um retrato de um mundo de contradições, e não apenas em preto e branco, mas também em cinza que geralmente assomava na sequência. Eu adorava, lia os quadrinhos com suas histórias inúmeras vezes e sentia que na hora certa aconteceria o mesmo com Krishu. Ainda assim havia tantas histórias e fábulas para escolher. Eu queria ter certeza de que havia escolhido histórias significativas. Não era preciso ter nada tão óbvio quanto "A moral da história é...", mas queria que ele soubesse que havia algum método por trás da loucura.

Que mitos falavam especificamente à consciência? Meu pai disse que havia apenas quatro pessoas no mundo que realmente entendiam a consciência. Eram quatro estudiosos que trabalhavam com física quântica. Não sou um físico quântico. Faça as contas. Se o entendimento da consciência era fundamental, então me faltava a confiança para acreditar que poderia escolher as histórias certas.

Mudei de tática.

— Existe alguma palavra análoga para consciência que possa ser mais fácil de botar na cabeça de alguém? — Bati e perdi o buraco, mas não tanto quanto Papa.

Discutimos sobre a distância das bolas para o buraco.

— Amor — Papa sugeriu. — Que tal?

Eu jamais pensaria nessa palavra. Mas isso também explicava por que eu não era uma das quatro pessoas do mundo que sabiam o que era consciência.

Como se tivesse lido minha mente, Papa prosseguiu, dessa vez invocando um de seus poetas favoritos, o vencedor do Nobel Rabindranath Tagore: "O amor não é apenas um sentimento. É a forma máxima no coração da criação".

Ele bateu sua bola e a viu desaparecer no fundo do buraco. Papa parecia muito satisfeito consigo mesmo, fosse por ter conseguido um duplo *bogey*, marca respeitável entre nós dois, ou por ter conseguido cristalizar uma ligação entre consciência e amor.

— Encontre uma boa história que fale do amor incondicional para Krishu e terá encontrado seu caminho — ele me orientou.

Está bem, então, eu certamente já tinha instruções para seguir o curso.

NO ALTO VERÃO, algumas semanas antes do seu aniversário, Krishu foi tomado pelos terríveis 2 anos. Sua preciosidade e facilidade precoce com línguas — inglês, espanhol e mandarim — permitiam que se expressasse na velocidade que refletia o desenvolvimento da sua mente.

seis

— *Quiero huevos com queso* — ele disparava quando corria até a cozinha nos intervalos de *Kung fu panda.*

— *Huàn niaòbù?* — ele anunciava, avisando-nos em mandarim que sua fralda precisava ser trocada.

Mas foi no início de uma manhã, ao acordar entre Candice e mim, que ele fez seu anúncio mais dramático: "Quero lutar com Cleo". Nós ficamos olhando para ele, sem saber como reagir. Ele havia falado com tanta clareza e precisão, como se fosse uma decisão que havia tomado depois de muita consideração interior. Não sabíamos se ríamos ou se ficávamos preocupados.

Na verdade, aquela era a prova de uma tendência que tínhamos visto aumentar nos últimos meses. Muitas vezes eu o encontrava reunindo tudo o que estivesse por perto — almofadas do sofá, livros das estantes, comida da mesa — e atirando diretamente na cabeça de Cleo. Muito viva e ágil, para não falar esperta diante dos modos cada vez mais suspeitos de Krishu, Cleo sabia como driblar os avanços de seu adversário. Ela pulava de onde quer que estivesse e corria para as zonas seguras que havia encontrado na casa: embaixo da mesa da cozinha, atrás do sofá, em cima da cama alta no quarto de hóspedes. Mas Krishu era incansável. Quando Cleo baixava a guarda, ele atirava um de seus brinquedos — um caminhão, seu carrinho cheio de pecinhas de lego — e saía correndo atrás dela pela casa. De vez em quando, ele prendia sua perna com o caminhão de plástico ou, se tivesse calculado direito, ele a encurralava em um canto e então começava a artilharia pesada com as peças maiores de lego.

O esquema mais elaborado e perturbador, porém, ele criou sem precisar usar força física. Krishu se espremia atrás do sofá, passando as mãos pelo pó que se formava ali e depois colocava as mãos na tigela de água de Cleo, provavelmente para contaminá-la. Era algo realmente diabólico, prova do nível avançado de maldade calculada na liga dos supervilões como Lex Luthor ou o Curinga. Eu não sabia se devia ficar impressionado ou receoso.

a sabedoria dos cães

Qualquer que fosse o caso, a declaração de Krishu de que queria lutar com Cleo não podia ser ignorada. Não era algo que ele estivesse dizendo por dizer; ele estava disposto a agir. E aquilo era coerente com outras atitudes. Ultimamente, ele estava sempre provocando, recusando-se a comer na hora das refeições, exigindo TV e/ou doces, geralmente com um grito de "agora", apenas para garantir que havíamos entendido a urgência de suas vontades. Os professores da pré-escola que ele frequentava uma vez por semana para "brincadeiras estruturadas" (o que quer que fosse isso) nos garantiram que Krishu estava apenas "testando seus limites". Eles nos avisaram que o processo poderia durar algum tempo, até que Krishu percebesse exatamente até onde poderia levar seus pais ou quais as técnicas que funcionavam conosco. Só então, quando as regras e os limites estivessem estabelecidos, ele se acomodaria e nós todos encontraríamos uma zona de conforto.

Zona de conforto o...

O mais importante, nossos amigos nos aconselharam, era sermos coerentes. Krishu estava à procura de sinais para estabelecer limites e nós precisávamos corresponder.

— A única coisa que vocês podem controlar — disse uma psicóloga infantil amiga de Candice — é sua reação a ele. *Defendam o que vocês controlam.*

Esta última frase — *defendam o que vocês controlam* — parecia coisa que Vince Lombardi diria. Era uma coisa tão rígida e premeditada, tão distante do manual de educação dos pais e das técnicas naturais da paternidade que faziam mais meu estilo. Mas o fato era que Krishu estava definindo seus limites tentando assassinar Cleo, e isso não podia ser negado ou ignorado. Era preciso agir. Eu não tinha alternativa senão defender, o que quer que fosse.

Quando contei tudo isso a Papa em algum momento perto do sexto buraco, ele acenou a cabeça como se estivesse pensando na resposta para um problema de cálculo bastante complexo. Nós já havíamos decidido

seis

que eu precisava encontrar um mito que tivesse a ver com o amor incondicional — e eu iria atrás disso —, mas agora eu queria um conselho mais preciso e imediato.

De modo geral, esse era o tipo de conselho que eu pediria à minha mãe, mas ela não estava disponível. Mallika era a segunda na linha, mas ela havia deixado claro que sua experiência com duas meninas atenciosas e carinhosas não permitia que ela sugerisse algo para o que estávamos enfrentando com Krishu. Além disso, nas últimas semanas meu relacionamento com meu pai havia evoluído consideravelmente. Estávamos conversando, sobre coisas tanto mundanas quanto místicas, mais do que em qualquer época que eu conseguia lembrar. Tínhamos nos aproximado, não apenas como pai e filho, aluno e professor, mas como amigos. O fato de ele ser em muitos aspectos a pessoa menos apropriada (para mim) para dar conselhos sobre educação infantil tornava a perspectiva bastante interessante. O que eu poderia perder?

— Como Cleo reage a Krishu? — ele perguntou, preparando-se para mais uma tacada.

De vez em quando, ela rosnava pateticamente ou mostrava os pequenos caninos para ele, mas isso era tudo. Geralmente ela fugia, enquanto ele desenvolvia suas técnicas. E na maioria das vezes ela nem sequer adaptava seu próprio comportamento. Em outras palavras, depois que conseguia escapar e Krishu mudava de ideia ou começava a pensar em outra coisa, Cleo acabava voltando ao normal. Sentava no mesmo lugar, colocando-se de novo em seu caminho, onde ele acabaria se dando conta de sua presença e arquitetaria novo esquema.

— Ou ela é realmente idiota... — eu dei de ombros.

— Ou é incrivelmente fiel — Papa concluiu; com isso ele bateu o taco na bola, mandando-a para longe. Nós ficamos vendo a bola rolar na grama com um misto de admiração e surpresa.

— Acho que a última opção — ele confirmou quando a bola finalmente parou. — Fale mais dela quando está perto dele.

a sabedoria dos cães

Todas as observações sugeriam que Cleo era irremediavelmente devotada a Krishu. Ela o seguia aonde quer que fosse. No início eu e Candice pensamos que fosse pelo fato de Krishu estar sempre com alguma comida. Mas seu afeto por ele precedia sua chegada ao mundo da comida de verdade. No dia em que trouxemos Krishu do hospital, Cleo examinou-o com curiosidade. O que era aquilo? Será que poderia comê-lo? (A primeira pergunta dizia tudo.) Quando ele iria embora? (Segunda pergunta.) Quando Cleo percebeu que ele estava na casa para ficar, pareceu criar um vínculo com Krishu.

O bebê parecia ser a primeira coisa a interessar Cleo em muito tempo. E por que não? Ele era do seu tamanho, afinal de contas. Tinha sempre um cheiro forte, que parecia atraí-la. E seu humor era imprevisível, o que deixava todos a postos. Prevendo a reconfiguração doméstica, eu tinha lido alguns livros (está certo, *blogs*) que sugeriam que os cães geralmente veem as crianças não necessariamente como humanos, mas apenas como mais um membro da gangue. E, por causa do tamanho, geralmente como adversários pelo lugar na gangue. Apesar de ter tido sua fase de curiosidade em relação a Krishu, tentando imaginar como ele se encaixaria no nosso pequeno grupo, nunca demonstrou nenhum ressentimento em relação a ele, nada que sugerisse que o via como adversário.

Certo, eu sabia que estava antropomorfizando Cleo, que a estava submetendo aos meus processos de pensamento humanos. Se eu tinha aprendido alguma coisa observando-a ao longo dos anos, era que ela andava de acordo com seu próprio ritmo. E esse ritmo parecia mais o de um banjo. Ainda assim, havia algumas coisas muito evidentes. À noite, colocávamos Krishu em uma cama no seu quarto de brincar. Na grande maioria das vezes, Candice era quem cuidava desse processo, com uma rotina elaborada que envolvia músicas, histórias e outros rituais que só ela e Krishu conheciam. Enquanto isso, eu e Cleo ficávamos principalmente na sala. Era minha hora de assistir aos jogos de beisebol ou basquete, ou de navegar na internet. Antes da chegada de Krishu, eu sempre

seis

podia contar com Cleo do meu lado durante essas atividades, mas depois suas prioridades mudaram.

Em vez de sentar comigo, ela ficava perto da porta de Krishu, encontrava um lugar no piso de madeira e se acomodava. Em geral, depois de uma hora a porta se abria e Candice aparecia. Cleo a saudava com um esfregar do rabo na perna ao entrar no quarto de Krishu. Olhava para cima como se dissesse: "Agora é comigo".

No início, eu e Cleo prestávamos atenção a essa rotina, curiosos para saber o que ela estava fazendo e também para ter certeza de que não pretendia comer o menino; mas tudo parecia muito inocente. A rotina de Cleo geralmente consistia em uma cheirada e uma lambida na cabeça de Krishu, depois ela calculava uma distância segura e dava suas voltas antes de se acomodar novamente.

Correndo o risco de parecer muito sentimental, confesso que essa era uma das cenas mais queridas que eu e Candice testemunhamos. Se você observasse atentamente — e como pais novos, sem muito mais o que fazer, observávamos Krishu e Cleo como se eles estivessem em um parque de animais selvagens —, veria que Cleo mantinha os olhos abertos por algum tempo, olhando para Krishu enquanto ele respirava profundamente. É claro que não sabíamos o que ela pensava nesses momentos, mas nós imaginávamos que seria muito parecido com o que nós pensávamos quando ficávamos olhando para nosso filho adorado — que nós o amávamos muito... e que sentíamos um alívio enorme por ele ter dormido finalmente.

Quando Krishu nasceu, despertou em mim um amor muito forte que eu nunca soube que existia. E naquelas noites, depois que Krishu e Cleo adormeciam, eu ficava pensando como era engraçado o fato de tantos clichês que eu ouvira a respeito de filhos serem tão preciosos.

"Você não pode imaginar o quanto irá amá-los", vários amigos com filhos nos disseram antes de termos os nossos. "Fica melhor a cada dia", eles diziam com um sorriso aberto. Blá-blá-blá. Enquanto Candice estava grávida, e tínhamos que ouvir essas confissões obsessivas, eu dizia a ela que jamais seríamos como essas pessoas. Por algum motivo, eu achava aborrecidas aquelas declarações de amor não solicitadas. No entanto, na privacidade da nossa casa, observando meu filho e minha cachorrinha, eu tinha o direito de pensar os clichês que quisesse. Mesmo que não conseguisse expressá-lo, eu sabia que o amor que sentia pelo meu filho era incondicional.

— Então — Papa bateu com o taco no chão quando chegamos ao momento do descanso em que dividiríamos um grande pacote de amendoins. — O que você está dizendo é que o amor de Cleo por Krishu é especial.

— Claro — eu concordei com a cabeça. "Especial" era uma descrição muito ampla, mas parecia apropriada.

— O que eu quero dizer — Papa acrescentou — é que o amor dela por ele é feito de qualidade como perdão, paciência, bondade, devoção, compaixão, empatia e não julgamento.

Isso certamente era muito mais do que especial. Eu repensei as palavras e assenti com a cabeça. Pareciam bem apropriadas.

Apesar dos inúmeros ataques diários contra ela, Cleo jamais guardou mágoa alguma de Krishu. Nesse sentido, ela certamente o perdoava.

A maneira como andava atrás dele, observando-o principalmente enquanto ele dormia, demonstrava uma bondade invejável.

Devoção?

Sem dúvida.

Compaixão e empatia?

Certamente. Tudo o que alguém precisava fazer era testemunhar as poucas vezes em que Krishu era recriminado por ter feito alguma coisa errada. Triste, ele iria para seu quarto ficar quieto; Cleo, sua companheira de armas, seguia-o fielmente.

Não julgamento?

Veja o capítulo 5.

seis

— Bem — Papa concluiu, como se tivesse sido informado dos sintomas e estivesse fazendo um diagnóstico —, isso é amor incondicional.

— A devoção de Cleo a Krishu não depende de nada além do laço que ela formou com ele. Seu amor é atemporal e sem ansiedade. Não se baseia em expectativas de reciprocidade ou paranoia sobre quem ama mais. Ela provavelmente não se preocupa com o futuro da relação, nem analisa sua história; também não guarda ressentimentos por coisas do passado.

— Ela ama Krishu pelo que ele é, não pela ideia que faz dele. Ela o ama como ele é, não pela maneira como quer que ele seja.

Papa riu.

— Menos humano é quanto mais você pensa a respeito. As relações entre os humanos e o amor que sentem uns pelos outros geralmente são mais fugazes e condicionadas.

Qualquer pessoa que já tenha se apaixonado sabe que isso é verdade. O amor pode ser apaixonado e profundo, intenso, mas raramente é incondicional. Simplesmente não é assim que funcionamos.

— Claro — Papa concordou comigo enquanto terminávamos nossos amendoins e seguíamos para o próximo buraco. — Mas isso não significa que não devemos lutar por um ideal, buscar o amor incondicional.

— Na verdade, aprender a amar incondicionalmente, como Cleo, pode nos levar a estágios mais avançados de consciência.

ANTES DE KRISHU APARECER e acertar sua flecha no coração de Cleo, ela era devotada quase exclusivamente a Candice e a mim. E nesse triângulo amoroso, apesar de todos os meus esforços, eu sabia que para Cleo eu seria sempre o amigo íntimo de Candice. Elas tinham uma ligação especial. Cleo era mais do que o bichinho de estimação de Candice, uma pequena bola de pelo que cabia na palma da mão. Era também mais do

a sabedoria dos cães

que sua melhor amiga. Cleo era a companheira de Candice; nem mesmo eu, que a conhecia desde a faculdade, jamais conseguiria ocupar seu lugar, devido à sua capacidade de ouvir sem julgar, à alegria e à inocência que ela trazia a cada dia, à sua capacidade de confiar, e mais. Mas, acima de tudo, seu amor incondicional. E, apesar de não esconder seu favoritismo, colocando Candice acima de mim, Cleo tinha uma capacidade única para transitar pelo terreno às vezes complicado do nosso relacionamento em seus momentos mais intensos e inflamados. Isso nunca ficou tão evidente quanto na véspera do nosso casamento.

Como parte da celebração do nosso casamento indiano-sino-americano, Candice e eu planejamos todo um fim de semana com atividades que incluíam um coquetel em um *lounge* quase-kama-sutra, um banquete chinês tradicional, uma cerimônia de casamento no estilo *sikh* pela manhã, culminando com uma festa/recepção em uma igreja da Unidade no Upper West Side de Nova York. Ao todo, tínhamos 450 convidados chegando à cidade, uma reunião íntima para os padrões asiáticos.

No entanto, em meio a toda a loucura, com familiares dos quatro cantos do globo espalhados por vários hotéis e casas de amigos e parentes, eu de repente me vi sozinho no meu apartamento do centro da cidade. Candice tinha ido para um hotel com sua família. Em respeito às tradições do nosso casamento nada tradicional, Candice e eu mal nos vimos durante o fim de semana, exceto nos eventos formais. Em vista de tudo isso, havíamos decidido que Cleo ficaria melhor comigo.

Em meio a todas as atividades e obrigações — para não falar do espectro momentoso da celebração do casamento e de todas as implicações do *para o melhor e para o pior* —, senti-me bastante reconfortado com a presença de Cleo. Na semana que antecedeu o casamento, percebi que estava com dificuldade para dormir depois das últimas noitadas de solteiro com os amigos. Então eu deitava no sofá, a coisa mais cara que eu tinha comprado antes do anel de noivado de Candice, com Cleo deitada em cima de mim. Juntos, nós assistíamos ao canal de esportes ou a filmes antigos.

seis

Com a aproximação do casamento, nossos laços se intensificaram. Nos últimos anos, Candice tinha se transformado na pessoa com quem eu falava das minhas esperanças e medos, sonhos e hesitações. Agora, não só estava impedido de vê-la, como ela era também a fonte e objeto dessas emoções. Cleo, por outro lado, estava livre e disponível, com a agenda completamente desimpedida de outros compromissos. Ela se dispôs a ouvir minhas confissões e ansiedades, especialmente se fossem acompanhadas de *bagels*, borda de pizza, carne ou outras delícias de fim de noite que eu trazia para casa. Na véspera do banquete do pré-casamento chinês, ela precisou reunir toda a sua capacidade de ouvir e mais alguma coisa.

Os banquetes são tradicionais na cultura chinesa. Como na cultura indiana, a comida não é apenas uma forma de demonstrar a prosperidade da família, mas, quanto maior a sua diversidade, maior a celebração. A família de Candice havia organizado um evento de gala, como vários pratos, *open bar* e muitos familiares. Enquanto todos se divertiam, aproveitando a sopa de barbatana de tubarão, os *dumplings* de caranguejo etc., Candice e eu cumprimos nossa obrigação, indo de mesa em mesa, dando as boas-vindas aos parentes que mal conhecíamos e que tinham vindo nos abençoar com sua presença.

Foi um "sorria e aguente" do começo ao fim. Para Candice, o significado da expressão foi literal; ela estava espremida em um *Qi pao* chinês tradicional. Ela havia passado as semanas que antecederam o casamento lutando para perder alguns quilos para entrar no vestido. A restrição dos movimentos — ela se arrastava lentamente de uma mesa a outra — fazia com que tropeçasse de vez em quando. Minha disposição fingida só podia ser atribuída ao fato de que eu realmente não gostava de ser social. Só havia uma maneira de me fazer desfilar durante horas para familiares que eu não conhecia e conversar sobre coisas com as quais não me importava: álcool.

Enquanto nos movimentávamos pelo salão do banquete, eu levava uma garrafa de cerveja Tsing-tao na mão, tomando um gole entre piscadas, acenos, apertos de mão e risadas falsas. Entre os goles de cerveja, brindes com vinho de arroz. No final do interminável desfile de cumprimentos, Candice mal conseguia ficar em pé por causa do vestido apertado. Eu mal conseguia ficar em pé porque estava completamente bêbado.

— Cara, acho melhor você maneirar na bebida — um dos meus amigos me aconselhou, enquanto eu me esforçava para manter o equilíbrio. — Afinal, você vai se casar amanhã.

Não, cara — contra-argumentou o irmão de Candice, enchendo meu copo de vinho. Se eu fosse você, bebia mais. Afinal, você vai se casar com minha irmã amanhã.

Ainda assim, para solidificar a ideia de que eu havia realmente encontrado minha alma gêmea em Candice, ela conseguiu me puxar de lado para dizer que havia arquitetado um plano para fugirmos do jantar. Aquela garota era o máximo! Nós nem estávamos casados ainda e ela já estava lubrificando as engrenagens para que eu pudesse escapar das incômodas obrigações familiares. Iríamos pular o banquete e nos preparar para o grande momento no dia seguinte. Era impressionante que em meio a todas as atividades do banquete ela tivesse conseguido imaginar uma saída perfeita e depois viesse me contar.

Se pelo menos o teor de álcool no meu sangue não tivesse interferido na minha capacidade de ver e ouvir claramente, eu teria entendido que o plano incluía nossa saída do banquete "juntos". E não deixar a noiva na esquina. Na chuva. Vestida com seu *Qi pao*. Sem dinheiro.

Quando cheguei em casa, havia várias mensagens para que eu fosse até o hotel onde Candice estava hospedada. Minha noiva queria me ver. Só isso.

Ainda sem entender o que estava acontecendo, o único alerta veio da mãe de Candice. "Tenha cuidado", ela sussurrou quando entrei no quarto.

Durante vinte minutos, as comportas se abriram e as emoções extravasaram.

Como é que eu podia tê-la deixado na rua?

O que é que eu estava pensando?

seis

Quanto eu tinha bebido?

Aquilo era um sinal do que aconteceria depois?

Será que eu a amava mesmo?

Eu tropecei e resmunguei. Gaguejei enquanto lutava para encontrar um caminho por meio de admissões, desculpas, negativas, defesas, promessas e juras. Aquilo tinha sido uma transgressão alcoolizada, Candice queria saber, ou um padrão de comportamento, revelando uma falta de preparo para assumir um compromisso e as responsabilidades do casamento?

Uau! Uma tábua de salvação talvez? Não, nem mesmo meu charme e inteligência conseguiriam limpar minha barra naquela noite. Candice me mandou embora, sugerindo que eu passasse a noite pensando a respeito, se eu estava realmente preparado para o passo que estávamos prestes a dar.

Voltei para o apartamento com a firme intenção de desabar no sofá, onde pretendia passar a noite sentindo pena de mim mesmo. Mas eu tinha esquecido de Cleo, que a essa altura estava trancada lá dentro há mais ou menos dez horas. Apesar da vontade de chafurdar na autopiedade, Cleo deixou claras as suas intenções, andando de um lado para outro, pisando nos meus pés. Ela precisava sair.

Tirei o terno e vesti um agasalho; depois fui procurar os tênis no guarda-roupa. Vendo a transformação, Cleo parou de rosnar e passou a ganir cheia de excitação, correndo pela sala, sabendo que esse ritual terminaria com a saída para a rua. Mesmo que eu estivesse brigando com emoções desordenadas, naquele momento a atenção de Cleo estava totalmente voltada para uma coisa: ela precisava sair e cabia a mim fazer com que isso acontecesse.

Como sempre, pretendia levá-la para uma volta rápida pelo quarteirão e voltar logo para me entregar às minhas lamentações. Mas ao fazermos a terceira curva para iniciar a volta para casa, Cleo pisou nos calcanhares. Literalmente. Puxou a coleira e fez sinal de que queria continuar.

143

a sabedoria dos cães

— Vamos lá, Cleo. Vamos pra casa — eu pedi. Coloquei um pouco de entusiasmo na voz, como que sugerindo que ela talvez recebesse uma recompensa ao chegar em casa.

Não adiantou. Ela puxou com mais força e prosseguiu na direção da cidade. "Está certo", ela devia estar pensando, "vamos voltar para sua triste despedida de solteiro para eu poder assistir a seu choro. Não, obrigada. Não estou disposta a tanto por um biscoito."

Dessa vez ela latiu e puxou com mais força.

Certo, eu deixei, permitindo que ela me arrastasse. Eu podia aguentar mais um quarteirão.

Enquanto andávamos, chegamos à esquina da 54 com a Broadway. Cleo parou para cheirar algo na calçada e eu fiquei esperando. Ergui os olhos e vi uma porção de cartazes anunciando *Miss Saigon*. Eu sorri, lembrando da última vez em que estive naquele lugar.

Miss Saigon foi um dos primeiros espetáculos que eu e Candice assistimos na Broadway. Simplório em relação a tudo o que dizia respeito ao teatro, eu gostei muito, principalmente porque a estrela era uma oriental sensual e a história abordava todas as fórmulas dramáticas com pompa e circunstância. Candice, por sua vez, achou a história meio batida, para não falar de todos os estereótipos que canonizavam a masculinidade ocidental e anulavam a oriental.

Eu dei de ombros.

— John [o ex-soldado que se torna executivo] tentou agir corretamente...

Candice virou-se para mim, irritada.

— Ah, é isso o que você está fazendo comigo? Agindo corretamente?

Eu ri da lembrança. Cleo puxou a guia de novo, dessa vez arrastando-se ainda mais para o centro. Talvez ela soubesse o que estava fazendo.

Na verdade, durante algumas horas eu permiti que Cleo guiasse, passando pelo centro de Manhattan e seguindo na direção de Wall Street. Parecia um *tour* pela minha história com Candice. A barraquinha de

seis

batata frita na 50 com a Broadway, onde dividimos uma última refeição (um balde de fritas com molho tártaro) antes de eu me mudar para a Califórnia. A cabine que vendia ingressos mais baratos na Times Square, onde ficamos muitas horas em longas filas para comprar ingressos para que Candice pudesse me mostrar os *bons* espetáculos da Broadway. O Madison Square Garden, aonde levei Candice para assistir a seu primeiro jogo da NBA (Celtics x Knicks, em 1996) e defendi sua honra quando um *punk* oriental fez um comentário obsceno. E a Sétima com a 33, em Koreatown, até hoje nosso lugar favorito para uma grande refeição. Chinatown, onde ela praticava seu mandarim e conseguia pratos especiais para nós que não estavam no cardápio. E finalmente o Ground Zero, onde ficava o World Trade Center, um monumento ao momento em que, como todos os americanos, nos unimos no medo, na descrença e na dor.

Ao final da nossa longa caminhada, Cleo tinha me deixado não apenas sóbrio, como também me fizera recordar por que estava preparado para o meu casamento. É claro que uma parte de mim estava assustada com a ideia. Candice tinha sido o primeiro e último compromisso sério da minha vida, meu único relacionamento como adulto. Apesar de dizer para as pessoas que nós praticamente tínhamos crescido juntos, parte de mim ainda perguntava se já éramos realmente adultos. Ainda assim, alguma coisa mais profunda, uma forte noção de mim mesmo, me convenceu de que estávamos no caminho certo. Olhando para minha cachorrinha exausta, eu sabia que Cleo seria minha companheira nessa jornada. Eu a peguei, beijei seu focinho e parei um táxi. Estava na hora de voltar para casa.

O amor e a lealdade de Cleo eram afetuosos, mas não condescendentes. Empáticos, mas sem falsidade. Regeneradores, acolhedores e intensos, mas não passageiros. Percebi então como percebo agora que todas essas observações eram projeções minhas. Na verdade, os padrões de comportamento de Cleo eram simples e previsíveis, e na maior parte vinculados a uma única característica, facilmente identificável, mas muito poderosa: ela dá amor.

a sabedoria dos cães

DE VOLTA AO CAMPO DE GOLFE, Papa decidiu falar disso.

— Quando falamos da força do amor, de seus efeitos terapêuticos e regeneradores, estamos quase sempre nos referindo ao que é ser o objeto do amor de alguém.

— Mas ele é ainda mais poderoso quando é você quem ama. Há uma pureza nesse amor, na maneira como uma criança ama seu pai desde cedo e vice-versa. Não existe um filtro, é um amor despido, despojado dos fardos do tempo, do contexto e das condições. É tudo o que você descreveu em relação a Cleo.

Nas últimas semanas, Papa tinha passado mais tempo com Cleo do que jamais passara antes. Tinha observado e estudado coisas que nunca havia percebido.

— Você acha que Cleo realmente entende o conceito de amor? — perguntei a Papa, pensando que talvez estivéssemos ultrapassando os limites.

— Não, e é isso o que o torna tão poderoso.

— Há uma ludicidade e uma graça na maneira como Cleo reage às pessoas que ela ama. Ela confia em nós com um senso de transcendência. Não existem níveis de confiança, uma medida do quanto ela ama. Ela é discreta com sua atenção. Não depende do nosso comportamento. Ela ama aqueles que ama simplesmente pelo que são.

— ENCONTREI — eu disse a Papa uma semana depois, quando ele estava de novo conosco em Los Angeles. Estávamos na sala à noite. Krishu estava dormindo em seu quarto e Candice estava lendo mangás no computador, seu passatempo favorito.

seis

— Encontrou o quê?

— A história. Sobre o amor — amor incondicional. Está no *Mahabharata*, fala dos irmãos Pandava.

Papa olhou para mim, curioso.

— Conte para mim.

Quando eu era pequeno, as histórias do *Mahabharata*, uma das narrativas épicas indianas mais importantes (como a *Ilíada* e a *Odisseia* no Ocidente), eram as minhas preferidas. A saga é uma extensa narrativa que relata as disputas entre os cinco irmãos Pandava e seus nefastos primos e rivais, os cem irmãos Kaurava. No centro da história há uma batalha de dezoito dias entre os dois lados da mesma família. Irmãos, pais, filhos, tios, mentores, protegidos, deuses e semideuses se envolvem em uma guerra mítica e terrível, cujo resultado irá determinar o destino do universo.

No final, é claro, os nobres irmãos Pandava triunfam, massacrando todos os seus rivais, mas também sofrendo baixas consideráveis. Consequentemente, depois de tanta violência e tantas perdas, eles questionam se realmente conquistaram uma vitória. Diante desse dilema existencial que não conseguem resolver, os irmãos entregam o reino duramente conquistado ao seu último herdeiro vivo — um sobrinho que sobreviveu à guerra — e partem para o mítico reino de Kailash (no limiar do Paraíso) em busca das bênçãos de Deus.

Os cinco irmãos, liderados pelo mais velho, Yudishtra, e sua consorte, Draupadi, avançam na árdua subida. No início, em um dos vilarejos pobres na base das montanhas, o grupo é seguido por um cão sarnento que vagava por ali a esmo.

Mas, quando iniciam a subida da montanha, e esta se torna mais íngreme, coisas ruins acontecem. O irmão mais novo, Nakula, escorrega no gelo e cai para a morte. Depois de chorar a perda do irmão, eles continuam a subida em busca de seu nobre objetivo.

Então as coisas se complicam de verdade porque, como em um filme de horror, à medida que o grupo seguido pelo cão sarnento avança, os

a sabedoria dos cães

irmãos escorregam para a morte, um a um, inclusive Draupadi. Somente Yudishtra e o cão sobrevivem e chegam ao topo da montanha.

É aí que Yudishtra encontra Indra, rei dos deuses e dos céus. Ele cumprimenta Yudishtra por ter conseguido concluir a subida e diz que ele conquistou um lugar no reino dos céus. Abre a porta de uma carruagem divina e convida Yudishtra para uma viagem para a bem-aventurança eterna. Yudishtra agradece e dirige-se para a carruagem, acenando para que o cachorro o siga.

Mas espere!

Indra impede o cachorro e diz a Yudishtra que os cães — e certamente os cães sujos do vilarejo — não são bem-vindos no céu. Yudishtra diz que o cão foi leal e permaneceu a seu lado durante toda a subida e não tem intenção de abandonar seu fiel companheiro.

Indra ficou confuso e irritado. Yudishtra mostrou-se disposto a abandonar seus irmãos e Draupadi durante a subida, mas não o cachorro sujo, mesmo quando lhe é concedida a entrada no céu.

Yudishtra balança a cabeça solenemente. Explica que não deixou seus irmãos ou Draupadi. Eles lhe foram tirados e imagina que deve ter sido algum plano divino que ele desconhece. Insiste que tem fé e acredita que se reunirá aos entes queridos quando for a hora. Com isso, reitera que não prosseguirá se o cão não estiver a seu lado.

Lord Indra sorri finalmente. De repente o cão começa a se transformar e se revela como o deus Dharma, que é uma encarnação do próprio Indra. Bem-vindo a Matrix! Ele explica que todo o episódio da subida da montanha, até a morte dos entes queridos de Yudishtra, e o convite para entrar nos céus sem o cão eram um teste. E Yudishtra havia passado com honras. Juntos, Yudishtra, *lord* Indra e *lord* Dharma entram nos céus, onde Yudishtra acaba se reunindo com seus irmãos e Draupadi.

Depois de contar a história, sentei no sofá, satisfeito. Papa acenou com a cabeça, igualmente encantado.

— É uma boa história.

seis

— Eu sei. É uma ótima história.

— O que você acha que quer dizer?

— Bem, muitas coisas — eu gesticulei com as mãos. — Por onde começar?

— Pelo final — Papa respondeu. — O cão é Dharma e Dharma é o *self*. A ideia de amar a si mesmo no Ocidente tem uma conotação ruim. Essa é a diferença entre o deus Dharma no Oriente e Narciso no Ocidente.

Como se sabe, na mitologia grega, Narciso é um herói conhecido por sua grande beleza. Mas é cruel e trata com desprezo todos aqueles que o amam. Por isso, é amaldiçoado pelos outros deuses, forçado a se apaixonar pela própria beleza e, como todos aqueles seguidores que desprezava, odiar a si mesmo.

— Certo — Papa assentiu com a cabeça. — Mas, segundo a tradição oriental, o *self* é tudo. Está por trás dos seus pensamentos, a mesma força que é responsável por toda a atividade inteligente do universo, incluindo o cachorro.

— É a consciência — eu disse.

— Sim — Papa riu. — Nada mau.

— Então agora você pode dizer que existem cinco pessoas no mundo que entendem o que é consciência? — perguntei a Papa, sorrindo.

— Talvez.

— Então o que você está dizendo é que o cão é uma metáfora do *self*, que é apenas outra expressão da consciência?

Tanto Papa quanto eu olhamos para Cleo, que estava deitada do lado de fora da porta de Krishu dormindo um sono leve. Ela disfarçava muito bem seu papel de vidente cósmica.

— Eu não acho que seja coincidência. — Papa balançou a cabeça.

— Os grandes videntes da Índia que escreveram essas histórias deviam saber, os cães são animais espirituais.

sete

— Papa, eu estava pensando por que as coisas ruins acontecem com gente boa.

— Coisas ruins acontecem com todo mundo.

NO DIA 20 DE JANEIRO DE 2001, MEU AVÔ PATERNO — QUE CHAMÁVAMOS de Daddy — sentou-se em sua cama em Nova Délhi para assistir ao discurso de posse de George W. Bush pela CNN. Daddy estudava história e gostava de testemunhar momentos como esse. Mais de cinquenta anos antes, tinha assistido à dramática transição na Índia sentado na primeira fileira — da libertação do colonialismo inglês à euforia da independência e à agonia da divisão entre a Índia e o recém-criado Paquistão. Daddy era médico pessoal de *lord* Mountbatten — o último vice-rei da Índia —, por isso transitava pelos mais altos escalões da Índia Britânica. Quando menino, eu sentava para ouvir atentamente as histórias dos anos em que ele serviu no exército indiano — histórias sobre o

a sabedoria dos cães

cerco da Birmânia (atual Mianmar), quando ele se tornou o único sobrevivente de sua unidade fingindo-se de morto para enganar os japoneses; jornadas históricas ao lado de *lord* Mountbatten; e histórias de orgulho pessoal, como quando o herói e primeiro primeiro-ministro da Índia pós-independência, Jawaharlal Nehru, parou no meio de um mar de admiradores para dar uma rosa vermelha à nossa avó.

Daddy sentou-se em seu quarto naquela noite em meio a vários testemunhos de toda essa história. Retratos de minha avó Ma eram orgulhosamente exibidos ao lado de fotos de Daddy com seus colegas britânicos em toda a Índia, para não falar de Londres, onde completou boa parte de sua formação como médico. Também havia fotos mais recentes de Daddy e Ma com seus cinco netos. Três semanas antes, tínhamos celebrado o casamento de minha prima mais nova, Kanika — um espetáculo indiano clássico, com festas decadentes, rituais religiosos e intermináveis obrigações familiares. Centenas de fotos registraram esses dias maravilhosos, mas ainda não tinham sido emolduradas. Em vez disso, continuavam empilhadas, enfiadas em envelopes, guardadas na arca de madeira que ficava aos pés da cama de Daddy e Ma.

Depois de assistir ao discurso que o presidente Bush fez naquele dia chuvoso em Washington, DC, aceitando oficialmente o dever e as responsabilidades da presidência — qualidades que Daddy tinha em altíssima conta —, ele se acomodou na cama ao lado de Ma, que já estava dormindo. Poucas vezes, em 54 anos de casamento, eles tinham dormido separados. Logo após a meia-noite, Daddy tocou a campainha que ficava ao lado da cama para chamar Shanti, que trabalhava para a família há mais de 25 anos. Quando Shanti apareceu alguns minutos depois, Daddy lhe disse que estava com frio e precisava de um cobertor e voltou a dormir. Não muito tempo depois, ele acordou de novo. Dessa vez, Daddy sentou-se na cama e sentiu seu peito. Ele era um dos cardiologistas mais respeitados da Índia e apesar dos 70 anos ainda exercia o ofício. Ele sabia o que estava acontecendo. Daddy estendeu o braço e acordou Ma. Ela também sentou na cama e lhe perguntou o que estava acontecendo. Daddy lhe disse que estava morrendo. Ma entrou em pânico, pegou o telefone para chamar meu tio, que também era médico e morava perto dali. Daddy, ainda com a mão no peito, disse a ela para soltar o telefone. Não tinha muito tempo, ele explicou.

— Apenas segure minha mão — ele disse. E ela ouviu. Ma e Daddy ficaram de mãos dadas enquanto ele parava de respirar. — Eu te amo — ele disse suavemente —, e estou partindo.

Daddy fechou os olhos pela última vez, abraçando o mistério da morte.

— Estou partindo.

A LOGÍSTICA DA MORTE começou a funcionar rapidamente. Os arranjos familiares, as longas viagens, a certidão de óbito e os rituais hindus tomaram conta de tudo. Pela manhã, sacerdotes hindus foram chamados para entoar cantos, abençoar o corpo de Daddy, sua casa e Ma, para garantir uma transição suave para a próxima fase de evolução da sua alma. Por questões religiosas, a cerimônia de cremação de Daddy tinha que ser realizada até trinta horas após a morte. Meu pai e seu irmão, Chota Papa, chegaram bem na hora. Os dois lavaram o corpo de Daddy com leite, depois untaram com óleo de sândalo e o carregaram nos ombros pelos últimos cem metros até o local da cremação. Papa, o filho mais velho, colocou uma tocha sob a pira funerária, acendendo-a para que o corpo de Daddy pudesse voltar aos elementos de onde veio.

Depois, quando falei com meu pai, ele descreveu a odisseia emocional que vivera nesses dois dias.

— Você sabe que um dia também irá queimar o meu corpo — ele disse pelo telefone, na chamada de longa distância. — Será sua responsabilidade como meu filho. E algum dia no futuro seu filho fará o mesmo por você.

a sabedoria dos cães

Eu não sabia o que responder. A ideia era estranha, solene, ficção científica e espiritualidade ao mesmo tempo.

— Eles dizem que uma geração ajuda a outra a passar para a próxima fase — disse Papa.

— Deve ter sido difícil — eu disse suavemente. Eu sabia que Papa admirava seu pai como nenhuma outra pessoa. Jamais o tinha ouvido fazer qualquer crítica a ele.

— Foi — Papa fez uma pausa. — Mas estou feliz por ter feito isso. É um privilégio.

Papa descreveu os hinos entoados pelos sacerdotes védicos durante a cerimônia, falou do emaranhado formado por *agni* (fogo), *vayu* (vento), *paani* (água), *dharti* (Terra) e seu inevitável retorno ao *akash* (espaço) imperecível.

— É tudo o que somos — Papa resumiu —, um conjunto de elementos, inflamados por um pouco de energia e um mistério profundo. E estamos todos destinados a voltar para um mistério ainda maior no final.

Papa chegou a rir ao contar que, enquanto os sacerdotes cantavam esses hinos, a alguns metros dali um grupo de jovens jogava críquete e, mais além, garotos ainda mais jovens soltavam pipas usando a corrente de ar criada pelo fogo para levantar as pipas no céu. Perto dali, gaitas escocesas se misturavam com música indiana, indicando a realização de um casamento na vizinhança. Enquanto isso, os sacerdotes continuavam a cantar, falando da imortalidade da alma humana. "A água não pode molhá-la, o vento não pode secá-la, o fogo não pode queimá-la, as armas não podem atingi-la. Não é nascida, está além do tempo e do espaço, e não morre."

O impacto da morte de Daddy não atingiria Papa completamente senão algumas semanas depois, quando ele voltou para sua casa — para nós — nos Estados Unidos. Foi nesse momento, enquanto ainda sentíamos os resíduos da morte, que nossas lembranças de Daddy começaram a se organizar nos arquivos de nossas mentes.

sete

Uma noite durante o jantar, quando toda a família se reunira em San Diego, Mallika se lembrou de uma cena do casamento de Kanika, realizado apenas algumas semanas antes. No início da manhã do casamento propriamente dito, a família inteira passou por uma espécie de crise. Minha tia, mãe de Kanika, não sabia onde tinha colocado a chave do quarto onde estavam as joias e o vestido da noiva. Faltavam apenas algumas horas para a cerimônia e a pobre Kanika estava arrasada. O que iria vestir?

No meio da confusão, todo mundo começou a procurar a chave do quarto. Houve muitas brigas e dedos acusatórios. Tentei bancar o James Bond passando o cartão de crédito entre a porta e a fechadura. Nada. Meu primo mais novo se atirou contra a porta — nada.

De repente, vimos Daddy subir as escadas, lenta e deliberadamente. Estava com uma argola cheia de chaves na mão. Nenhuma delas era a "chave certa", apenas chaves mestras. Mas para Daddy isso não tinha importância, nada o impediria de tentar. Enquanto procurávamos em todos os lugares, como uma equipe de investigadores criminais sem nenhuma habilidade, esvaziando bolsas, levantando os lençóis das camas, procurando em bolsos de roupas, Daddy inclinou-se e examinou a fechadura atentamente. Tentei explicar que a porta não abriria se não encontrássemos a chave certa.

Ele sorriu e falou suavemente, com muita convicção:

— Não, vai abrir.

Enquanto isso, meu tio — pai de Kanika — expressava sua indignação e raiva com o que parecia ser um tema recorrente nos últimos quinze anos, ou seja, a chave trancada do lado de dentro do quarto. Daddy lembrou que o chaveiro — um sujeito chamado Vinod — nunca aparecia quando o chamavam em situações de emergência como essa. Mas Daddy sabia o que fazer. Explicou que se você brincar com a fechadura, virar a chave de uma determinada maneira e empurrar a porta de outra, ela abre.

Como não podia deixar de ser, alguns minutos depois a porta abriu delicadamente. Daddy sorriu satisfeito e voltou tranquilamente para seu quarto.

Todos ficaram em silêncio, admirados diante daquela alma tranquila e bondosa que era nosso avô. Nós vimos naquele momento — e lembraríamos no jantar — algo que sabíamos desde que éramos crianças: Daddy abria portas.

Papa sorriu, os olhos marejados. Foi o primeiro de muitos momentos emotivos nos meses que se seguiram. Foi a primeira vez que vi meu pai mergulhar em uma profunda depressão.

ALGUM DIA EM ALGUM LUGAR ALGUÉM que nunca teve filhos criou a expressão equivocada: "Ter um cão é como ter um filho".

Não é.

Ao longo dos anos, aprendi que minha relação com Nicholas e mais recentemente com Cleo poderia ser classificada como "simples". Para mim, trata-se mais de um elogio do que de condescendência. Com Cleo, especificamente, existe uma elegância e espontaneidade no seu senso de companheirismo, e consequentemente em nossa relação, que é fácil de resumir. É firme, leal e relativamente desprovida de emoções. Isso não quer dizer que eu não ame Cleo, mas que a minha relação com ela carece do mosaico de emoções que formam as outras relações — especialmente com humanos.

Meu vínculo com Krishu é indescritível. Apesar de ser difícil colocar em palavras exatamente o que sinto por meu filho, simples certamente não é a palavra. Naqueles primeiros dias com ele, quando dormia entre Candice e mim, eu ficava olhando para ele. Apenas olhando. Começou como vigilância de pai recente. Não era minha tarefa garantir que ele estivesse respirando e que todos os sistemas funcionassem? Mas com o tempo evoluiu para um misto de fascinação objetiva (veja como ele cresce de um dia para o outro) com uma subjetividade totalmente obsessiva.

sete

Ele era meu. Eu brincava com Candice, perguntando se ela realmente amava nosso filho um pouco mais a cada dia, como previa o velho clichê. Ela era firme, até mesmo nas últimas semanas, quando o treino com o piniquinho tinha sofrido um retrocesso; Krishu estava varando a noite acordado e sua desobediência estava piorando.

Apesar das brincadeiras, eu continuava miraculosamente o mesmo, a ponto de não conseguir imaginar como poderia gostar mais do garoto no dia seguinte. Apesar de tudo, quando chegava o dia seguinte, o milagre acontecia. Nessa medida, se o relacionamento de meu pai com Daddy deve servir como guia para o meu com Krishu, então teríamos algo muito especial. A reverência de Papa por meu avô era única. Era uma combinação de amor paterno e respeito, mas também uma admiração que transcendia os laços familiares normais.

— O que havia de tão especial com Daddy? — perguntei a Papa em um domingo de manhã. Fazia alguns anos que ele tinha morrido, mas Daddy sempre aparecia nas conversas.

Papa pensou um segundo.

— Ele era sábio. E entendia o contexto.

Era uma resposta direta, apesar de curiosa. Pressionei Papa para saber mais.

— Há uma diferença entre inteligência e sabedoria — Papa respondeu, enquanto pegava alguns legumes com o *hashi*. — A inteligência vem do domínio de dados e informações. A sabedoria vem do domínio da intuição, da emoção, do tempo... e da própria inteligência. Trata-se de estar ligado ao universo, conhecendo a maneira certa de lidar com as circunstâncias certas na hora certa. Manifesta-se como entendimento total do ecossistema em que se vive. Daddy sempre entendeu o contexto de um momento e como reagir a ele.

— Por isso ele era tão sábio.

Quando Daddy faleceu, a família inteira ficou arrasada. Ele era o nosso patriarca, mas de um modo muito delicado e despretensioso. Mesmo

a sabedoria dos cães

para aqueles que não estavam ligados a ele pelo sangue, como minha mãe e seus pais, Nani e Nana, sua morte foi um golpe duro. Daddy não apenas era o médico da família em todos os sentidos — ele cuidava da saúde de todos, desde os recém-nascidos até aqueles membros da família que pertenciam à sua geração — como também sua delicadeza, bondade, paciência e, sim, sabedoria tinham afetado todos aqueles que ele tocava.

Quando éramos pequenos, Chota Papa nos contou uma história bastante reveladora a respeito de Daddy. Ele recordou um tempo, décadas atrás, quando tinha cerca de 7 anos, e Papa estava com 10, e viviam em uma parte rural da Índia. Como médico militar, Daddy estava sempre mudando de posto depois de alguns anos para cuidar dos soldados e estabelecer novas unidades médicas, geralmente a partir do zero.

— Uma vez por semana — Papa lembrou, quando lhe pedi para contar a história de novo —, aos domingos, Daddy abria a clínica e permitia a entrada de quem quer que precisasse de assistência médica ou algum aconselhamento.

— Ele deve ter tratado milhares de pessoas dessa maneira. Algumas tinham problemas simples — cortes ou feridas infeccionadas por causa das condições ou cuidados sem higiene, embora outras tivessem problemas complexos como jamais encontrei na minha experiência médica.

Foi nessa época, vendo Daddy cuidar nobremente de inúmeros aldeões, geralmente mudando suas vidas com a simples aplicação de um antibiótico, uma tala ou até mesmo com um conselho, que Papa e Chota Papa decidiram que queriam ser médicos. A influência de Daddy para que isso acontecesse foi profunda. Papa seria aclamado internacionalmente, mas as realizações de Chota Papa não foram pequenas. Ele teve uma carreira como médico, que culminou com o cargo de reitor de educação continuada na Harvard Medical School.

— E não era apenas Daddy — Papa lembrou. — Ma estava a seu lado. Como havia muita gente, e muitos vinham de longe, formavam-se longas filas e as pessoas tinham que esperar durante horas. Para que eles

sete

não ficassem com fome, Ma preparava grandes quantidades de comida e nós — Chota Papa e eu — servíamos enquanto Ma ouvia seus problemas. Juntos, nós formávamos uma grande equipe.

Anos depois, Daddy recebeu a notícia de que o exército iria transferi-lo para outra região.

— Arrumamos nossas coisas — não tínhamos muito e estávamos acostumados a viver nos lugares temporariamente — e fomos para a estação de trem. Chota Papa e eu adorávamos andar de trem porque Daddy nos levava para o teto do vagão de passageiros para vermos a paisagem. — Eu podia ver, por seu semblante nostálgico, que essas eram lembranças preciosas para meu pai.

— Quando chegamos na estação de trem, tivemos uma recepção surpreendente. Duas mil pessoas tinham vindo para se despedir. A maioria tinha trazido doces e presentes. Quanto mais esperávamos pelo trem — os trens indianos são notórios pelos atrasos —, mais pessoas apareciam até que toda a plataforma ficou lotada de gente.

— Quando finalmente subimos no trem e ele partiu, nós todos — Ma, Daddy, Chota Papa e eu — acenamos pelas janelas para toda a multidão. Ainda me lembro de ter visto dezenas e dezenas de pessoas estranhas chorando quando o trem deixou a estação. Tamanha foi a impressão de Daddy sobre eles.

Papa acenou a cabeça em sinal de admiração. — Jamais esquecerei isso.

POR ALGUM MOTIVO, eu ingenuamente presumi que Papa teria uma resposta para todos os problemas da vida. É claro que ele sabia como administrar a perda de uma pessoa querida. Ele não havia escrito um livro a respeito disso?

— Realmente escrevi — Papa lembrou. — Mas o fato de conhecer as regras não o torna um mestre do jogo.

De fato, quando Daddy faleceu — sem nenhum aviso ou problema de saúde —, Papa ficou emocionalmente abalado; entregou-se à tristeza e a um questionamento filosófico como nunca havia visto antes. Ele admitiu que foi a primeira vez na vida que sentiu insônia. Passava longas noites acordado questionando o sentido da vida, sua mortalidade e se voltaria a apaixonar-se por outra coisa novamente.

Ele deu de ombros quando lhe perguntei a respeito. Enquanto tentava impedir que Krishu brincasse com a comida, fiquei observando Papa. Poucas vezes na vida percebi aquele tipo de linguagem corporal. Seus ombros caídos, como se estivesse indeciso, e seus olhos não tinham a convicção costumeira.

— Acho que é apenas algo que eu tinha que enfrentar. A dor é um processo. Não existe outra maneira de lidar com ela.

Engraçado, eu pensei comigo mesmo, ao lembrar da resposta de Papa mais tarde. Eu esperava alguma coisa mais profunda, um truísmo criado na hora (com a costumeira marca Chopra) ou alguma citação de Rumi ou Tagore. Mas, quanto mais eu pensava a respeito, mais percebia que o *processo* que ele havia citado era o verdadeiro *insight* com que se deparara. E mais uma vez Papa e Cleo revelavam ter muito em comum, ouso dizer, uma certa sabedoria para lidar com o maior mistério humano: a morte.

DEPOIS QUE CANDICE E EU nos casamos, uma semana após a sua formatura na faculdade de medicina, nós fechamos nossos respectivos apartamentos em Nova York e nos mudamos com Cleo a tiracolo para Los Angeles, do outro lado do país. Depois de ter vivido sozinho por alguns anos em um apartamento em Berverly Hills, percebendo rapidamente

sete

que não era a vizinhança ideal para mim, procuramos outro lugar para começar nossa vida de casados. Para minha surpresa, Papa havia dado alguns bons conselhos.

Verifique se o banheiro da suíte principal tem duas pias — ele disse, sério. — E, se possível, procure viver perto da água ou das montanhas — ele acrescentou.

Depois de uma procura exaustiva e considerável análise do nosso orçamento, alugamos um apartamento que se enquadrava nesses dois critérios. Com grande emoção, assinamos um contrato de um ano para um pequeno apartamento de um quarto em uma rua minúscula de Santa Monica, a menos de um quarteirão da praia. Em parte, justificamos a escolha desse apartamento caro porque Cleo ficaria muito mais feliz levando uma vida confortável perto da praia. Como sempre fora um cão de cidade, ela deveria ter um pouco de sol e areia para aliviar o golpe de ter sido arrancada do seu meio urbano. A teoria não tinha nenhuma lógica; ainda assim, tornava mais fácil a tarefa de preencher o cheque todos os meses.

Outra atração do apartamento era a vizinhança. Na verdade, nós morávamos no segundo andar de uma casa estilo Craftsman, como todas as outras da rua, cada uma delas exalava charme e elegância. Havia um casal idoso que morava na rua há quase 40 anos e uma jovem atriz solteira que reconheci (para horror de Candice) de um filme que vi no Cinemax e um casal na faixa dos 30 anos que vivia da herança do pai da moça. Eles passavam o dia ensinando seus dois filhos, que estudavam em casa, e se tornaram pseudoembaixadores da nossa rua tranquila.

Nós descobrimos todos esses detalhes pelo envolvimento passivo com os vizinhos, geralmente em encontros estranhos e inconvenientes quando saíamos de casa antes ou depois do trabalho para levar Cleo para passear. Éramos basicamente nova-iorquinos frenéticos morando perto da praia. Estávamos sempre correndo de um lugar para outro e geralmente atrasados para alguma coisa; gastávamos praticamente tudo o que tínhamos

a sabedoria dos cães

para viver perto da praia, mas raramente, ou nunca, colocávamos o pé na areia. Para nós, os vizinhos eram como co-habitantes de um zoo. Podíamos morar uns ao lado dos outros, mas isso não significava que tivéssemos muito em comum além de (talvez) fazer parte da mesma espécie.

Cleo, por outro lado, rapidamente assimilou o novo entorno. Considerando que havia passado a vida inteira na selva de concreto da cidade de Nova York, isso foi realmente surpreendente. Mas a habilidade de Cleo para se adaptar facilmente ao meio ambiente era uma de suas qualidades mais fascinantes. Apesar de saber que os cães são criaturas de hábitos e rotinas — e Cleo era assim em muitos aspectos —, nesse sentido ela nunca revelou nenhuma resistência ou dificuldade. Nós a chamávamos de "urinadora de oportunidades iguais", pois, sempre que colocávamos os tapetes de seda indiana que minha mãe nos dera, Cleo fazia xixi neles. Fazendo isso, ela mais do que marcava seu território, marcava nossa casa. Aquele cheiro de urina misturado com o perfume de incenso tornou-se absolutamente familiar para nós. Fora isso, enquanto Cleo tivesse tigelas para comer e beber e uma caminha quente (quer dizer, a nossa) para dormir, seu mundo continuaria a girar no mesmo eixo.

Em termos de interação com os outros, inclusive os vizinhos, Cleo operava em um mundo relativamente em preto e branco. Dentro de casa — seu território — qualquer um que não fosse da família era um alvo. Mas ela era tão pequena e inofensiva que o objeto de suas agressões geralmente não percebia e rapidamente dobrava Cleo com afeto, que era sua criptonita mais evidente. Fora de casa, ou melhor, no mundo exterior, Cleo era exatamente o oposto. Extremamente amigável, sempre puxando na direção dos outros para poder cheirar e lamber qualquer pedestre. Isso porque Cleo havia descoberto que nas horas de maior movimento para os passeios com cachorros — início da manhã e final da tarde — muita gente levava agrados. Cleo sabia como agir para conseguir alguma coisa.

Primeiro ela se aproximava do alvo, cheirando cuidadosamente ao redor dos pés ou dos cachorros, balançando o rabo para que todos vissem

sete

que vinha em paz. Se mostrassem algum interesse, ela exibia seu charme erguendo o pescoço, olhando como se estivesse suplicando por afeto. Quando conseguia uma demonstração de carinho, ela dava o bote, rolando submissamente e mostrando a barriga para mais afagos. A essa altura, o alvo já estava dominado. O resto era pura formalidade: ela rolava de volta, sentava sobre as patas traseiras e olhava para cima com os olhos imensos. Se o alvo tivesse algum agrado para dar, podia ir embora.

Os outros cães, pelo contrário, não lhe interessavam muito. Considerando que os cachorros não carregavam sacolas com agrados, acho que isso não era de surpreender. É claro, como todos os cachorros, Cleo seguia a rotina obrigatória quando confrontada com outros cães — cheirando e examinando, às vezes brincando de "trançar as guias" se estivesse de bom humor —, mas em geral não demonstrava grande interesse por sua própria espécie.

Exatamente por isso que seu relacionamento com o cachorro do vizinho, Mocha, era tão especial. Mocha também havia sido resgatado de um abrigo e parecia ser uma mistura de labrador com, bem, alguma outra coisa. Tinha pelo menos o dobro do tamanho de Cleo, mas aparentemente era indisciplinado, singular e também inofensivo. Seu dono confessara que apesar de castrado nunca tinha sido treinado. Toda a sua energia parecia ter sido canalizada para uma necessidade frenética de brincar. Enquanto Cleo tinha toda uma rotina deliberada e muito bem planejada para conquistar toda a população de Santa Monica e obter um agrado, Mocha fazia exatamente o oposto. Ele fazia o gênero surfista, feliz com a diversão ao sol.

O mais notável, no entanto, era a forma como Mocha interagia com Cleo. Apesar de não conseguir deixar de ser brincalhão — mesmo quando ele se acalmava perto de Cleo, dava pra ver o brilho em seus olhos —, com Cleo ele entrava na linha. De alguma maneira, em algum momento que eu certamente não vi, ela havia se afirmado como o alfa e Mocha aceitava sua liderança.

a sabedoria dos cães

Quando eu voltava com Cleo dos nossos passeios, Mocha estava esperando do lado de fora da casa, balançando o rabo furiosamente quando a via. No início, deixávamos os dois brincarem juntos no mesmo quintal, pulando, esfregando os focinhos, correndo um atrás do outro em círculos e se cheirando. Com o tempo, à medida que se aprofundou a amizade, nós e os vizinhos deixávamos os dois juntos mesmo quando estávamos no trabalho ou quando saíamos. Era um novo papel para Cleo, a de líder do grupo. Ela parecia gostar. Aonde quer que fosse, Mocha ia atrás. Quando decidia tirar uma soneca à tarde, Mocha ficava de olho. Ela fazia o mesmo. Ele foi o único cachorro que Cleo permitiu que comesse ou bebesse das suas tigelas de comida e água. Eles tinham sido feitos um para o outro.

Essa situação nos deixava muito satisfeitos. Vivendo em um apartamento que na verdade estava acima das nossas possibilidades de recém-casados, Candice e eu estávamos nos dedicando seriamente às nossas vidas profissionais. Fazendo residência médica, Candice vivia de um hospital para outro, às vezes trabalhando até muito tarde. Como eu também estava trabalhando muito, nós quase não nos víamos em casa depois do trabalho e, quando eu voltava depois de ter levado Cleo para o passeio da noite, Candice já estava dormindo.

Quem realmente sofria com isso era Cleo. Nós queríamos passar mais tempo com ela, mas a realidade de nossas vidas não permitia. O fato de ter encontrado um amigo em Mocha foi um presente de Deus para todos. Na prática, era uma preocupação a menos em nossa vida obsessiva, sabendo que Cleo parecia estar bem. Imaginamos que poderíamos nos sentir menos culpados em relação a ela.

Mas então aconteceu uma coisa estranha. O humor de Cleo mudou. No início, como estávamos acomodados em um padrão confortável, foi difícil dizer exatamente o que havia acontecido. Mas percebemos pequenas coisas. No fim de semana — quando realmente ficávamos com ela e fazíamos longas caminhadas pela ciclovia ao longo da praia — Cleo parecia letárgica e ficava tentando se soltar da guia e voltar para casa.

sete

Estava dormindo mais e com mais frequência. Quase não comia, não se interessava nem pelos agrados que oferecíamos a ela. Quando eu tentava brincar, pulando na sua frente ou mudando o tom de voz para que ela reagisse, ela ficava me olhando passivamente.

O mistério durou uma semana, e então Candice teve uma revelação.

— Onde está Mocha?

Olhamos pela janela para o quintal do vizinho e não o vimos. Nem mesmo na casa parecia haver sinal dele. Logo ficou claro que como péssimos vizinhos não havíamos percebido que Mocha não estava mais ali. Quando perguntei envergonhadamente ao meu vizinho o que tinha acontecido, ele me disse com lágrimas nos olhos que Mocha tinha falecido dez dias antes por causa de uma doença congênita. Ele morrera em paz e sem dor durante a noite, sugerindo delicadamente que talvez por isso nós não tivéssemos percebido.

Ofereci meus pêsames e voltei para casa, onde Candice estava sentada acariciando Cleo, deitada em seu colo. Como não estava familiarizado com a depressão canina, consultei imediatamente alguns especialistas (na internet) e confirmei que Cleo apresentava todos os sintomas.

Como os humanos, os cães choram a perda dos entes queridos. Na verdade, sob alguns aspectos, o luto entre os cachorros é ainda mais intenso e mais concentrado do que entre os humanos. Talvez por não terem tanto com o que se preocupar. Não precisam chegar ao trabalho na hora, voltar para casa para jantar com as crianças, cuidar do casamento, ou pagar o aluguel. Podem se entregar à emoção, mergulhar profundamente. Se você já teve contato com um cão deprimido — como Cleo ficou depois da morte de Mocha —, então já viu como as emoções podem ser envolventes. Cleo ficou completamente abatida. Suas orelhas, seu rabo, os olhos — tudo o que podia ser afetado pela lei da gravidade caiu. Todo o seu ser se curvou, como que solidário ao seu espírito.

Igualmente notável, no entanto, foi como Cleo se recuperou da tristeza. Alguns dias depois — cerca de duas semanas após a morte

a sabedoria dos cães

de Mocha — acordamos com Cleo em cima de nós. Assim que viu meus olhos se abrirem, ela abanou o rabo vigorosamente. Eu tentei virar e voltar a dormir, mas era tarde demais. Cleo sabia captar esse momento. Ao ver que eu estava acordado, ela pulou para o chão e começou a andar ao lado da cama, rosnando para mim ansiosamente.

— Está certo, Cleo, está certo — eu disse, colocando os pés no chão. Agora era pra valer, ela percebeu o que iria acontecer. Sairíamos para um passeio. Ela latiu animadamente, balançando o rabo com força.

Candice sentou na cama e ficou olhando para ela com um sorriso.

— O que foi? — eu perguntei, esfregando os olhos para afastar o sono.

— Nada — Candice falou, balançando a cabeça. — Só que Cleo voltou.

Sem dúvida, Cleo estava de volta. Enquanto andávamos pelo quarteirão, ela me puxava em direção a qualquer coisa que despertasse sua curiosidade — uma lata ou garrafa, uma batata frita, um pedaço de chiclete — para poder examiná-la como se fosse a coisa mais fascinante do planeta Terra. Quando encontramos outros madrugadores, Cleo mostrou que estava em plena forma, ou pedindo algum agrado ou enroscando sua guia com a dos outros cachorros.

Eu fiquei me perguntando o que teria acontecido. Como Cleo havia feito a transição do seu eu triste para seu eu brincalhão de sempre? Fiquei observando atentamente quando nos aproximamos de casa, curioso para saber qual seria a reação diante da casa de Mocha. Sem dúvida, ao nos aproximarmos do portão, Cleo fez um caminho mais curto até a cerca que separava nossa casa da de Mocha. Ela pressionou o nariz contra a base da cerca. Aquele era o lugar em que Mocha faria o mesmo do outro lado da cerca, onde os dois trocavam sinais de reconhecimento. Dessa vez, é claro, Mocha não estava do outro lado, mas olhando para Cleo não dava pra dizer. Ela balançava o rabo e cheirou com força uma ou duas vezes. De repente, levantou-se e afastou-se, em direção à nossa casa e para nossa rotina.

sete

Nossa vida seguiu em frente. Candice e eu retomamos nossa rotina de trabalho e Cleo, de brincadeiras. Ainda assim, eu preferia pensar que Mocha não tinha simplesmente desaparecido da consciência de Cleo e seu tributo a ele todas as vezes que voltávamos de nossos passeios pareciam confirmar isso. Mas parecia que à sua própria maneira, Cleo havia lidado com a dor pela perda do amigo, havia sofrido e de certa forma resolvido para poder seguir em frente.

Mesmo na morte de um amigo, Cleo parecia ter tido aquela mesma clareza de emoção. Seu envolvimento com o mundo e todas as emoções vinculadas a ele eram imbuídas de uma facilidade e uma naturalidade realmente admiráveis. Honrando a morte, ela havia encontrado uma nova vida, e nós tínhamos nossa adorável, louca e brincalhona Cleo de volta.

A MORTE RARAMENTE É ESPERADA. Mesmo nos casos em que chega depois de algum aviso, como o diagnóstico de um médico ou algum pressentimento. Depois de voltar do *brunch*, preparei um café enquanto sentávamos no quintal dos fundos para ver Cleo e Krishu brincarem na pequena casa de plástico que havíamos construído recentemente. Os dois podiam passar horas nessa atividade, Krishu correndo atrás de Cleo em círculos, enquanto ela balançava o rabo e mantinha uma distância segura para não se arriscar a ser realmente alcançada por ele. Como ele ainda não tinha controle total sobre o corpo, Cleo era inteligente o bastante para não deixar que ele colocasse suas garras sobre ela. Nesse momento, quando passavam pelo canto no fundo, onde nosso jardineiro havia colocado árvores frutíferas sobre a plataforma de pedra, Cleo parou de repente. Alguma coisa nos arbustos havia chamado a sua atenção. Ela saiu do caminho e enfiou a cabeça nas folhas; de repente o tom do latido mudou. Eu percebi que havia algo de errado e levantei da cadeira correndo. Ao

a sabedoria dos cães

chegar perto deles, puxei Krishu para trás e o afastei; depois olhei para onde Cleo estava espiando.

— O que foi, Cleo?

Quando ela recuou, pude ver o corpo de um pássaro morto no chão, escondido por algumas folhas. Assim que vi e entendi o que era, Krishu também viu.

Papa apareceu atrás de nós.

— O que foi?

Apontei para o pássaro e ficamos ali parados por alguns instantes. Foi Krishu quem quebrou o silêncio.

— Papa, o que aconteceu?

"O que aconteceu" foi uma das primeiras perguntas que Krishu aprendeu a formular.

— Se pensar bastante a respeito, verá que é a pergunta fundamental de toda a existência — Papa observaria depois. — O universo é um encadeamento sofisticado de acontecimentos sincronizados. Aconteceu.

Esse foi o primeiro contato de Krishu com a morte. Só em *Kung fu panda* ele tinha visto essa noção, mas, quando o mestre Oogway a encontra, ele o faz com considerável pompa e circunstância, com seu corpo desaparecendo em um redemoinho de pétalas de rosas. Ninguém precisava questionar o que acontecia em seguida.

Afastei Krishu e mandei que Cleo se afastasse também. Mas Papa continuou olhando para o pássaro sem vida com uma fascinação comovente.

— Deixe que ele veja — ele disse. — A morte é uma região misteriosa, fronteira de onde nenhum viajante retornou.

— Isso é assustador.

— É Shakespeare.

— Papa, ele tem 2 anos.

— A morte espreita todos nós. Nunca é cedo demais para encontrá-la.

Krishu ficou olhando para o corpo do pássaro, confuso. A morte definitivamente não fazia parte de seu vocabulário, nem verbal nem

sete

conceitualmente. Eu podia ver que ele tentava processar e entender aquilo que acabava de testemunhar. Por fim, eu o peguei no colo e o levei para dentro de casa.

Mais tarde naquela noite, depois que consegui convencer meu pai de que era muito macabro citar Shakespeare para seu neto de 2 anos para falar da morte, nós nos sentamos na sala para assistir ao noticiário.

Cleo estava no meu colo, os olhos sem expressão fixos na luz da TV. Sempre me perguntei o que exatamente chegava ao seu cérebro enquanto ela ficava diante dos sons e das imagens da televisão. Ela costumava ficar com o olhar fixo nos melhores jogadores de pôquer. Se ficava emocionalmente perturbada — triste ou com raiva — com a notícia de outro bombardeio nas ruas de Cabul ninguém sabia.

— Cleo não é vítima da alucinação do condicionamento social. Não é refém das mesmas regras e rituais que nos mostram como devemos celebrar a vida ou comemorar a morte.

— Você quer dizer que ela não é enganada pela Matrix?

— O quê? — Papa olhou para mim, confuso.

— Nada.

Ele prosseguiu, determinado:

— Uma das maiores qualidades de Cleo é justamente sua "caninidade". Ela não é atormentada pela angústia de ser humana, pelas dúvidas, pela ambição, pela culpa, pelo sentimento de que existe um *darma* maior para sua existência ou sua morte.

— Mesmo diante da morte, ela não avalia. Reage.

Contei a história de Cleo e Mocha para Papa, falei da aparente depressão que ela teve após a morte do amigo e da súbita reação.

— O luto é um processo. — Papa tamborilou com os dedos no sofá. — Seus estágios incluem e negação, a raiva, a frustração, a resignação, a aceitação e a rendição — e, se tudo isso for bem resolvido, a superação.

— A maioria das pessoas fica tão envolvida com suas atividades e obrigações que não consegue vivenciar todo o processo. E então elas

a sabedoria dos cães

jamais se recuperam da perda de um ente querido. Ficam emocionalmente desgastadas, fiapos de dor e perda na sua existência diária.

Um silêncio caiu entre nós.

— Acho que Cleo tem algo único, ela está em contato com seus sentimentos, não se distrai com outras obrigações, como nós. Quando Mocha a deixou, ela vivenciou o processo, navegou pelos estágios de suas emoções e alcançou sua própria superação. Há uma sabedoria nisso.

— Saber a maneira certa de lidar com as circunstâncias certas no momento certo — eu acrescentei.

Papa sorriu. — Exatamente.

— Parte do nosso desconforto com a morte vem do fato de nos lembrar da impermanência de nossas próprias vidas. Para a maioria das pessoas, a mortalidade é seu grande medo e a morte de uma pessoa querida é também a morte de uma pequena parte do *self*.

— Cleo e os cães em geral são intensamente fiéis aos seus donos. Mas também têm um grande senso do *self*. Reconhecem os limites entre eles mesmos e os outros, mesmo que no nível emocional se não no nível intelectual e consciente. Na verdade, é uma coisa muito bonita, porque permite que criem um vínculo com as pessoas, intuindo o clima emocional que as cerca, enquanto continuam em contato com seus próprios sentidos. É realmente fantástico — algo a se aspirar.

— E quanto a você, Papa? — eu o interrompi, enquanto ele se maravilhava mais uma vez com a inteligência emocional de Cleo. — Você já superou a morte de Daddy?

Papa ficou em silêncio, pensando. A morte é realmente complicada.

Ele respirou profundamente, a emoção subindo aos olhos.

— Estou fazendo o melhor que posso.

oito

— *Qual é a coisa mais importante que eu deveria ensinar a Krishu?*
— *A coisa realmente importante é que ele deve ser ele mesmo. A pessoa que está em contato consigo mesma e confortável com quem é irradia humanidade simples e sem afetação. Não há nada mais cativante ou mais charmoso ou mais evoluído do que a não necessidade de usar uma máscara social. Essa humanidade simples e sem afetação ou o conforto com sua própria identidade permite que a pessoa se comporte espontânea e naturalmente e enfrente os desafios da vida com alegria, coragem e confiança, independentemente do que cruze seu caminho.*

FAZIA TEMPO QUE NÃO TÍNHAMOS NOTÍCIAS DE MINHA MÃE. Considerando que durante toda a minha vida nos falávamos várias vezes ao dia, eu sentia um estranho alívio com aquele silêncio. Para mim, significava que não havia nenhuma notícia importante, que Nana estava se recuperando. Aquilo tudo mudou quando recebi um telefonema de meu pai.
— Você tem falado com sua mãe?

— Não. Já faz alguns dias. Por quê?

Pausa.

— Não consigo falar com ela.

Ele parecia preocupado. Eu conhecia muito bem esse tom de voz, especialmente porque se tratava do meu pai tentando falar com minha mãe. Não deixava de ser curioso, para um homem que passava tanto tempo viajando para lugares distantes. Papa gostava de saber onde estava minha mãe e ficava paranoico quando ficava mais de duas horas sem falar com ela, mesmo quando não tinha nada de especial para dizer.

Sim, "duas horas", a duração média de um filme. Essa sempre foi uma questão importante no casamento de meus pais. Minha mãe adora assistir a filmes e meu pai odeia quando não consegue falar com ela sempre que quer. Mesmo assim, apesar desse desafio enorme eles insistem.

— Tenho certeza de que está tudo bem — eu garanti a Papa. — Quer dizer... se não estivesse, ela teria ligado.

— Sim. Você está certo.

Mas, ao desligar o telefone, eu é que fiquei preocupado. Tentei falar com mamãe no celular, mas, como era de esperar, ela não atendeu. Fui dormir naquela noite com um mau pressentimento na boca do estômago. Passava da meia-noite quando o telefone tocou. Era minha mãe.

— Está tudo bem? — eu perguntei, antes que ela pudesse dizer qualquer coisa.

— Nana voltou para o hospital — ela respondeu.

Eu não sabia o que dizer.

— Ele não estava se sentindo bem, não conseguia sair da cama e ficou tonto. Pode ser apenas desidratação, mas... — sua voz ficou suspensa no ar.

— Mas o quê? — eu queria colocar para fora, mas não pude, senti que minha mãe não queria falar mais nada.

— Estão fazendo alguns exames — ela disse. — Eu queria saber exatamente o que está acontecendo antes de telefonar, mas pode demorar ainda alguns dias.

oito

Ela estava estressada. Estava insegura e cercada por uma nuvem de angústia.

Eu queria dizer alguma coisa tranquilizadora, mas não consegui encontrar as palavras. Conversamos por mais alguns minutos; eu contei a ela algumas histórias a respeito das conquistas de Krishu. Mamãe falou dos parentes na Índia. Mas não era apenas a dúvida sobre a saúde de Nana. Havia o fato de estar longe de casa, de seus netos, que haviam se tornado sua âncora. De Papa. Ela perguntou por ele.

Mamãe disse que telefonaria assim que tivesse alguma novidade a respeito da saúde de Nana. Ela me disse para dar um grande beijo em Krishu e depois me desejou boa noite. Eu me virei e dei o beijo no meu garoto adormecido ali mesmo. Mas não conseguia dormir. Na verdade, passei a noite inteira me virando de um lado para outro, o que era uma coisa muito ruim, considerando o que me esperava:

DIÁRIO DE BORDO 1º/8/2009

A cachorra levanta às 4h46.

O bebê levanta às 4h47.

O bebê faz xixi no chão do quarto.

A cachorra faz cocô no chão do quarto de brinquedo.

O bebê faz xixi no chão do banheiro.

O bebê e a cachorra brigam por causa de uma salsicha.

A cachorra vence.

O bebê chora.

Papa (Deepak) levanta e decide caminhar até a Starbucks.

O bebê faz xixi no chão da sala.

A cachorra dorme.

O bebê quer mamãe.

Papa (Gotham) está exausto.

a sabedoria dos cães

COMO PAI DE UM BEBÊ, descobri que as manhãs de segunda eram as novas noites de sexta. Não havia outro dia da semana que eu aguardasse mais do que as manhãs de segunda-feira, quando nossa maravilhosa babá chegava às 9 horas da manhã para tirar Krishu de nossas mãos. Depois de um fim de semana seguindo a interminável rotina de entreter e limpar o garoto e o que ele fazia, eu esperava pelas manhãs de segunda como um condenado que espera o telefonema suspendendo a sentença.

Eu não estava sozinho nisso. Nas segundas de manhã, eu notava em Candice uma agilidade maior no passo, uma energia renovada para ir ao escritório o mais rápido possível. O que explica por que, quando a tempestade perfeita nos atingiu naquela manhã de agosto, não havia uma quantidade suficiente de pirulitos (a criptonita de Krishu) que pudesse afastar meu dia do juízo final Lex luthoriano. Na noite anterior, nossa babá telefonara para dizer que não estava se sentindo bem e talvez não conseguisse vir trabalhar. Como aquele foi o infame verão do H1N1, nós lhe dissemos para ficar em casa. Enquanto isso, Candice foi chamada às pressas ao hospital às 4 da manhã para ver um paciente que se envolvera em um acidente de carro. Com isso, a manhã de segunda ficou por minha conta. Sinal do apocalipse.

Eu sempre acreditei que pegaria esse "negócio de pai" assim que me tornasse um. Do meu ponto de vista, até então tudo bem. Cleo e Krishu estavam vivos e aparentemente bem. Eu me orgulhava muito dessa abordagem porque contrastava com a filosofia mais arregimentada de minha mulher. Em outras palavras, eu tinha que ser o cara bacana, papel que eu acreditava desempenhar muito bem e que fazia muito bem à minha autoestima, mesmo que fizesse minha mulher me odiar de vez em quando. A desvantagem é que ela se divertia nos momentos em que sabia que sua abordagem

oito

mais rigorosa não estava disponível para contrabalançar com minha técnica mais *laissez-faire*. Ela sabia melhor do que ninguém que, se ficássemos por nossa própria conta, especialmente nos momentos mais importantes em que Krishu e Cleo se aferravam aos seus rituais e a uma rotina consistente, o colapso seria inevitável. E eu teria que provar do meu próprio veneno.

A presença de Papa nas últimas semanas tinha acrescentado uma nova energia a essa mistura. Cleo, em especial, olhava-o com um misto de afeto e desconfiança. Papa, por sua vez, era mais uma pessoa a quem podia pedir um agrado, que podia levá-la para um passeio e a quem podia estudar como a experiente antropóloga em que havia se transformado. Como Papa não estava habituado aos seus métodos, ela podia manipulá-lo, explorando suas fraquezas no ambiente doméstico.

Mas havia uma desvantagem para ela. Papa poderia ser um alvo fácil para agrados, mas não estava habituado aos seus rituais e rotinas. Por exemplo, quando Cleo se aconchegava junto a ele, como estava acostumada a fazer com qualquer corpo quente, ele geralmente mudava de posição depois de algum tempo. Ela reagia a isso com uma mistura de confusão e irritação. Por que ele não queria que seu odor se misturasse com o dela? E por que estava lhe negando seu calor corporal?

Cleo entendia a mensagem. Ela ia para outro lugar e fazia tudo o que costumava fazer quando Papa a menosprezava, mas acabava voltando e tentando de novo. Sem vergonha. Sem mágoas. Se você não consegue na primeira vez...

Essas rotinas não se limitavam a Cleo e a Papa. Faziam parte de todos os relacionamentos na casa, especialmente entre Krishu e Cleo. Enquanto Krishu derrubava inúmeras barreiras no desenvolvimento físico, cognitivo e emocional — descobrindo seus limites, aprendendo a se expressar por meio da linguagem, administrando sua própria coordenação —, Cleo ia mudando seu comportamento em torno disso. Não se tratava apenas de estar atenta, manter o espaço físico, ou planejar fugas rápidas; tratava-se de calibrar suas emoções e reações em relação a ele.

a sabedoria dos cães

Nossos fins de semana tinham se transformado em infindáveis sessões de terapias que envolviam negociar disputas entre Krishu e Cleo, separar os dois, advertir, reunir — enxaguar, ensaboar, repetir. O aspecto mais fascinante desse carrossel era que Krishu e Cleo pareciam não se cansar. Por mais que as coisas esquentassem; por mais lágrimas, ganidos, tapas que houvesse, depois de alguns minutos eles recomeçavam tudo.

Quando Papa finalmente voltou do passeio até a Starbucks — ele havia desaparecido por uma hora —, testemunhou em primeira mão outra interação comum entre Krishu e Cleo. Enquanto Krishu tomava seu café da manhã — *waffles* com calda —, Cleo ficava sentada aos seus pés esperando que ele lhe desse um pedacinho. Mas Krishu estava concentrado na TV e não dava sinais de que daria qualquer coisa a Cleo. Ela sabia disso e passava por trás dele para tentar tirar um pedaço do prato. Tentar não, Cleo estava decidida a pegar seu pedaço de *waffle*.

Ela não tinha nenhuma vaidade em relação à técnica, nem pretendia mostrar algum estilo. Nesse sentido, era uma espartana. Para Cleo, tratava-se apenas de fazer o trabalho, levar a mercadoria para a casa. Com as patas traseiras plantadas firmemente no chão, as patas dianteiras empoleiradas na mesinha de Krishu, ela se posicionava para o alvo principal, mantendo equilíbrio suficiente para manobrar caso ele a pegasse.

Ele pegou.

Tempo, como dizem, é tudo. Entre uma mordida e outra, Krishu estendeu o braço para pegar mais um pedaço de *waffle* e encontrou a cabeça peluda de uma ladra de *waffles*.

— Solta meu *waffle* — ele gritou.

Cleo desafiou.

Insulto.

Uma das conquistas recentes de Krishu, apesar de estarmos sempre repetindo que dividíamos tudo em casa, era um grande senso de posse. Nas últimas semanas, "meu!" havia se tornado uma expressão constante. E não era apenas o *waffle*. Eram os brinquedos, as roupas, os móveis e até

oito

as pessoas. Seu complexo de Édipo emergira com tudo, pois Candice tinha deixado de existir em qualquer outro contexto. Ele detestava que eu me referisse a ela como "minha mulher". Ela era "sua" mãe, "sua" mulher, "sua" tia, "sua" filha, "sua" amiga, ou o que mais pudessem dizer.

Voltando ao *waffle*: o objetivo de Cleo de pegar e fugir estava comprometido. Ela tinha sido pega e não tinha como se defender. Nessas situações, Krishu adotava o estilo talibã. A punição era severa, dura e rápida. Nesse caso, ela também não tinha espaço para se mexer. Atraída pelo fruto proibido, Cleo não havia calculado todas as possibilidades. Não tinha uma rota de fuga. Ao passar por trás de Krishu, ela se colocou entre a parede, o sofá, a mesa e ele. Estava encurralada.

— Meu *waffle*! — ele gritou, pegando o pedaço que estava na boca de Cleo.

Mostrando sua agilidade, ela se esquivou dele. Foi um movimento impressionante, mas temporário. Porque ela ainda não tinha para onde ir: estava encurralada e sabia disso.

Ele tentou pegar o *waffle* de novo, dessa vez com mais força. Como ainda não dominava sua própria anatomia, errou o alvo e colocou a mão no nariz de Cleo. Candice e eu estávamos mais atentos às agressões de Krishu contra Cleo, fazendo o possível para neutralizar a situação e/ou acabar com o problema sempre que podíamos. Mas de vez em quando a lei da selva imperava e a violência física tomava conta da casa. Não era algo bonito, nem algo de que nos orgulhássemos. Mas dizíamos a nós mesmos que a vida nas ruas de Santa Monica nem sempre era fácil. Era a sobrevivência dos mais fortes.

Krishu e Cleo iam às vias de fato, mas no final a habilidade de Cleo na luta pela sobrevivência acabava vencendo. Após a épica batalha, Cleo saía mancando com um gemido triunfante e Krishu irrompia em um choro arrasado e envergonhado.

Papa, testemunha desse acontecimento dramático, ficou sem palavras. Mas não por muito tempo.

— É *leela* — ele anunciou, descrevendo o relacionamento entre Krishu e Cleo. Além de ser o nome da irmã mais velha de Krishu, filha de Mallika, *leela* significa "brincadeira do universo".

— Mais especificamente — Papa falou, acenando com a cabeça — representa a dança de toda a criação, o cosmos inspirando e expirando, a interação de tudo e de todos no universo.

— Como assim? Eu perguntei enquanto consolava Krishu, prometendo a ele que iria preparar algumas salsichas de peru.

— Porque... — Papa apontou para Cleo, que havia engolido o *waffle* que conseguira pegar. Seu rabo se movimentava com energia renovada enquanto voltava lentamente para brincar com Krishu de novo.

— Cleo, como o universo, não guarda mágoas. Ela sabe perdoar e evoluir.

APESAR DE SER DIFÍCIL lembrar como era a vida antes da interminável tempestade da paternidade, houve um tempo em que Candice e eu tínhamos uma vida mais agitada. Alguns anos após nosso casamento, depois que ela terminou sua longa formação em medicina em Los Angeles, decidimos passar alguns meses na Índia. Não foi uma decisão fácil, mas nos parecia o momento certo. Candice tinha completado quase uma década de estudos e o próximo passo seria arrumar um emprego e começar a trabalhar. Nós sabíamos que, depois que ela começasse a trilhar esse caminho, seria difícil sair fora. Enquanto isso, eu tinha criado uma empresa de mídia com dois amigos. A sede da empresa ficava na Índia, que eu visitava praticamente todos os anos desde que nasci, mas onde nunca tinha passado muito tempo quando adulto. Para mim, a Índia era a terra de meus pais, onde meus avós viviam, onde meus antepassados tinham lutado. Não era exatamente um lugar onde eu me sentia em casa, mas era onde se

oito

encontravam as raízes da cultura e do pensamento que norteavam minha vida. Se havia um momento para realmente conhecer a Índia mais intimamente, era esse. Tínhamos apenas um problema: Cleo.

Cleo tinha se transformado em acessório e companheira. Era a terceira roda da engrenagem e nossa melhor amiga. Ainda assim, apesar de nossos sentimentos por ela, nós sabíamos que era agora ou nunca com a Índia. Certamente não tínhamos intenção de mudar para lá para sempre, mas também não queríamos ter um prazo determinado para a volta. Até então, a Índia havia sido uma terra de obrigações. A maioria das nossas visitas foi para participar de casamentos, compromissos que duravam um fim de semana inteiro e que envolviam uma festa atrás da outra, ritual após ritual e que impediam que fizéssemos qualquer outra coisa, principalmente sair de Nova Délhi, onde morava minha família.

Dessa vez, porém, Candice estava entusiasmada com a ideia de conhecer outras partes do país, fazer peregrinações a locais sagrados, visitar as regiões rurais e outros locais exóticos nas montanhas do norte, os desertos do leste e as cidades litorâneas no sul. E eu queria não apenas liberdade para me concentrar no trabalho e na nova empresa, mas também para entrar em contato com a alma da Índia. Para mim, a Índia não era apenas a terra dos meus ancestrais; com o passar dos anos, compreendi que seu folclore, sua cultura e suas tradições eram uma parte dinâmica do meu próprio ser. Havia partes de mim mesmo que eu estava descobrindo pela simples familiarização com a história e a cultura indianas. Eu queria mais. Era uma ferida em eu queria tocar.

Antes de partirmos para nossa viagem, fomos até Atlanta para deixar Cleo com a mãe de Candice. O encontro delas foi outro exemplo curioso de reconhecimento familiar. Apesar de ver a mãe de Candice poucas vezes, mais ou menos de seis em seis meses, Cleo tinha criado um vínculo com ela que desafiava qualquer explicação — ou pelo menos minha capacidade amadora para fazer isso. Nesse caso, não houve um período de reconhecimento ou familiarização entre elas. A exuberância imediata

a sabedoria dos cães

de Cleo ao ver a mãe de Candice só se comparava à que exibia quando ela e Candice se reencontravam depois de algum tempo separadas. Ela balançava o rabo freneticamente e dava pulinhos como se não conseguisse controlar seu entusiasmo. Por fim, como sempre fazia apesar de termos tentado adestrá-la para não fazer isso, ela se apoiava nas pernas traseiras e agarrava-se à minha sogra, tentando lhe dar o máximo de lambidas e beijos que pudesse. Esse foi precisamente o motivo que nos fez decidir que a mãe de Candice era a única pessoa com quem poderíamos deixar Cleo. Ela teria todo o conforto em Atlanta. Poderiam passear algumas vezes por dia. Comer nos cafés a passear pelos parques. E, à noite, Cleo não teria que ficar em um canto reservado para ela, algo que não a interessava; poderia ficar na cama principal, como em casa. Na verdade, nós pensamos, Cleo talvez ficasse ainda melhor com esse arranjo. Nós estávamos tão preocupados com nossas próprias vidas nos últimos tempos que já não passávamos tanto tempo com Cleo. Seus passeios já não eram excursões pela vizinhança, mas voltinhas rápidas para que ela fizesse o que tinha que fazer. Em Atlanta, Cleo teria a atenção exclusiva da mãe de Candice, que tinha acabado de se aposentar e ainda estava pensando no que faria para ocupar seus dias. Estávamos matando dois coelhos com uma cajadada só. Elas ficariam felizes por terem uma à outra.

Pelo menos foi isso o que dissemos a nós mesmos.

Como era de se prever, Candice articulou a questão melhor do que eu, perguntando-se em voz alta se deveríamos cancelar tudo. Se o nosso entusiasmo com a grande aventura não ficaria comprometido com um peso emocional e um sentimento de culpa. Nós dizíamos que a amávamos tanto. Mesmo assim, lá estávamos nós, abandonando-a sabe-se lá por quanto tempo para vagar pela Índia. Será que faríamos isso se fosse um filho? Definitivamente não. Mas lá fomos nós, vergonhosamente excitados com nossa aventura indiana.

Embora esse misto de tristeza e alegria se mexesse dentro de mim como as ondas do mar, indo e vindo, indo e vindo, lá no fundo eu sabia que essa era a coisa certa para nós naquele momento.

oito

— Sim, Candice — eu declarei numa bravata. — Temos que ir. E temos que deixar Cleo. Ela ficará bem.

Muitos dias depois, quando finalmente embarcamos no avião para a Índia e nos amontoamos em nossos lugares apertados, Candice virou para mim e perguntou:

— Você acha que ela está com raiva de nós?

Durante alguns dias, eu me fiz a mesma pergunta. Nós ficamos surpresos com a frieza e distância de Cleo em Atlanta. Quando eu a peguei para lhe dar um beijo de despedida, não ganhei sequer uma lambida. Foi muito estranho.

Mas, como percebi que Candice continuava dividida em relação à viagem, disse que ela estava imaginando coisas. Na verdade, a mãe de Candice havia garantido que Cleo estava bem. Que havia se adaptado à casa e que até obrigara o pai de Candice a sair da cama principal e ir para o porão, sinal de que estava se afirmando com confiança e conforto. Claro que nossa partida era estranha, mas raiva da família era algo que não fazia parte de seu repertório emocional.

Pensando bem, a única vez na vida em que vi Cleo com uma expressão de raiva ou maldade em relação a alguém foi na época em que Candice estava na faculdade de medicina. Ela ficou com raiva do cachorro da colega de quarto de Candice, Sampson, que era da mesma ninhada; ele vivia perturbando Cleo e comendo da sua tigela. Cleo, diante de todos os que estavam olhando, foi até a cama dele, agachou-se e fez xixi. Depois de Candice ter brigado com ela e ter lavado a cama do cachorro, Cleo fez xixi de novo.

Era uma atitude de provocação e raiva enervantes, mas fiquei realmente impressionado com sua disposição. Sampson tinha atravessado algum Rubicão, e ela estava avisando que não iria deixar barato. Para um cão que costumava deixar passar tudo, era bom saber que ela tinha limites sagrados. Nessa época, concluí que Cleo era mais do que capaz de entender certos acontecimentos e agir de acordo com as emoções se ficasse muito mexida.

a sabedoria dos cães

Mas não podia acreditar que Cleo fosse capaz de dirigir essa mesma raiva contra nós, e muito menos de guardar alguma mágoa enquanto estivéssemos fora. Apesar de todo o respeito que tínhamos por nossa cachorrinha, esse tipo de vingança emocional e complexidade cerebral certamente parecia estar além dela.

Garanti a Candice que Cleo ficaria bem sem a mãe e que deveríamos manter o entusiasmo com a viagem que tínhamos pela frente. Havíamos decidido fixar nossa base em Bangalore, uma cidade movimentada no sul da Índia, onde ficava a sede da minha empresa. Como a minha família era do norte, eu não conhecia muito bem o sul do país, que parecia ter uma cultura bastante distinta. Candice também havia planejado uma série de passeios; alguns deles faríamos juntos, e outros ela pretendia fazer com amigos e parentes. Com tudo isso engatilhado, senti que precisávamos de uma tabula rasa emocional, sem o peso da culpa ou de dúvidas. Queria que Candice se libertasse completamente da rigidez da última década, quando sua vida fora regulada pelos rigores e prazos da vida acadêmica e do mundo da medicina.

Nesse sentido, tudo correu perfeitamente. Passamos cerca de seis meses na Índia. Consegui me concentrar na empresa, interagindo entre Bangalore e Mumbai como nunca tinha feito. Candice passou esses meses fazendo excursões a inúmeros templos e plantações de chá, safári pela floresta, peregrinação e até passou uma temporada observando o trabalho de médicos e trabalhando como voluntária em uma famosa clínica administrada por missionárias. Em resumo, fizemos tudo o que queríamos. Enquanto Candice fugia dos livros e das salas de pronto-socorro, nós precisávamos nos desintoxicar. Em Los Angeles, a vida havia se transformado em estresse total. Nossa energia estava tão tumultuada — eram tantos os motivos — que era difícil entender por que estávamos fazendo as coisas.

Papa tinha me dito um dia que a maioria das pessoas acabava "trabalhando muito em um emprego de que não gostavam para comprar coisas de que não precisavam para impressionar pessoas de quem não

oito

gostavam". Eu me vi fazendo isso antes que a Índia me permitisse refletir sobre o que era realmente importante para mim.

Durante os seis meses em que estivemos longe, telefonávamos para a mãe de Candice de vez em quando para saber como estava sua nova vida de aposentada e para ter notícias do resto da família. Mas o mais importante para nós era saber como estava Cleo. Ela dizia sempre a mesma coisa: Cleo estava feliz da vida.

Perto do final do nosso quinto mês na Índia, fizemos uma viagem de Bangalore até um vilarejo famoso pelos astrólogos Nadi que viviam ali. O Nadi é um dos inúmeros fenômenos escondidos em toda a Índia, uma terra onde a ciência e a espiritualidade convivem como em nenhuma outra parte do mundo. Atualmente, uma cidade como Bangalore alimenta e gera algumas das mentes mais brilhantes do mundo, mestres da física, da engenharia da computação e tecnologia, exportando-os para as empresas mais importantes do mundo. Ao mesmo tempo, parece que todos esses garotos — e a maioria deles ainda é realmente de garotos — vivem segundo códigos espirituais e religiosos que desafiam a ciência e as teorias que definem o resto de suas vidas. Eles mesmos não veem qualquer contradição entre as duas. No mínimo, são complementares: a mesma inteligência que orquestra o universo também anima seus mais profundos mistérios.

Os Nadi, uma seita de astrólogos descendentes de uma antiga linhagem, dizem que podem ler a sorte de todos os visitantes que os procuram. Ela vem escrita em velhas folhas de palmeira enroladas e guardadas em sete locais diferentes na Índia, um dos quais nós visitamos.

Funciona assim: cada visitante dá a sua impressão digital — os homens, da mão direita; as mulheres, da mão esquerda. Não é preciso dar nome, RG, CPF, número do passaporte ou qualquer outra informação oficial. Com base nessas impressões, os astrólogos Nadi pegam a folha correspondente (a cada indivíduo) e começam a ler a "história da sua vida".

Inacreditável?

a sabedoria dos cães

Pode apostar, e foi precisamente por isso que eu e Candice decidimos que precisávamos fazer essa viagem. Com um mistério tão espetacular cercando os Nadi, para não falar de todo o folclore de suas origens, eu esperava encontrar um cenário espetacular para essas leituras proféticas. Porém, mais uma vez, a Índia mostrou-se contraditória. Em vez de uma abadia mística, depois de várias horas de carro, encontramos um vilarejo empoeirado com fachadas decrépitas separadas por ruas estreitas e sujas. Os lendários leitores Nadi, que eu imaginava como místicos sábios com longas barbas e hábitos cor de açafrão, eram, na verdade, sadhus sonolentos que fumavam cigarros de *bidi* e falavam animadamente nos celulares. Estávamos acompanhados de um jovem tradutor indiano chamado Mishra. Era nativo da região, falava a língua e conhecia as estradas. Estava ansioso para agradar e conhecia a história e a cultura daquela parte da Índia. Reparando na minha expressão, ele sorriu.

— Parece a sua Disneylândia, não é?

Depois de nos oferecerem refrigerantes e sobremesas extremamente doces, fomos conduzidos até uma estrutura dilapidada de paredes amarelas onde ecoavam cânticos de um CD *player* portátil. Antes do início formal, Mishra nos informou que as leituras eram feitas em particular, com presença apenas do leitor, do visitante e do tradutor.

— Você nunca sabe o que há na folha. — Ele falou com um tom que revelava experiência. — Não são só os esqueletos do passado, mas também os do futuro podem estar escondidos no armário.

Eu não sabia muito bem como reagir a isso. Candice e eu éramos muito francos um com o outro. Nenhum de nós tinha segredos importantes escondidos no passado (pelo menos até onde eu sabia). No entanto, a ideia de segredos futuros sendo revelados dava um nó na cabeça. Acontece que essa era apenas a ponta do *iceberg*. Apesar de que nesse caso o *iceberg* estava em um vilarejo do sul da Índia.

Aqueles que estudaram os Nadi, Papa inclusive, explicam o fenômeno com uma mistura de terminologia mística e física quântica.

oito

— Dentro de cada indivíduo, está contida a memória genética de todo o cosmos. Existe uma arquitetura mais ampla do universo e tudo o que há nela se conecta com todas as coisas vivas.

Consciência, se você está contando em casa.

— Quando você extrai alguma informação de um indivíduo, é como uma representação holográfica de todo o organismo. Se souber como ler — e os Nadi sabem —, então faz todo o sentido que eles consigam ver o curso que cada vida tomará.

Faz sentido, certo? Existe, é claro, tanta coisa para tentar entender a respeito da natureza e mecanismos da astrologia, um sistema de profecias, adivinhações e ciência que tem fascinado a civilização humana praticamente desde a sua concepção. Será tão improvável sugerir que estamos costurados no tecido do universo, que existe uma conexão intrínseca entre o indivíduo e o cosmos? Essa é a premissa básica assumida pela ciência da astrologia. Acrescente a isso alguns rituais, cânticos aqui e ali, uma cerimônia que envolva alguma formalidade e acaba com algo como os Nadi. A mística e a mitologia que os cerca são ao mesmo tempo revigorantes e intimidativas. Foi por isso que, quando Mishra nos aconselhou a agir de determinada maneira, nós acatamos sua palavra.

Uma jovem que falava inglês se ofereceu para ser tradutora de Candice por uma pequena quantia, deixando-me com Mishra e seu sorriso onipresente.

Durante mais ou menos uma hora, ouvimos nossas respectivas leituras. A experiência nos deixou absolutamente boquiabertos. As folhas de palma eram extremamente precisas. Cada um de nós teve o nascimento e as circunstâncias que o cercaram (local, nomes dos pais, hora) corretamente identificados. O fato de os pais de Candice não terem nomes indianos — Joseph e Hyland — e terem sido corretamente (foneticamente) identificados na folha era incrível. Para mim, detalhes obscuros da adolescência, incluindo os inúmeros ferimentos na prática de esportes — dedos quebrados, torções, rompimento de ligamentos —, foram literalmente descritos.

a sabedoria dos cães

De fato, nossa experiência nadi foi tudo menos decepcionante. Juntamente com as revelações do passado, tivemos também profecias para o futuro, incluindo altos e baixos ligados ao trabalho, aos filhos e, sim, até mesmo à morte. Na verdade, seria preciso escrever um livro inteiro para mergulhar nos detalhes que cercavam as leituras, para não falar da mitologia e da mecânica que as cercava (incluindo, é claro, os muitos críticos que consideram os Nadi apenas como antigos mascates).

Uma das partes mais difíceis de acreditar foi quando o astrólogo leu uma parte específica da folha que teoricamente correspondia às minhas "vidas passadas". Teoricamente, essas identidades individuais que assumimos durante o curso de uma vida nada mais são do que papéis que desempenhamos temporariamente. Apresentam-se no palco e depois desaparecem no contexto maior. O verdadeiro eu é o que atua por baixo e é intemporal e imortal. Segundo a teologia hindu — e a astrologia nadi certamente segue a doutrina hindu —, a alma de um indivíduo vive inúmeras vidas por meio da reencarnação em busca de um aprendizado maior. O objetivo é chegar a um ponto em que esse ciclo de reencarnação não seja mais necessário, em que a verdadeira sabedoria é alcançada e a alma do indivíduo volta para o coletivo.

Foi nesse contexto que durante a leitura o astrólogo anunciou que eu era uma alma relativamente evoluída.

— Relativa em relação a quê? — eu perguntei.

— Sem perguntas — o leitor murmurou, irritado. Os astrólogos Nadi não aceitam perguntas. Eles leem o que está nas folhas, nada mais. Eles não se proclamam arquitetos do universo, apenas têm a habilidade de ler os desenhos. Meu leitor prosseguiu em tâmil, o dialeto do sul da Índia que eu não conseguia entender nada.

Depois de alguns instantes, meu tradutor virou-se para mim.

— Ele diz que você está fazendo um bom trabalho nesta vida. Está se aproximando do *moksha* — a libertação espiritual. Mishra assentiu com a cabeça em sinal de aprovação. — Bom trabalho.

oito

— Obrigado — eu sorri. Eu não sabia o que dizer. Quem não gostaria de ter seu cartão de estacionamento espiritual validado, mesmo sem certeza do significado disso?

— Ele diz — Mishra inclinou a cabeça de uma maneira que só os indianos conseguem, algo entre assentir e balançar a cabeça — para ouvir atentamente seu deus.

— Está certo — eu assenti com a cabeça, confirmando minha devoção. Meu deus? Eu perguntei a mim mesmo. Eu não era muito religioso. Se alguém me perguntasse cem vezes para que deus eu orava, eu provavelmente daria cem respostas diferentes. A temporada de beisebol com 162 jogos poderia confirmar isso, apesar de que, pela quantidade de vezes que eu tinha rompido acordos com deuses, jurando que não iria pedir nunca mais, talvez tivesse ultrapassado essa marca.

— Que deus?

Mais uma vez o astrólogo não esperou por Mishra.

— *D-O-G*[1] — ele olhou para mim com a testa enrugada.

Eu olhei para ele confuso.

— *Dog?*

— *G-O-D* — ele devolveu, ainda mais irritado.

— Está certo — eu acenei com a cabeça. — Mas você disse *D-O-G*. — Olhei para Mishra para confirmar. Ele me olhou sem expressão nos olhos.

— Sim — o astrólogo falou, acenando com a cabeça. — *Dog. D-O-G.* — ele repetiu e ficou me encarando.

Quando era criança, sempre fui péssimo nas brincadeiras de encarar. Mallika sempre me derrotava. Eu não tinha chance alguma contra aquele sujeito. Era como se ele estivesse canalizando os deuses. E parecia bravo.

Mas eu continuava confuso. Eu sabia o que tinha ouvido. Virei-me para Mishra de novo.

---

1. Aqui o autor faz um trocadilho entre as palavras GOD (Deus) e DOG (cão). (N.T.)

— Acho que ele disse *god*, mas depois soletrou *dog*, certo?
— Talvez o seu cão seja seu deus — ele sorriu para mim.
— Não a minha cachorra — eu ri. — Ela não sabe nem rolar.

Mishra ficou me olhando sem expressão. Ele não sabia do que eu estava falando e não se importava. Em seu mundo, eu era apenas mais um intruso na Disneylândia do misticismo indiano.

Mas eu tinha um pressentimento. Balancei a cabeça.

— Mishra, você pode perguntar a ele? Se ele quis dizer *god* ou *dog*?

Mishra deu de ombros e virou-se para o astrólogo. Mas antes mesmo de perguntar, o astrólogo interrompeu-o bruscamente.

— Sem perguntas!

O anagrama *dog-god* pode ter sido o ponto alto da minha leitura nadi. Seguiram-se alguns detalhes sobre o meu futuro, mas eu não prestei muita atenção ou não permiti que ficassem gravados na minha consciência. Eu preferia a abordagem do livre-arbítrio em relação à vida. Quando nos encontramos no carro, Candice e eu comparamos algumas coisas. Como era de prever, algumas batiam e outras nos deixaram ainda mais confusos.

— Cleo apareceu na sua leitura? — perguntei a Candice, hesitante.

Ela riu.

— Mais ou menos.

— Como assim?

— O homem disse que eu e Cleópatra éramos espíritos aparentados. Ou você precisa prestar atenção, ou ele estava falando de Cleo. — Ela deu de ombros, despreocupada com essa disparidade preocupante.

Mas minha cabeça também já estava em outra.

— Acho que está na hora de voltarmos pra casa.

— Já estamos indo.

— Não, estou falando dos Estados Unidos. De volta para Cleo.

oito

ALGUNS DIAS DEPOIS, apertados em nossas poltronas no voo para os Estados Unidos, Candice virou-se para mim e disse:

— Sabe quando você disse que devíamos voltar para nossa casa e a igualou a Cleo? Isso foi realmente uma graça. Significa que eu e Cleo agora somos sua nova família? Sua casa?

Eu estava encurralado. Fiz tudo o possível para não responder com aquelas breguices dos cartões, do tipo "Lar é onde está seu coração...".

Mas ela estava certa e nós dois sabíamos. Em termos práticos, não havia muito para o que voltar. Nenhuma casa, nenhum emprego, nenhum grupo de amigos que tivesse sentido nossa falta durante todos os meses em que estivemos fora. Nossos pais e nossos irmãos também eram todos relativamente cosmopolitas. Era pouco provável que estivessem nos esperando no aeroporto com bandeiras e bolo de frutas.

Uma vez pedi ao meu pai que definisse o conceito de lar. Se você não tivesse um financiamento ou tivesse um estilo de vida desprendido da vizinhança ou de alguma comunidade, como nós, a definição tradicional não se encaixava.

— Lar é um estado da consciência — ele disse. — É nossa âncora emocional, onde nos sentimos mais à vontade. São as pessoas ou lugares em cujo reflexo nós vemos, ou aspiramos ver, nossas melhores qualidades.

Quanto mais eu pensava nisso naquele voo de volta da Índia, mais fácil ficava calçar o sapato. Durante todos aqueles anos, quase uma década, em que esteve conosco, Cleo passara a fazer parte do meu equilíbrio emocional. Tinha deixado de ser o cachorro sobre o qual eu tinha sérias dúvidas para se tornar parte central da vida que Candice e eu queríamos construir juntos. Na verdade, ela personificava muitas das qualidades — lealdade, confiança, alegria, presença, e mais — que eu admirava e às quais aspirava.

Eu soube naquele momento que o ato de voltar para os Estados Unidos, para Cleo, era a aceitação de uma nova fase da vida. Embora a palavra "acomodação" me pareça estranha até hoje, não havia dúvida de que naquele voo eu estava seguindo para uma fase nova e importante, "de gente grande", em nossas vidas. Nós já tínhamos falado em começar uma família e os Nadi confirmaram que isso era iminente. Candice também começaria em um trabalho novo. E a minha empresa tinha saído do estágio inicial para a fase da sobrevivência. Tudo isso iria exigir muito foco e energia. Eu estava muito entusiasmado. O grande projeto do universo estava se reunindo ao nosso redor.

Mas poderia haver um problema.

Candice me arrancou do meu devaneio otimista.

— E se Cleo estiver muito brava conosco?

Nós pensamos no assunto.

— Quer dizer, já faz seis meses...

Durante o resto do voo, ficamos com esse pensamento na cabeça. Em meu admirável mundo novo em que Cleo era sinônimo do conceito de lar, em que ela havia sido comparada a deus pelo destino, eu tinha me esquecido de levar em consideração que ela poderia ter se tornado uma bruxa raivosa e vingativa.

SE CLEO TINHA algum ressentimento em relação a Candice e a mim, escondeu muito bem, provavelmente pensando em mostrá-lo em um momento mais estratégico (ainda estamos esperando). Na verdade, aconteceu exatamente o oposto. Dessa vez, a mãe de Candice a trouxe para nós em Los Angeles e, apesar da longa separação, quando nos encontramos no aeroporto foi como se tivéssemos nos separado por algumas horas.

Foi uma coisa impressionante. No caminho para casa, ela parecia determinada a distribuir seu amor, pulando do meu colo para o de Candice a cada cinco minutos, lambendo-nos sempre que podia. Algumas horas depois, era como se o tempo não tivesse passado. Cleo nos seguia pela casa

oito

que havíamos alugado temporariamente no centro da cidade, acomodando-se ao meu lado enquanto eu assistia à TV ou enquanto Candice se deitava no sofá para ler. Considerando que ela nunca estivera nesse novo apartamento, era realmente impressionante que se sentisse à vontade tão depressa. Mas sua adaptação ao novo espaço físico parecia diretamente ligada ao fato de estarmos juntos. Ela havia examinado o lugar à procura das suas tigelas de comida e água, mas esses pareciam ser marcos superficiais. Ela quase sempre estava onde Candice e eu estivéssemos.

Depois de algumas semanas, nós também já estávamos nos sentindo mais à vontade. Encontramos uma casa (a alguns quarteirões da minha irmã), juntamos cada centavo que tínhamos para a entrada e mudamos. Candice dedicou-se à arrumação do ninho e poucas semanas depois estava grávida.

Perdão parece um termo meio desajeitado nesse caso porque implica sentimentos feridos ou traição que precisam ser superados. Cleo não demonstrou nada disso. Ela nos recebeu de patas abertas, dissipando não apenas os nossos medos, mas abrindo caminho para uma verdadeira transformação em nossas vidas. Qualquer que fosse o nervosismo que tivéssemos trazido da Índia, qualquer que fosse a ambiguidade de nosso destino (consolidada pelos astrólogos Nadi), Cleo parecia ter acalmado. Sua capacidade de nos aceitar de volta e sua confiança inabalável despertaram em nós um senso de confiança que se manifestou espontaneamente nas semanas e nos meses que se seguiram.

Nessa medida, a clemência sem perdão de Cleo foi tão não humana que me fez respeitá-la de uma maneira inteiramente nova. Ela parecia personificar um conjunto de qualidades que iam além da admiração e do anseio. Ela estava muito acima das emoções mesquinhas dos seres humanos comuns, nossos delicados sentimentos de dor e abandono. Ela estava desconectada do emocionalismo que causava o sofrimento e ao mesmo tempo mostrava uma ligação emocional profunda com aqueles que ela mais amava, ou seja, Candice e eu. Esse emaranhado de qualidades era

a sabedoria dos cães

quase divino, algo de que Buda se orgulharia. Talvez o meu rabugento astrólogo Nadi não estivesse tão errado.

Perdão é uma palavra bem simples cujo conceito é fácil de compreender. No entanto, seus componentes são variados e o ato de perdoar é talvez um dos maiores desafios para os humanos.

— Paciência, empatia, tolerância, bondade, admiração e compaixão — estas são as qualidades que compõem o perdão. Geralmente aqueles que mais amamos são os mais difíceis de perdoar — Papa sugeriu. Estávamos a caminho do pequeno parque que fica entre a nossa casa e a Starbucks. Cleo puxava a guia, enfiando o nariz na grama onde brilhava o orvalho da manhã. Mais à frente, Krishu viu alguns patos.

— Patos, Papa! — um grande sorriso cortou seu rosto.

Eu concordei com a cabeça e me virei para meu pai, informando-o de que precisávamos parar por alguns minutos para que Krishu pudesse ver os patos, um de seus passatempos favoritos. Ele deu de ombros e concordou, por isso nós três sentamos em um banco ao lado do lago. Cleo rodou em círculos e sentou perto dos meus pés.

Papa continuou de onde havia parado.

— As nuances das relações humanas, a constante contextualização de todos os momentos, pois se relacionam com alguma coisa anterior ou futura, e a análise das nossas interações às vezes transformam o ato de perdoar em algo monumental.

As relações de Cleo, por outro lado, com aqueles que ela amava eram muito diretas. Como seu amor por aqueles que considerava parte do seu círculo era incondicional, o ato de perdoar era fácil para ela. Assim como era instintivo o ato de marcar seu território quando saíamos para uma caminhada, perdoar aqueles que amava parecia tão intrínseco.

Isso, é claro, não era uma característica espontânea ou distintiva de Cleo, mas havia sido passada para ela através da evolução de várias gerações.

Entre as primeiras civilizações, apenas certos cães se qualificavam como candidatos a serem domesticados e trazidos para os acampamentos

oito

dos humanos. Esses cães eram não só aqueles que haviam se mostrado úteis, submissos e protetores, mas, o mais importante, eram calmos e amigáveis com seus mestres (e seus filhos). Se esses cães antigos serviram como ponto de partida, a grande maioria de seus descendentes, criada ao longo dos séculos até hoje, apenas refinou essas qualidades, ficando mais mansos e amáveis. Foi a simples seleção natural.

Ironicamente, enquanto os lobos originais, dos quais os cães descendem geneticamente, eram animais que andavam em bandos, caçavam e eram predadores para sobreviver, os cães da atualidade são exatamente o oposto. Em outras palavras, essa coisa de "melhor amigo do homem" mudou literalmente a biologia e a psicologia dos nossos cães.

Os cães socializados de hoje, como Cleo, são fisiologicamente programados para amar e perdoar aqueles com quem têm vínculos. O estudo dos cães também revela que quanto mais se socializam ou brincam com seus donos — especialmente no início da vida (tanto dos cães quanto dos donos) —, mais o laço se consolida para toda a vida.

— Em outras palavras — disse Papa, encostando-se no banco do parque —, o comportamento de Cleo em relação a Krishu, sua capacidade de esquecer e perdoar, é uma característica biológica, e não apenas comportamental.

Eu concordei com a cabeça. Para o bem ou para mal, nossa programação é muito mais sofisticada que a dos cães. É o que nos torna humanos, afinal de contas. Por isso, se somos ou não capazes de demonstrar a mesma capacidade biológica, instintiva, para perdoar, esquecer e reconciliar é uma questão discutível.

Veja, por exemplo, o que aconteceu na Coreia do Norte, eu sugeri a Papa. A dança entre Washington e Pyongyang parecia tão ensaiada e coreografada, falsa, diriam os cínicos. As imagens do ex-presidente Clinton participando de cerimônias e rituais para satisfazer o desejo de Kim Jong-il de chamar a atenção e ser reconhecido eram formalidades que encobriam as relações frias existentes antes da visita e que certamente permaneceram

a sabedoria dos cães

depois que Clinton foi embora. Senti que era exatamente o oposto do tipo de emoção instintiva que tínhamos acabado de discutir em relação a Cleo e seus irmãos caninos.

— Bem — Papa contrapôs —, na verdade os rituais têm seu valor. A importância dos rituais é apreender um certo estado de consciência. Casamentos e funerais, *bar mitzvahs*, os cordões sagrados indianos e milhares de outros rituais religiosos são realizados para isolar momentos específicos e invocar uma certa atmosfera e sacralidade. Os rituais muitas vezes desencadeiam um processo que pode provocar a cura ou formalizar uma nova fase da vida. Eles são na verdade um poderoso instrumento da civilização humana, mesmo que pareçam formais e hipócritas às vezes.

Nós, humanos, podemos ser os mestres da hipocrisia e levar nossos rituais às alturas. Quando se trata da noção de perdão, criamos debates que se estendem por gerações, como a questão que se criou nos Estados Unidos em relação ao pedido de desculpas formal aos descendentes dos índios nativos norte-americanos, cujos ancestrais foram roubados e dizimados. Na África do Sul foram criadas "comissões da verdade e reconciliação" para reconhecer e tratar do triste legado do *Apartheid*. Em outras palavras, o perdão e a reconciliação não são fáceis para nós, no mínimo porque os crimes que podemos cometer uns contra os outros podem ferir profundamente.

— E mesmo assim — disse Papa — não podemos jamais deixar de aspirar a sermos maiores, podemos?

— Dada, olha! — Krishu puxou a manga de meu pai. Um cisne branco pulou na água, deslizando entre os patos menos graciosos. Por mais que Krishu já tivesse assistido a esse ritual — patos e cisnes no parque — nos seus 2 anos, parecia despertar nele sempre a mesma euforia genuína.

— Uau! — Papa exclamou, tendo aprendido a retribuir o entusiasmo de Krishu depois de várias semanas com ele. — Será que podemos nos aproximar?

Krishu arregalou os olhos e agarrou a mão de Dada puxando-o do banco na direção dos patos, como para garantir que Papa não mudasse de ideia.

oito

Eu me recostei no banco e fiquei observando os dois. Cleo olhou para mim, como que perguntando se iríamos ficar ou ir atrás deles. Houve uma época em que essa corrida atrás de patos, cisnes e pombos no parque podia durar o dia inteiro para ela. Agora, às 6h da manhã ela já estava tentando adiar qualquer atividade. Ela se acomodou junto aos meus pés, feliz por esperar que Papa e Krishu se divertissem antes de irmos para a Starbucks e depois para casa.

E, mais uma vez, olhando para ela e depois para Papa e Krishu brincando na beira do lago, pensei com meus botões: "Onde quer que esse grupo estivesse, eu poderia chamar de lar".

nove

— Então, Papa, qual é o sentido da vida?

— O sentido da vida é a expansão progressiva da felicidade. É harmonizar os elementos e forças do nosso ser com os elementos e forças do universo para participarmos da sua futura evolução de criatividade, insight, imaginação, possibilidades infinitas e também das qualidades que mais desejamos: amor, compaixão, alegria, bondade, equanimidade.

A maioria das pessoas tem uma necessidade profunda, em algum estágio da vida, de procurar o sentido, o significado e o objetivo de sua existência para entender os mistérios mais profundos do universo. Gosto de pensar que até mesmo a procura das respostas para essas questões poderosas, o processo da busca, tem seu significado mais profundo. Sei que para mim tem sido assim.

TELEFONEMAS NO INÍCIO DA MANHÃ PODEM SIGNIFICAR MÁS NOTÍCIAS. Mas não aquele.

a sabedoria dos cães

— Grandes novidades — Mama falou através da ligação ruim. — Nana está muito melhor. Quer saber de todos.

Grande notícia, na verdade. A curiosidade de Nana estava de volta. Eu não poderia pensar em melhor sinal de recuperação.

— Ele me perguntou no que você está trabalhando — disse minha mãe. — E eu contei.

— Ótimo — eu falei, me encolhendo um pouco. — E o que ele acha?

— Perguntou o que você poderia escrever sobre esse cão meio maluco — ela riu. — Palavras dele, não minhas.

"Meio maluco" é uma expressão única na Índia. "Meio qualquer coisa", na verdade. "Meio assado", "meio cozido", "meio pensado". Era um termo glorioso porque, embora "meio" represente uma porção do todo — uma pessoa "meio maluca" não é, em tese, tão louca quanto uma "completamente maluca" —, a pessoa "meio maluca" para os indianos é na verdade "maluca de pedra", talvez até mais maluca. Quebre a pedra se puder.

Para Nana, o hemisfério ocidental era meio maluco. Quando Mallika e eu éramos jovens, Nana e Nani costumavam viajar e ficavam conosco; Nana balançava a cabeça para o modo como os americanos se vestiam — adolescentes com jeans rasgados, garotas de saias curtas, homens usando brincos (inclusive eu) — e considerava tudo aquilo "meio maluco". Os Estados Unidos eram uma terra curiosa, uma mistura de costumes, tradições e rituais estranhos, e cidadãos vestidos de maneira esquisita.

E também havia os nossos cachorros. A experiência de Nana com cães se limitava basicamente a Nicholas — não o melhor representante da sua espécie. O temperamento anárquico de Nicholas era exatamente o oposto das qualidades que Nana, ex-membro da força aérea indiana, tinha em alta conta. Se disciplina, foco e estrutura eram coisas que Nana valorizava, então Nicholas, e depois Cleo, podia ser considerado um insolente em praticamente todos os sentidos. Como meu pai, Nana estava convencido de que poderia ensinar Nicholas a ser um cão submisso e disciplinado. Nicholas, é claro, mostrou que ele estava errado com todo o som e fúria de que era capaz.

nove

Quando Nana viu o jeito amalucado de Cleo, concluiu que não valia a pena sequer tentar domesticá-la. Vendo o modo como latia e uivava quando alguém chegava em casa, correndo por todos os cantos, entrando e saindo dos cômodos (parando de vez em quando para marcar seu território), ele invocou o termo "meio maluca". Se a carapuça serve...

Nana valorizava os cães heroicos que se destacaram ao longo da história. Na televisão, o mais famoso talvez tenha sido Lassie. Como esquecer o episódio em que o cão fiel avisou o xerife que o pequeno Timmy havia caído no poço? E que tal Laika, primeiro animal a entrar em órbita quando foi para o espaço a bordo do Sputinik 2? E os cães presidenciais, especialmente o labrador do presidente Clinton, Buddy[1], que precisou fazer jus ao nome nas horas mais difíceis do presidente. Realmente, o melhor amigo do homem...

E há também aqueles mitos idiotas que levam donos como eu a acreditar que cães como Cleo devem ter intuição de Jedi. Você sabe, aqueles que sentem coisas como terremotos, incêndios, furacões e tsunamis, alertando seus donos para o perigo iminente. Felizmente, para Cleo — caso ela tivesse algum problema de autoestima —, ela jamais manifestou qualquer desejo de se mostrar à altura desses padrões altíssimos. Ela está feliz com seu *status* de anti-herói. Jamais nos alertou para um incêndio na floresta ou um terremoto. Sua percepção das pessoas também não é apurada. Apesar de mostrar uma capacidade notável para reconhecer os membros da família, mesmo os parentes mais distantes que só vemos uma vez ou outra, todas as outras pessoas caem em uma vala comum chamada *estranhos*. Não importa se é um amigo, um vizinho, o homem da entrega ou o técnico da TV, se não for da família é um estranho — um intruso, na verdade — recebido com a hostilidade típica de Cleo.

Nós nos adaptamos a isso como às outras excentricidades de Cleo. Construímos um verdadeiro santuário nos fundos da casa, equipando a

---

1. Termo que em português significa camarada, companheiro. (N.T.)

a sabedoria dos cães

suíte principal com uma cama de pelúcia, alguns brinquedos, tigelas de comida e água. Cleo é remanejada para essa área sempre que alguém vem nos visitar; temos nossa própria louca no sótão.

Mesmo com tudo isso, sentimos a aproximação de um novo desafio quando Candice ficou grávida. Como passávamos muito tempo fora trabalhando, precisávamos de alguém para ajudar — cuidar de todas as necessidades, dar banho e limpar, cuidar da comida. Ah, e cuidar também do bebê.

Precisávamos de uma babá. É claro que isso implicava trazer para casa alguém que não era da família, alguém a quem pudéssemos confiar os cuidados com nosso filho, mas que também pudesse coexistir com Cleo. Batizei a missão de "Operação Neo" em homenagem ao papel de Keanu Reeves no filme *Matrix*.

Mas foi Candice quem liderou a missão, pois se ficasse comigo o desastre seria inevitável. Ela percebeu isso quando dei a ideia de recorrermos ao sistema de *au pair*, estratégia que empreguei para eximir-me de qualquer responsabilidade. Candice, por sua vez, apelou para uma série de estratégias mais construtivas como a inscrição em um serviço de procura de babás, uma rede com amigos e colegas, mostrar sua barriga no parque perto de casa, onde funcionava uma poderosa rede de contatos. Desde o início, esse pareceu ser o canal mais eficiente, pois, espalhada a notícia, as babás começaram a bater na porta.

Logo ficou evidente para nós que muitas das prováveis babás fazem sua própria pesquisa antes da entrevista. Uma delas, uma imigrante na casa dos 50 anos de rosto fino e óculos de vovó, havia descoberto a conexão Chopra. Por causa disso, armou-se com uma estratégia: nosso filho só teria contato com comida vegetariana, nada de açúcar, adoçantes artificiais e uma infinidade de outros ingredientes. Televisão, *videogames* e até certos tipos de música seriam exorcizados do local. Artigos de limpeza que pudessem ter ingredientes tóxicos? Acendam a fogueira.

Outra, alegre e gordinha, veio vestida com trajes indianos tradicionais (ela era hondurenha), tirou os sapatos e nos cumprimentou com as mãos unidas dizendo *namastê*.

nove

Outra candidata cancelou a entrevista com Candice no último minuto porque foi chamada para um teste de atores. Acho que devíamos ter percebido que havia alguma coisa quando vimos que seu currículo tinha uma cabeça estilizada. Josanna, uma brasileira agradável, trouxe sua sobrinha de 10 anos como tradutora, o que teria funcionado se a garota soubesse falar inglês. Por fim, conversamos com uma mulher que no meio de uma entrevista que até então corria normalmente ficou absolutamente perturbada ao receber uma chamada no celular avisando que seu irmão tinha levado um tiro em Cuernavaca quando "um negócio deu errado". Muito errado.

Nessa toada, fizemos quase uma dúzia de entrevistas. Nós nos revezávamos fazendo as perguntas que Candice havia anotado e trocando olhares durante a conversa. Enquanto isso, Cleo ficava em seu santuário; seus latidos abafados formavam uma constante, senão curiosa trilha sonora para nosso processo infrutífero. Decidimos que se uma candidata não fosse capaz de impressionar nós dois qual a necessidade de submetê-la à ira de Cleo?

— Vocês têm um cachorro? — perguntou uma das candidatas.

— Sim.

— O nome dela é Cleo — Candice completou.

— Ela tem muita energia — a mulher sorriu estranhamente.

Encolhi os ombros, envergonhado, sem saber o que dizer.

— Ela é muito grande? — Esta última pergunta foi acompanhada de um sorriso nervoso.

As coisas pareciam regredir quando Rosalita entrou em nossa casa. Ao contrário das outras, Rosalita transmitia uma confiança magnética e encorajadora. Com muito charme, cumprimentava Candice e recebia em troca um sorriso que eu não via há exatamente sete meses. Rosalita era fluente em inglês e espanhol (um dos nossos projetos secretos para nosso filho) e respondeu a todas as perguntas capciosas de Candice com a mistura precisa de reflexão e espontaneidade. Além disso, carregava uma pequena pasta com várias cartas de recomendação de antigos empregadores, agência de emprego e mentores.

Rosalita havia enfrentado nosso desafio com a mesma astúcia de uma atriz experiente de Hollywood no tapete vermelho, dizendo as coisas certas com uma leve variação para que não parecessem ensaiadas, sorrindo sem parecer forçado, parando de vez em quando para pensar numa questão mais importante, como o momento certo para uma criança deixar a chupeta. Ainda assim, apesar de tudo isso, sabíamos que havia um teste final. Trocamos um olhar nervoso e eu balancei a cabeça, pedindo licença para buscar Cleo. Voltei dos fundos da casa segurando a guia com firmeza enquanto Cleo puxava, latindo para nossa convidada. Nesse momento os papéis se inverteram. Nós é que queríamos impressionar Rosalita e minimizar a loucura da nossa cachorrinha para não arruinar nossas chances com nosso Neo.

— Ela é um amor — Candice gritou acima dos latidos constantes de Cleo. — Ela só precisa conhecer você!

Enquanto Candice fazia o melhor que podia, eu sentia que as coisas poderiam desandar. Mas Rosalita mais uma vez mostrou-se à altura do desafio ao provar muita elegância sob a prova de fogo. Abaixando-se sobre um dos joelhos, ela abriu a bolsa e tirou alguma coisa de dentro. Segurando essa coisa na mão, olhou para nós pedindo permissão para oferecê-la a Cleo. Candice fez que sim e nós ficamos olhando Rosalita virar a mão e abri-la com a elegância de David Copperfield.

Como uma tonta diante de qualquer coisa que pudesse ingerir, Cleo ficou quieta. Ela sabia o que fazer; muitas vezes era a única maneira de acalmá-la.

— Vem cá, Cleo — Rosalita falou com o tom de voz perfeito. Nervoso, eu soltei a guia, permitindo que ela avançasse.

— Não se preocupe, senhor Chopra — Rosalita garantiu. — Está tudo bem.

Eu soltei a guia de Cleo e ela saiu correndo pela sala, parando graciosamente diante de Rosalita; depois sentou obedientemente como se a

nove

mulher fosse uma tia que não via há muito tempo. Nós ficamos olhando em silêncio. Quem era esse impostor que havia encarnado em nossa querida Cleo?

Enquanto olhávamos fixamente, Cleo pegou o agrado da mão de Rosalita, engoliu e depois lambeu a mão que a alimentou afetuosamente.

Continuamos a conversa, e Rosalita falou mais a respeito de sua grande família no México. Suas histórias a respeito dos casamentos suntuosos, das refeições festivas em datas comemorativas, filhos de jovens correndo pela casa de parentes nos lembraram de cenas com as quais estávamos familiarizados. A conversa fluiu facilmente, solidificando o que nós já sabíamos — tínhamos encontrado nosso Neo. Cleo sentou calma e submissamente junto aos pés de Rosalita. Enquanto conversávamos e ríamos, Rosalita mantinha uma das mãos em Cleo, acariciando sua barriga. Aparentemente, Cleo também havia encontrado seu Neo.

Eu tinha me acostumado a encerrar essas entrevistas em menos de vinte minutos, mas ao olhar para o relógio percebi que havia se passado quase uma hora. Rosalita também pareceu surpresa e levantou-se dizendo que estava atrasada para outro compromisso — mudar o curso de um rio ou talvez escalar um edifício alto, sem dúvida. Nós nos despedimos prometendo que iríamos entrar em contrato para formalizar tudo. Ela acenou timidamente, dizendo que seria uma honra trabalhar para nós.

Depois de apertar minha mão, Rosalita virou-se para Candice e perguntou se podia abraçá-la em vez de se despedir com um aperto de mãos.

— Na minha família — ela disse com um sorriso — acreditamos que dá sorte tocar uma mulher grávida porque elas são os seres mais preciosos da Terra.

Candice sorriu ainda mais e abriu os braços.

Foi quando tudo desandou.

Quando Rosalita foi abraçar Candice, Cleo perdeu o controle. Como se estivesse planejando essa estratégia silenciosamente à moda napoleônica, Cleo não partiu diretamente para cima de Rosalita; ela pulou do

a sabedoria dos cães

chão para o sofá e depois se atirou sobre a mulher, agarrando sua blusa com as patas e os dentes. Em pânico, Rosalita sacudiu de um lado para outro, mas Cleo continuou agarrada como um chimpanzé, rosnando e arranhando com uma ferocidade que eu nunca tinha visto.

Rosalita tentou soltar-se de Cleo enquanto eu fazia o que podia para tirar Cleo de cima dela. Mas Cleo estava determinada e puxou a blusa de seda da mulher rasgando-a como se fosse um documento confidencial que precisasse ser destruído. Quando finalmente consegui afastar Cleo, ela escapou das minhas mãos e partiu novamente para cima de Rosalita, puxando suas meias e furando-as com os dentinhos.

Rosalita ficou absolutamente aterrorizada, girando em círculos, batendo os braços como se estivesse sendo atacada por um enxame de abelhas, gritando uma série de palavrões. Ela foi tropeçando até a porta e eu finalmente consegui segurar Cleo, prendendo-a contra meu peito. Sem olhar para trás, Rosalita saiu correndo pela porta e desapareceu na rua, sem dúvida indicando para a vizinhança que o *poltergeist* estava em nossa casa.

Ficamos arrasados e desabamos no sofá. Cleo, tendo recuperado a pose, aconchegou-se junto a Candice como se nada tivesse acontecido.

— O que vamos fazer? — eu perguntei, falando em voz alta o que nós dois estávamos pensando.

Candice olhou para mim sem expressão e começou a soluçar; eu já tinha me acostumado com essa reação nos últimos meses, mas ainda não sabia o que fazer.

— Não se preocupe — eu tentei mudar de assunto rapidamente. — Vamos dar um jeito.

Olhei para Cleo, cansado. Vamos dar um jeito significava dar um jeito nela.

Estava na hora de enfrentar a realidade. Cleo era Cleo: ela nunca se mostrara disposta a fazer amizade com estranhos e, à medida que foi ficando velha, as coisas pioraram. Aos poucos, começamos a imaginar o inimaginável — mandar Cleo de volta para a casa da mãe de Candice.

nove

Seria apenas temporário, nós pensamos. Só até o bebê chegar. Até encontrarmos uma babá e as coisas se ajeitarem. Depois daríamos um jeito para reintegrá-la à casa. Tudo ficaria bem.

Sei, certo.

Nós dois sabíamos que uma saída como essa talvez tivesse que ser permanente. Cleo estava mostrando sinais muito claros de envelhecimento. Não podíamos mandá-la para outro lugar do país, permitir que ela se acostumasse a outro clima (a umidade do sul x ar mais seco da Califórnia) e a outra vizinhança e depois trazê-la de volta. Não era justo. Se ela fosse embora, seria definitivo. Sabíamos disso.

Por enquanto, nós decidimos que o melhor a fazer era dar um tempo na procura pela babá e nos planos de enviar Cleo para o exílio. É claro que estávamos preocupados com Rosalita. Ela devia estar machucada e muito traumatizada, ou pior. Por isso Candice telefonou para uma das referências que ela nos dera. Mais do que qualquer coisa, ela estava simplesmente tentando ampliar o contexto, ver se tínhamos alguma razão para nos preocuparmos.

O primeiro número parecia ser de uma agência. O nome genérico parecia inócuo e a mensagem da secretária eletrônica indicava que o número havia mudado, mas não informava o novo número. Candice deu de ombros, mas ao tentar as outras referências coisas estranhas se repetiram. Os números para contato ou tinham mudado, ou não atendiam, ou estavam errados. Quando ela realmente conseguiu falar com uma agência, demorou alguns minutos até que a mulher do outro lado da linha entendesse o que Candice estava perguntando. Quando finalmente entendeu, ela deu seu aval para Rosalita. Candice agradeceu à mulher e desligou, com a testa franzida. Alguma coisa não estava se encaixando.

— Tente uma das referências pessoais — eu sugeri, sentindo que alguma coisa cheirava mal.

Candice discou e esperou. Algum tempo depois uma mulher chamada Leslie atendeu do outro lado.

a sabedoria dos cães

Candice titubeou, mas depois falou que estava telefonando para verificar as referências de Rosalita.

— Quem?

Candice explicou.

— Isso é estranho — Leslie respondeu depois de alguns instantes.

Era estranho porque Leslie havia tido uma experiência semelhante com uma candidata a babá chamada Marianna. Acontece que essa tal Marianna também havia deixado uma lista de referências impossíveis de checar. Como Rosalita, Marianna se encaixava perfeitamente em todos os requisitos e também deixou Leslie e o marido encantados. Ainda assim, Leslie disse que antes mesmo de ter problemas para verificar as referências seu "sexto sentido" lhe disse que havia algo errado.

Infelizmente, nós não podíamos dizer a mesma coisa.

Agora que tínhamos ficado desconfiados, adotamos uma conduta estilo *Law & Order*. Junto com Leslie, nossa força-tarefa recém-criada decidiu descobrir quem era Rosalita/Marianna. Acontece que a mulher era uma artista experiente com ficha na polícia. Com algumas vítimas ainda mais ingênuas do que nós, ela tinha conseguido obter adiantamentos alegando dificuldades variadas e depois desaparecia. Felizmente, nossa pesquisa não revelou nada mais sério do que isso. Porque, é claro, quando se entrega uma criança a alguém para cuidar, existe o potencial para algo muito pior.

Decidi encarar esse acontecimento de maneira positiva. Tínhamos escapado da teia armada por Rosalita. Candice, por outro lado, adotou uma postura pessimista. Sentiu-se muito mal por ter se deixado enganar daquela maneira por Rosalita. Nosso único consolo foi descobrir o sexto sentido de Cleo. É claro que ela não conseguia diferenciar o barulho do caminhão de lixo descendo a rua do barulho dos trovões anunciando uma tempestade, mas agora sabíamos que ela talvez fosse capaz de sentir o cheiro de um rato. (Metaforicamente falando, é claro, pois uma vez tivemos um rato morto na casa por mais de uma semana e Cleo não descobriu.)

nove

Ainda assim, Candice — tendo acabado de chegar ao oitavo mês da gravidez — ficou tão abalada com o episódio que interrompemos nossa procura. Felizmente para Cleo, principalmente por ter conquistado uma medalha por ter sido a única a sentir a desonestidade de Rosalita, isso acabou com qualquer conversa para despachá-la.

Com a missão da babá suspensa, eu me voltei para minha paranoia anterior, ou seja, se estava preparado ou não para ser pai. Ver a barriga de Candice crescer era como olhar para a areia caindo em uma ampulheta. Eu sabia que meus dias de sujeito despreocupado estavam contados e que logo haveria um ser vivo que me lembraria disso a cada segundo. Nessa situação de pânico, eu não fui o único a perceber que Candice estava aumentando. Uma colega dela também percebeu e mencionou que uma grande amiga sua iria dispensar a babá que a ajudara a criar seu filho adolescente. Ela era tão querida na casa que acabou ficando por muito mais tempo do que o planejado. Chegaram ao ponto de arrumar um cachorro para lhe fazer companhia, pois o garoto passava o dia fora de casa. Nós concluímos que a história era bem engraçadinha e que deveríamos pelo menos fazer uma entrevista.

Nós fomos cautelosos desde o início e, por isso, quisemos saber mais da história da candidata. O nome dela era Mirna. Tinha vindo da Guatemala e vivia nos Estados Unidos há mais de dez anos; precisava continuar trabalhando para poder ajudar seu irmão de 21 anos, que ficara em seu país e cursava a faculdade de medicina. Essa história despertou imediatamente meu sistema de alarme e eu fiquei pensando nas perguntas que poderia fazer para derrubar sua história. Candice, por sua vez, tinha ficado com os olhos cheios de lágrimas. Para o bem de Mirna — e também para o meu —, eu desisti do interrogatório estilo Guantánamo. Isso foi bom porque durante uma hora Mirna nos derreteu com seu calor e afeto genuínos. Ela confessou seu receio em trabalhar para alguém depois dos seus últimos patrões, que considerava como família. Estava nervosa porque não sabia se conseguiria criar um laço tão forte com outra família, mas sabia que a única coisa que poderia deixá-la feliz seria criar outro menino.

Como você sabe que é um menino? — Candice riu.

— Eu não sei. — Mirna balançou a cabeça. — É apenas uma intuição, eu acho.

A essa altura meus sentimentos estavam tão misturados com emoção, dúvida, paranoia e cautela que eu sabia que a melhor coisa que tinha a fazer era aceitar o que minha mulher dissesse. Olhei para Candice e ela assentiu com a cabeça. Eu sabia o que isso queria dizer. Pedi licença e fui buscar Cleo. Poucos minutos depois voltei com ela em minhas mãos. Coloquei-a no chão segurando a guia com firmeza. Mirna olhou para ela com um pouco de nervosismo, pois Cleo começou a latir para ela.

Mirna não tinha nenhum agrado para lhe dar, mas certamente tinha alguma outra coisa, porque soltei a guia e Cleo correu em sua direção; Cleo sentou perto dos pés dela e não fez nada. Ela não abaixou, nem rolou, nem qualquer outra coisa. Pelo contrário, continuou tão animada quanto antes. Depois de alguns instantes, ficou em pé e deu algumas voltas. Latiu, choramingou e andou de um lado para outro. Candice e eu nos olhamos mais uma vez. Sabíamos o que estávamos vendo: família.

— Ela é sempre assim? — Mirna perguntou, hesitante.

— Sim! — nós respondemos ao mesmo tempo.

MIRNA ESTÁ CONOSCO desde o início da vida de Krishu. Todas as manhãs, quando ela chega, Cleo faz o mesmo tipo de dança em círculos, como um bebê que tomou Red Bull, até Mirna acalmá-la com um agrado (ou três ou quatro). Krishu também trata Mirna como uma pessoa da família e os três se comunicam quase apenas em espanhol. Nós insistimos para que Mirna falasse com Krishu em seu idioma para que ele aprendesse pela exposição à língua desde o início da vida, como acontece com o inglês,

nove

o mandarim e o híndi. O que nós não esperávamos era que Cleo também aprendesse espanhol. Para variar, não poderíamos dizer que ela nos surpreendeu quando mais uma vez superou as expectativas.

Como muitas pessoas em nossas vidas, Mirna no início sentiu-se um pouco intimidada com meu pai. Apesar de nunca ter lido nenhum de seus livros, ela sabia quem ele era e no início ficava nervosa quando ele vinha ver o neto. Um dia ele apareceu e, depois de brincar um pouco com Krishu, saiu para atender o celular; Mirna me puxou de lado e pediu para que eu a avisasse quando meu pai estivesse vindo para que ela pudesse preparar Krishu adequadamente.

— O que você quer dizer? — eu perguntei, sem entender o que ela queria dizer com "preparar" Krishu.

Ela insistiu que Krishu deveria dormir, tomar banho, estar bem vestido, bem penteado e com as unhas cortadas antes de encontrar o avô.

Eu garanti a ela que isso não era necessário. Mas ela se retraiu de uma maneira que indicava que estava falando sério. Vinte minutos depois ele voltou do quarto todo arrumado, parecendo um menino de coro. Vinte minutos depois, ele estava parado diante de meu pai, que observava o cabelo estranhamente penteado.

— O que aconteceu com ele?

Balancei a cabeça e sorri para Mirna, que parecia toda orgulhosa.

Felizmente, vinte minutos depois Krishu estava esfregando pão com banana no cabelo, e o planeta voltava ao seu eixo normal.

Aos poucos Mirna foi se sentindo mais à vontade na presença de meu pai. Ainda assim, insistia para que Krishu estivesse sempre descansado e vestido quando fosse passar algum tempo com o avô. Ela até o criticou uma ou duas vezes por ousar olhar para seu BlackBerry quando deveria estar concentrado no neto. Em parte, o desejo de Mirna para que Krishu e meu pai tivessem um vínculo forte se devia ao fato de saber que Papa é uma celebridade — ela usava a ligação com meu pai como uma espécie de crachá, especialmente entre as colegas no parque. Mas sua própria

a sabedoria dos cães

herança cultural considera sagrados os laços que unem os homens de uma família.

— Para ser um bom homem, Krishu deve conhecer bons homens — ela me disse uma vez.

Pareceu-me um acordo razoável e acenei em sinal de aprovação.

— Agora, se você e seu pai quiserem ser grandes homens — ela prosseguiu, animada pelo meu endosso — aprenderão com seu filho.

Dessa vez fiquei olhando para ela, sem ter certeza do que ela queria dizer. Será que eu tinha perdido algo na tradução? Ela sorriu para mim, satisfeita consigo mesma. Era evidente que não adiantava pressioná-la; era pouco provável que ela esclarecesse alguma coisa. Fiquei quieto.

Nos últimos meses, como meu pai começou a passar mais tempo conosco, às vezes até uma semana de cada vez, Mirna reparou. Ela perguntou a Candice se estava tudo bem na casa dele, provavelmente entre meus pais. Nós sabíamos que qualquer informação transmitida casualmente poderia se transformar em fofoca entre as babás no parque. Para evitar qualquer problema, Candice lhe falou da doença de meu avô e da viagem de minha mãe para a Índia, deixando-me instruções para passar mais tempo com meu pai.

Mirna acenou com a cabeça, como se tivesse ficado a par de algum segredo.

— Ele deveria passar mais tempo com o bebê e o cachorro.

Certa tarde, ela colocou em prática o conselho. Depois de uma reunião, cheguei em casa e encontrei Mirna do lado de fora da casa espiando pela persiana. Eu perguntei o que estava acontecendo.

— Seu pai — ela apontou para dentro. — Ele está aqui.

— Certo. — Eu concordei com a cabeça, sem saber se isso era uma explicação.

— Ele me disse que eu podia ir embora. Que ele tomaria conta do bebê.

Minha expressão me traiu.

nove

— Sim — ela concordou com a cabeça. — É por isso que estou aqui fora observando. Ela apertou de novo os olhos para olhar pela veneziana.

— Ele não é tão desajeitado — ela acrescentou.

Eu fiquei ao lado dela e olhei através da janela. Krishu parecia estar no paraíso. Segurava as mãos de Papa, girando em círculo. Ele era uma das poucas crianças que já vi se divertindo de verdade com uma brincadeira de roda entre duas pessoas. Pela expressão do rosto de meu pai, ele também parecia estar se divertindo. No momento em que caíam no chão, Cleo se juntava a eles, latindo com força enquanto Papa e Krishu rolavam de rir.

— Eu disse — Mirna sorriu com orgulho. — Krishu e Cleo são muito bons para ele. Ele pode escrever um livro sobre eles.

Agradeci e a dispensei da vigília.

Ao entrar na casa, tive uma visão mais ampla da sala, que não podia ser vista do lado de fora. Durante a hora que passaram sozinhos, Cleo, Papa e Krishu tinham feito tanta bagunça que a casa mais parecia ter sido sacudida por um furacão.

— O que aconteceu? — eu fiquei olhando ao redor como um voluntário da Cruz Vermelha que acaba de chegar ao local do desastre.

— Nada. — Papa deu de ombros, caindo de novo no chão com Krishu. Exasperada, Cleo saiu de perto deles, pulou no sofá, e descarregou sua energia em uma almofada inocente. O algodão do interior voou enquanto ela girava a almofada presa na boca de um lado para outro. Como não tinha capacidade para discernir um desastre natural, com conspiradores como meu pai e meu filho, ela não teve problema para fazer parecer que havia ocorrido um.

— De novo, Dada! — Krishu cantou, ficando em pé de novo.

Papa se arrastou e também ficou em pé.

Os dois recomeçaram.

— Falei com sua mãe essa manhã — ele falou enquanto davam a primeira volta.

a sabedoria dos cães

Ele me olhou sorrindo.

— Ela vai voltar para casa daqui a dez dias.

— Pra baixo! — Krishu gritou. Ele sempre pulava as palavras da roda para chegar na sua parte preferida.

Papa se atirou no chão de novo.

— Ela poderá ir conosco para Whistler.

Essa era uma grande notícia. Todos os anos fazíamos uma viagem com a família inteira no verão. Nos últimos anos, tínhamos ido para o Colorado e para o Wyoming, e nos apaixonamos pelas amplas paisagens, pelos dias preguiçosos e pelas atividades ao ar livre. Este ano viajaríamos para Whistler, na Colúmbia Britânica, Canadá, onde meu pai realizaria um de seus seminários espirituais de uma semana. Tirando o fato de que precisávamos agir como a família perfeitamente espiritualizada, parecia o lugar ideal para continuarmos nossa tradição anual. Já imaginava as caminhadas, passeios de bicicleta pela montanha e até mesmo passeios de caiaque ou pescarias. Tínhamos começado a enfrentar a realidade de que minha mãe talvez não voltasse para a viagem, o que não seria o ideal.

Mas o fato de mamãe voltar a tempo para se juntar a nós significava muitas coisas boas. Não apenas garantia um reencontro feliz para todos nós, como significava que a saúde de Nana tinha melhorado significativamente. Também queria dizer que durante as férias eu e Candice poderíamos sair para jantar enquanto minha mãe cuidava do garoto. Apesar de adorarmos Krishu acima de tudo, a ideia de uma saída à noite havia se transformado em uma espécie de conto mítico nos últimos dois anos. Somando-se a isso a necessidade de Cleo passear várias vezes por causa da idade, raramente tínhamos uma oportunidade para darmos uma escapada.

Acima de tudo, porém, olhando para meu pai eu podia dizer que ele havia tirado um peso das costas e que a notícia do retorno de minha mãe o deixara mais animado. Era fácil esquecer que como todo mundo a sensação de companheirismo que lhe dava minha mãe era especial. Nós

nove

nunca falávamos a respeito, mas intuitivamente sabíamos que era a liga que mantinha toda a família unida, e principalmente seu equilíbrio.

Dessa vez, quando Papa e Krishu caíram no chão, Cleo se juntou a eles. Ela se empinou, apoiada nas patas traseiras, tentando participar da brincadeira, o rabo balançando vigorosamente de um lado para outro.

— Quer ouvir uma história bizarra? — Papa sentou-se no sofá e colocou a mão na cabeça de Cleo.

— Eu estava me exercitando na academia esta manhã — ele começou — e uma mulher vestindo uma *legging* cor-de-rosa e óculos de sol se aproximou de mim.

Você pode achar que uma mulher de *legging* cor-de-rosa e óculos de sol é muito bizarro, mas na louca vida espiritual de Deepak Chopra isso é normal. Muitas vezes, ele, ou nós, cruza com estranhos que lhe confiam seus segredos ou pensamentos mais íntimos. Uma vez, no banheiro do aeroporto de Frankfurt, um homem que estava no mictório ao lado de meu pai o reconheceu e ficou tão animado que se esqueceu do que estava fazendo; virou-se para Papa para lhe contar que havia sonhado algumas semanas antes que "logo encontraria seu guru". Se esse sonho dizia que ele iria urinar nos sapatos do guru, nós nunca saberemos.

— Acho que o significado cármico desse episódio era o universo me dizendo para parar de usar sapatos de pele de crocodilo — Papa depois concluiu. Desde então, você o encontrará quase sempre usando tênis vermelhos.

— Ela era vidente de animais e me disse que eu tinha um cachorrinho branco peludo que era muito importante para minha evolução espiritual. — Como se tivesse ouvido, Cleo deitou no chão, rolou até ficar de costas, abriu as pernas e esperou pelo carinho de Papa. Uma resposta bem espiritualizada, é claro.

— Ela disse que o cão estava repetindo o papel de uma vida passada e que eu precisava aprender o máximo possível com ele. Um pensamento me passou pela cabeça. Será que essa mulher de *legging* cor-de-rosa e óculos de sol seria minha editora disfarçada? Ou talvez minha agente?

a sabedoria dos cães

— O que você acha? — Papa olhou para mim.

Meu pai não é um homem muito religioso, apesar de ser conhecido com um dos homens mais espiritualizados do mundo. Se alguém lhe perguntar, dirá que não é mais hindu (a fé em que ele foi criado) do que um cristão renascido. Ainda assim, como o guru mais conhecido do mundo quando se fala de *consciência*, muito do que ele fala ou acredita vem diretamente das tradições espirituais da Índia, conhecidas como Vedas. A noção de reencarnação — que o corpo humano é matéria reciclada e que o que definimos como pessoa e/ou personalidade nada mais é do que a mesma consciência se remodelando — está alinhada com o que muitos hindus dizem ser sua fé. Para meu pai, isso tem sido fonte de grande consternação há anos. Pois o que ele crê que pode (como nenhum outro) racionalizar e explicar por meio da ciência e da física moderna outros acreditam cegamente ser a fé. Sob vários aspectos, isso tem prejudicado seu trabalho e ele sabe disso. Ainda assim, a noção de que uma unidade familiar como a nossa não é apenas um cálculo aleatório do universo, reunida indiscriminadamente por uma vida, mas uma função de uma inteligência cósmica mais profunda orquestrada pela consciência, ou ousemos chamá-la de Deus, não era desprovida de credulidade. No mínimo, reafirmava os instintos que sentimos intuitivamente. O fato de que uma vidente de animais usando *legging* cor-de-rosa pudesse sugerir que Cleo fazia parte do nosso pacote transcendental era algo inteiramente crível para o meu pai, especialmente se considerarmos o intenso vínculo que eles criaram no verão.

— Acho que Cleo tem estado por perto há algumas vidas — eu respondi para Papa. — E você?

Papa riu, olhando para Cleo. Krishu puxou a manga de Papa, insistindo para que ele ficasse de pé.

— De novo!

— Sim — Papa falou. — Acho que estamos unidos há algumas vezes. Uma vida só não seria tão divertida.

nove

QUANDO ÉRAMOS CRIANÇAS, de vez em quando Papa colocava Mallika e eu na cama. Ele não era de ler ou contar histórias, mas nos incentivava a lhe contar uma história. Ele tinha lido em um dos seus inúmeros livros que não havia nada mais estimulante para a criatividade da mente infantil. Papa incitava qualidade em nós e hoje faz a mesma coisa com nossos filhos, seus netos, especialmente Tara.

É claro que isso gerou controvérsias na família porque as histórias (ou mentiras) de Tara mostraram-se bastante criativas. Recentemente, minha irmã foi chamada à escola pelos professores preocupados em saber se a família de Tara tinha sido atacada por *hooligans* ingleses em uma recente viagem à Índia.

— O quê? — Mallika perguntou, claramente confusa.

Uma investigação mais detalhada revelou algo fascinante. Em uma recente viagem à Índia, o avô paterno de Tara levou-a ao museu Mahatma Gandhi, no centro de Nova Délhi, para lhe mostrar a história da luta da Índia para se libertar dos ingleses. O museu está localizado no local onde Gandhi foi realmente assassinado por um atirador indiano que discordava da sua resistência pacífica contra o domínio inglês.

Aparentemente, Tara transportou essa jornada emocional para a história de seus ancestrais, envolvendo-a com uma roupagem mais moderna em que uma gangue fictícia teria atacado sua família.

Mallika garantiu aos professores de Tara que esse incidente nunca tinha acontecido.

— Ótimo — respondeu um professor. — Então posso deduzir que o elefante de seus parentes também está bem?

Mallika riu junto com o professor de Tara.

— Felizmente, o elefante está bem.

a sabedoria dos cães

É claro que Mallika não viu graça nenhuma nessa história. Uma noite, ela tocou no assunto com meu pai. Talvez não fosse uma boa ideia continuar incentivando as habilidades de Tara para contar histórias.

— Bobagem — ele respondeu. — É claro que devemos incentivá-la! Devemos estimulá-la.

Ele olhou para Tara com orgulho. Ela ficou sentada, com uma expressão confusa no rosto, envergonhada por ter sido pega na mentira, meio orgulhosa pela admiração do avô. Cleo estava sentada aos seus pés, curiosamente com a mesma expressão, eu achava.

— Tara pode ser tornar alguém como Steven Spielberg. Ou Jhumpa Lahiri.

— Ou James Frey — eu acrescentei.

Papa continuou.

— A contação de histórias é uma forma de embalar nossa intuição. Significa que ela a aproveitou. Na verdade, é maravilhoso.

Tara abriu um sorriso. Agora ela estava definitivamente mais orgulhosa do que envergonhada.

Era engraçado como as coisas se reprisavam. Eu me lembrei de algumas variações dessa mesma discussão entre minha mãe e meu pai quando Mallika e eu éramos pequenos e ele estimulou minha habilidade para contar histórias. Eu a pratiquei até onde pude ao longo dos anos, chegando a inventar muitas histórias para explicar noitadas com os amigos quando era adolescente.

Agora era Mallika no lugar de mamãe, com receio de que a contação de histórias de Tara pudesse se transformar em algo mais perigoso e difícil quando ela chegasse na adolescência.

— Papa! — Mallika disparou um olhar na direção de meu pai. Dessa vez ela não estava reprisando nada. Olhando para ela, vi minha mãe e Papa também. Mallika não precisou dizer mais nada.

— Está certo — ele cedeu, virando-se para Tara. — Talvez a escola não seja o melhor lugar para contar histórias — ele a aconselhou.

nove

Isso era o melhor que Mallika podia esperar. Ela jamais conseguiria convencê-lo de que a criatividade não era a solução de todos os problemas do mundo. Quando éramos pequenos, ele nos dizia que não havia nada de irreal no que acontecia em nossos sonhos ou nas lembranças que dizíamos ter de vidas passadas.

— A única coisa não real — ele nos disse quando ainda estávamos na escola fundamental — é a alucinação socialmente induzida de que *isso* é tudo o que existe.

Sim, senhoras e senhores, eu cresci na Matrix.

Tinha uma lembrança especial dessa contação de histórias quando eu era pequeno que me veio à cabeça quando Papa me falou do encontro com a mulher de *legging* cor-de-rosa na academia. Depois do jantar e da conversa entre Mallika e Papa, eu perguntei a ele.

— Lembra-se do sonho que uma vez lhe contei sobre onde você e eu nos encontramos em uma ponte de corda na China?

— Sim — Papa falou sem pestanejar. — Você estava com um cachorro.

É verdade. No sonho, éramos dois camponeses, mas eu era mais velho e ele mais novo. Não nos conhecíamos, exceto por aquele único encontro em uma ponte de corda que ligava dois picos em uma cadeia de montanhas na China. Eu tinha um cachorro comigo e ele levava uma tigela de arroz. Na ponte, Papa me ofereceu um pouco do arroz e nós sentamos e comemos, compartilhamos nossas histórias de vida. Ele era comerciante de chá que atravessava o país regularmente, das planícies do Butão aos portos do mar da China. Eu era um calígrafo cujos serviços eram requisitados por aristocratas em grandes cidades, mas que havia preferido ensinar crianças de cidades da zona rural.

No final do encontro, eu disse a Papa que precisava ir e queria que ele cuidasse do meu cachorro. Expliquei que eu estava velho e não me restava muito tempo, mas o cão tinha ainda muita vida pela frente e precisava de companhia. Ele acenou com a cabeça e concordou em ficar com o cachorro.

a sabedoria dos cães

Agradeci e, antes de nos separarmos, eu me ajoelhei e me despedi do cachorro.

— Está tudo bem — o jovem me disse naquela ponte de corda entre duas montanhas na China *naquela* vida. — Nós todos nos encontraremos de novo.

— Eu me lembro disso — Papa acenou com a cabeça e nós olhamos para Cleo. — Então aqui estamos nós novamente como você disse que seria.

Em minha família sempre acreditamos em uma conexão cármica mais profunda entre nós. Na verdade não é uma *crença* entre nós, é mais uma percepção. Nós nos divertimos muito uns com os outros e temos grande admiração uns pelos outros. Minha irmã e seus filhos são meus e Krishu é deles. Atualmente, Papa sempre diz no Twitter que seus netos são seus maiores mestres nesta vida.

Com Cleo, a maneira como ela interage com a família, mesmo com os parentes mais distantes ou aqueles que ela identifica como família, como Mirna, em oposição à maneira como reage aos estranhos do dia a dia, reforça a suspeita de que ela esta conosco há muitas vidas. Mais do que a diversão que temos juntos, são as qualidades que ela nos mostrou ao longo dos anos — sua devoção e confiança, lealdade, amor incondicional, não julgamento e mais — que formam a mecânica do seu autoconhecimento.

Muitas pessoas estão familiarizadas com a ciência canina. Elas estudam a mentalidade da matilha *ad nauseam* e criam grandes discussões a favor ou contra sua própria existência. Elucidam a dinâmica fascinante que liga humanos e cães, incluindo a maneira como eles podem entender até os gestos mais sutis, a linguagem corporal, a expressão facial, o tom de voz e as emoções de seus donos.

— Mas com Cleo — Papa continuou, enquanto prosseguíamos nossa conversa durante nosso passeio noturno até a Starbucks para um chá após o jantar — você não precisa.

nove

— A ciência simples — o tamanho da pequena cabeça de Cleo — sugere que seu cérebro tem pouca capacidade. No entanto, sua ressonância emocional com todos nós sugere que sua inteligência vem de algo muito mais sutil do que o cérebro dentro de sua cabeça. Cleo é aproveitada de uma maneira que a maioria dos humanos não é, não porque sejam incapazes, mas porque reorganizaram seus instintos para nem mesmo ver ou sentir o que está bem na frente deles. Ela é conduzida por uma direção mais elevada.

Outra revelação para Cleo, comentei enquanto a olhava. Ela estava com um passo estranho quando nos aproximamos do quarteirão da Starbucks. Talvez por causa do pedaço de pirulito de cereja que Krishu deixou cair depois do jantar e ela engoliu antes de eu conseguir pegar.

Ao chegarmos à Starbucks, Papa entrou e eu procurei um lugar para sentar do lado de fora com Cleo. Ela começou a cheirar a calçada à procura de algo interessante enquanto eu a admirava. Era realmente incrível para mim como as neuroses que havíamos identificado nela ao longo dos anos podiam ser transformadas em *insights* espirituais. Talvez a maior qualidade de Cleo fosse a falta de necessidade de duvidar ou de analisar sua própria intuição. Ela se concentrava apenas nas coisas importantes para ela — naquele momento a maçã comida pela metade que ela havia descoberto entre a cadeira e a parede.

Então um rapaz saiu da Starbucks. Ele tinha um cavanhaque e usava um gorro de onde saía um punhado de cabelos. Ele ria enquanto falava no celular.

— Ei, sabe aquele cara que eu falei que estava na fila atrás de mim e que parecia o Deepak Chopra? — Ele balançou a cabeça, incrédulo. — É muito engraçado, quando ele falou, realmente parecia com ele!

dez

— *Se você pudesse fazer tudo de novo, o que faria diferente?*
— *Eu não faria nada diferente. Essa é a verdade.*
— *Nada?*
— *Poderia acontecer de maneira diferente porque espero fazer tão espontaneamente quanto fiz dessa vez. A maior parte de tudo o que tenho dessa vez veio sem esforço, não porque eu não estivesse tentando ou trabalhando muito, mas porque peguei como veio. Acredito que a criatividade vem da espontaneidade, e sou bom nisso. Algumas pessoas chamam de impulsividade, mas funciona para mim.*

— EU ME SINTO ÓTIMO — NANA GARANTIU PELO TELEFONE. ELE ESTAVA em casa há algumas semanas e parecia ter voltado a ser ele mesmo. Estava ansioso para retomar sua rotina: fazer caminhadas no parque, sair com seus velhos amigos militares e reclamar dos políticos indianos.
— Eles são uns inúteis — ele dizia.

a sabedoria dos cães

— Sua mãe disse que você está escrevendo um livro sobre esse cachorro de vocês — ele disse.

— Bem... não é exatamente sobre Cleo, mas sobre mim, meu pai, Krishu e Cleo. — Com sorte, o sucesso do livro não dependeria da minha habilidade para vendê-lo para meu avô.

— Parece fascinante.

Indiferente? Perplexo? Era difícil captar seu tom de voz.

— Sério?

— Não. Seu pai escreve livros sobre a procura pela felicidade. Seu cachorro, qualquer cachorro, é simplesmente feliz. O que mais há para dizer?

Certo.

— Olhe — ele disse. — Não se preocupe em mandar um exemplar do livro quando acabar. Nós pegaremos na biblioteca. Nunca se sabe por quanto tempo estaremos aqui.

— COMO ELE ESTÁ? — Candice perguntou enquanto fechava uma das malas.

— Completamente de volta ao normal.

Então me deparei com quatro malas, três de rodinha, uma sacola de bebê, uma cadeirinha para o carro e várias sacolas que ela tinha arrumado para a viagem.

— A maioria é de coisas para ele.

Ela não estava mentindo. Entre roupas, fraldas, lenços, comida, brinquedos, livros, carrinho para passear, cadeirinha para o carro e coisas variadas, meu filho de 11 quilos aparentemente precisava de quatro vezes esse peso para se manter.

— Ei — Candice me interrompeu antes que eu pudesse começar —, se quiser examinar tudo e refazer as malas, fique à vontade.

dez

Eu balancei a cabeça.

— Vou colocar as malas no carro.

O contratempo na viagem para o Canadá, é claro, era Cleo. Nos outros anos, nós a tínhamos levado conosco, e até chegamos a contrabandeá-la para *resorts* chiques que não permitiam cães. Mas esta viagem tinha o carimbo "internacional" e Cleo era uma vira-lata. Eu percebi que ela tinha os mesmos sentimentos que eu. O Canadá era mais um primo do que um parente distante e na nossa família primos são basicamente irmãos. Mas os agentes alfandegários não pensavam da mesma forma. Por isso Cleo ficaria em casa.

Nós costumávamos deixar Cleo com minha irmã ou com minha mãe, mas, como dessa vez iríamos viajar todos juntos, essas alternativas estavam descartadas. Assim como a longa viagem para a casa da mãe de Candice; Cleo estava velha demais para isso. Jamais consideramos sequer a possibilidade de deixá-la com o veterinário, que a colocaria em uma gaiola pequena e a deixaria passear apenas duas vezes por dia. E não cairíamos nessa de procurar um passeador/babá de cães. Com sua mistura dinâmica de neurose e antissociabilidade, seria como repetir todo o processo para conseguir uma babá. Quanto a enviá-la para a casa de alguém, bem, seria como perguntar ao vizinho se poderíamos montar uma célula inimiga na sala de sua casa.

— Leve-a para um desses hotéis bacanas — sugeriu uma das amigas de Candice, dando todos os detalhes de um lugar que ela recomendava.

Telefonei para conferir. Pelos preços estratosféricos, nós entraríamos para o clube *dessas* pessoas que gastam quantias insanas para dar aos seus cães uma vida cheia de mordomias. Ainda assim, eu sabia como justificar:

Sete noites em um hotel para cães: 350 dólares.

Comida especial para cães idosos: 10 dólares/dia.

Férias sem culpa para Gotham e Candice: não tem preço.

a sabedoria dos cães

Uma jovem chamada Missy levou-nos para conhecer as instalações. Uma área espaçosa para brincar ao lado de um salão iluminado. Cães grandes brincando com treinadores simpáticos. Separados por uma barreira, cães do tamanho de Cleo passeando, deitados, cheirando-se uns aos outros e brincando com brinquedos de pelúcia. O sol entrava pelas grandes janelas abertas. Uma brisa fresca garantia a ventilação para que o lugar não ficasse com cheiro forte de cachorro.

Missy percebeu que eu estava examinando atentamente o cercado onde Cleo teoricamente ficaria. Cleo talvez não se desse bem com os outros cães, eu pensei. Ela não era muito de fazer amigos, era mais de ficar com o focinho na calçada. Missy confirmou que os cachorros ficavam soltos nessa área e passavam a maior parte do dia brincando uns com os outros, andando em círculos.

— Não se preocupe — ela garantiu — se surgir algum tipo de tensão entre eles, nós os separamos para que nada aconteça.

Na hora das refeições, em especial, eles eram separados para evitar conflitos. Se Cleo ficasse ali, Missy falou, ela teria um espaço reservado para comer de manhã e à noite com um treinador para lhe dar atenção especial e garantir que ela comesse tudo. Olhei para Candice. Parecia bom.

À noite, havia uma área cheia de almofadas onde os cães descansavam. Eles diziam aos donos para deixarem uma camiseta usada para que os cães tivessem algo identificável na hora de deitar, um cheiro familiar e reconfortante. Em resumo, a visita era para nos garantir que tínhamos encontrado uma solução para o nosso problema. Candice ficou especialmente satisfeita, por isso decidimos tentar. Missy acompanhou Candice até um escritório para preencher alguns formulários enquanto eu esperava, checando os *e-mails* em meu iPhone perto da área de recreação; havia mais ou menos uma dúzia de cães correndo para lá e para cá, brincando.

Depois de alguns minutos, um jovem entrou na sala e ficou ao meu lado.

— E aí, cara? — Ele olhou para mim, erguendo o queixo, e eu devolvi o cumprimento.

dez

O "cara" tinha na mão uma meia dúzia de guias, mas o que chamou minha atenção foi a quantidade de tatuagens no braço. Ele tinha o que se costuma chamar de mangas, tatuagens cobrindo todo o braço sem sinal de pele que não tivesse tinta. Nem um pedacinho. Tinha um cavanhaque loiro e usava um gorro e uma camiseta em que se lia FIQUE LONGE DOS OTÁRIOS.

— Eu me chamo Nomi, cara. — Ele estendeu a mão para me cumprimentar.

Apertamos as mãos.

— Um desses é seu? — ele perguntou, apontando para os cães.

— Não. Ela vem amanhã.

— Ah, uma cadela. — Ele sorriu e acenou com a cabeça. — Literalmente, certo? Qual é o nome dela?

Ele me pegou de surpresa.

— Ãhn... Cleo.

— Ãhn Cleo ou só Cleo? — Ele riu. — Só estou brincando com você, cara. Vou ficar de olho na Cleo. Eu levo os meninos e meninas para passear — ele disse, depois sacudiu os ombros e fez um passo seguindo uma música que ninguém podia ouvir.

Ficamos ali por algum tempo, enquanto eu tentava encaixar Nomi com a minha ideia de como deveria ser um passeador de cães.

— Sabe de que este lugar me lembra? — Nomi apontou com a cabeça para a área de brincadeira à nossa frente.

Eu balancei a cabeça.

— Uma prisão. — Ele sorriu. — Quer dizer, não que eu ou você possamos saber como é um lugar desses, certo, cara? — Ele piscou para mim e sorriu. — Mas sério. Tipo esse é o pátio, certo?

A única coisa que eu sabia a respeito de pátios de prisão (felizmente) era o que via de vez em quando em algum documentário. E eles me causavam pesadelos.

Nomi continuou:

a sabedoria dos cães

— Quando chega um cachorro novo, ele é solto e fica com os que estão aqui. Eles precisam descobrir como se entender, certo? Descobrir quem é que manda e ir atrás desse cachorro velho e mostrar quem manda agora para que todos saibam. Ou, você sabe, conseguir cobertura, descobrir seus chapas, entende? — Ele riu de novo.

— Sério, cara, esses cachorros são incríveis, a maneira como se organizam e ficam à vontade uns com os outros. A hierarquia que se forma, e depois continua se formando. É muito legal, cara. Cleo vai gostar. Como ela é?

Eu não sabia o que dizer. De repente comecei a ter dúvidas sobre esse plano, esse pátio, soltar a inocente Cleo no meio de todos esses cães. Na verdade, nesse momento decidi cancelar tudo.

— Eu não sei. Quer dizer, eu não sei como ela vai se comportar aqui.

Nomi estava abrindo o portão para entrar no pátio e foi cercado pelos cães. Ele fez carinho em todos, pegando cada um deles e colocando a guia nas coleiras, identificando um por um, Tiger... Gypsy... Buddy... Nelly ... e outros.

Depois de prender cada uma das guias, Nomi levou o grupo e fechou o portão atrás dele.

— Eu entendo — ele se virou para mim, depois se agachou e pegou um dos cães cuidadosamente. — Este aqui é o Chaucer. Ele era assim.

Chaucer, um vira-lata muito parecido com Cleo, esticou a língua e lambeu o rosto de Nomi carinhosamente. De repente, Nomi parecia ser a criatura mais doce da face da Terra, retribuindo o carinho de Chaucer.

— Chaucer chegou aqui todo assustado e inseguro, mas no segundo dia já tinha encontrado seu lugar e começou a se impor. — Nomi encostou o rosto no de Chaucer, esfregando carinhosamente. — Não é verdade, meu chapa?

— Mas aqui é tudo de bom. — Ele colocou Chaucer no chão e virou-se para mim. — Quer dizer, eles merecem, certo. Cleo merece, certo?

Fiquei olhando para Nomi, sem saber o que dizer. Ele era a contradição em pessoa. Nesse momento, Candice reapareceu ao lado de Missy com um grande sorriso no rosto. — Isso vai ser realmente ótimo para ela.

— Se vai. — Nomi apresentou-se para Candice. — Cleo vai se encontrar aqui, madame.

— Até mais, cara. — Ele estendeu a mão e me cumprimentou, depois me abraçou como se fôssemos amigos de infância.

NOSSA VIAGEM PARA WHISTLER, uma cidade cenográfica a duas horas de Vancouver, foi absolutamente tranquila. Candice havia baixado vários desenhos em seu *laptop* e graças a isso mantivemos Krishu entretido por um tanto de horas digno do livro dos recordes.

Logo depois do *check-in* no hotel, antes mesmo de irmos para o nosso quarto, corremos até a suíte de meus pais, que tinham chegado algumas horas antes e já estavam instalados. Estávamos curiosos com a reação de Krishu depois de ficar sem ver minha mãe por vários meses.

Antes de ir para a Índia, ela ocupava um lugar especial. Só era superada por Candice na hierarquia do seu afeto. Eu ocupava um lugar bem inferior, superado inclusive por minhas sobrinhas, Tara e Leela, que tinham um lugar especial no coração de Krishu. Papa, enquanto isso, tinha galgado vários degraus nas últimas semanas, adquirindo um peso especial na vida de Krishu. O que aconteceria agora que minha mãe tinha voltado? Eu suspeitava que ele secretamente esperava que Krishu revelasse esse vínculo na frente de minha mãe, para que ele pudesse contar vantagem.

— Dadi!!! — Krishu gritou no instante em que viu minha mãe. Ele correu em sua direção e atirou-se nas suas pernas com todo o entusiasmo de que era capaz. Minha mãe mal conseguiu dizer seu nome antes de começar a chorar. Krishu subiu no seu colo e pediu: — Não chora. Fica feliz!

a sabedoria dos cães

— Você não é o bebê de Dada? — Papa perguntou alguns minutos depois, quando as coisas se acalmaram.

Krishu sorriu com os olhos, a maldade se espalhando por seu rosto.

— Não, bebê de Dadi!

Papa insistiu.

— Bebê de Dada?

— Não, bebê de Dadi! — Krishu repetiu.

— Eu tenho um picolé — Papa ergueu as sobrancelhas, apelando. Krishu arregalou os olhos, curioso.

— Você quer?

— É bom você ter mesmo um picolé — eu avisei.

Papa olhou para mim em dúvida.

— Você tem um picolé, não tem Papa? — Candice pressionou.

O sorriso de Papa se desfez.

— Merda.

Mamãe, Candice e eu balançamos a cabeça.

— Picolé? — Krishu ainda não havia entendido. Ele deixou o colo de minha mãe e correu para Papa.

— Vou levá-lo para comprar um picolé — Papa garantiu.

Eu dei de ombros. Por que não? Eu estava louco para tomar um banho e Candice queria conhecer o *spa* do hotel. Apesar de sabermos que poderíamos desviar a atenção de Krishu e levá-lo conosco, queríamos que ele soubesse que seu avô cumpriria sua palavra. Papa pegou Krishu no colo e saiu com ele do quarto.

Cerca de trinta minutos depois meu celular tocou.

— Alô, Gotham? — A mulher se apresentou como Julie. Ela estava tentando localizar meu pai, que deveria participar da recepção ao grupo. Eles não conseguiam encontrá-lo e ele não estava atendendo o celular.

— Alguém disse que seu pai estava com seu filho. Você sabe onde eles poderiam estar?

dez

O que poderia dizer? Confessar que meu filho de 2 anos tinha exigido um picolé e que para manter a santidade de seu relacionamento meu pai não teve escolha senão vasculhar toda a região atrás de um?

— Eu não tenho muita certeza.

Prometi a Julie que iria procurar meu pai e sugeri que ela simplesmente fizesse meditação com os cerca de quinhentos convidados. Era um velho recurso dos Chopra. Não consegue dormir? Medite. Turbulência excessiva durante o voo? Medite. Bloqueio mental? Medite.

— Boa ideia — Julie respondeu e desligou.

Depois de quinze minutos, após despachar um boletim para toda a família, encontrei Papa e Krishu sentados em um banco no centro da vila olímpica. Ao me ver, Krishu abriu um sorriso e esfregou o picolé na cara. Papa, apesar de ter conseguido manter uma aparência mais limpa, estava chupando seu próprio picolé vermelho.

— Oi, Papa! — Krishu falou.

— Papa, o que está fazendo? — eu perguntei ao meu pai.

— Chupando picolé — ele anunciou, mostrando o picolé de cereja. — Acho que não chupava um picolé há mais ou menos trinta anos.

Ele passou a mão na cabeça de Krishu.

— Acho que não me divertia tanto assim há muito tempo.

Preferi não mencionar o fato de que eu tinha 34 anos. Eu sabia de onde ele vinha.

— Papa, você está atrasado. Estão esperando por você.

Ele olhou para mim, perplexo.

— Você deveria estar recebendo o grupo neste momento.

Sua expressão se fechou, mas não parecia nervoso.

— É melhor eu ir — ele falou, levantando-se do banco.

— Eu disse a Julie para fazer meditação com eles.

Ele sorriu.

— É o que eu faria.

— Eu sei — sorri para ele e me sentei ao lado de Krishu.

a sabedoria dos cães

Papa começou a caminhar na direção do *resort* e então parou. Ele se voltou e disse:

— Se você não tivesse chegado, acho que eu e Krishu ficaríamos sentados aí para sempre.

Eu passei a mão na cabeça de Krishu.

— Eu sei. É o que eu faria.

FAZIA ANOS QUE MEU PAI vinha realizando seminários como esse que ele iria dirigir durante a semana em Whistler. Alguns duravam apenas um fim de semana e reuniam grupos pequenos, com uma dúzia de pessoas; outros, como o *Seduction of spirit* (Sedução do espírito), duravam uma semana inteira e o número de participantes chegava às centenas. A família havia participado de vários desses cursos, especialmente porque nos permitia passar algum tempo juntos em lugares espetaculares como esse, em Whistler. Mas havia outro aspecto que era impossível perder. Durante esses cursos, Papa mostrava o que tinha de melhor.

Apesar de todos os livros, *blogs* e artigos na internet, apesar de todas as participações em programas de TV, Papa ficava diferente durante esses dias em que interagia intensamente com as pessoas. A mistura de interação pessoal que ele oferecia em consultas pessoais, ou quando alguém o encontrava no corredor, com as palestras que ele fazia para todo o grupo abasteciam-no com uma energia única, que ele usava em todos os aspectos de sua vida. Para nós — que instintivamente mantínhamos seus pés no chão e não deixávamos que ele se perdesse demais em sua órbita espiritual —, ver Papa nesse ambiente era lembrar o que ele fazia para viver e como era poderoso para as pessoas.

Um dia de manhã, eu o encontrei fazendo esteira na academia. O fato de ter uma xícara de café na mão, da qual tomava um gole de vez

dez

em quando, mostrava a intensidade do exercício. Eu não poderia julgá-lo. Enquanto para ele, a caminhada na esteira nas primeiras horas do dia representava uma escapada do curso em que ele era a figura central, para mim era uma forma de escapar da rotina incessante de cuidados exigidos por Krishu.

Subi na esteira ao lado de Papa e a liguei.

— Como estão indo as coisas?

— Estão indo — ele sorriu. — É assim que se fala hoje em dia, não é?

Eu confirmei com a cabeça. Apesar de todo o seu isolamento da cultura moderna — ele poderia fazer esteira ao lado de Britney Spears e de Sylvester Stallone sem saber quem eram —, ele se esforça para manter-se ligado a alguns dos elementos mais relevantes do *Zeitgeist*. Tecnologia, redes sociais, cinema e linguagem — a maneira como nos comunicamos e aprendemos uns com os outros — são suas obsessões. Apesar de misturar algumas coisas (tipo "droga é uma merda"), nada o impede de estar sempre tentando.

Eu lhe perguntei do grupo.

— Excepcional — ele falou, admirado. — Um grupo realmente inacreditável dessa vez. — Ele tomou um gole do café. — Há um sujeito que criou o conceito de uma "economia do presente". Ele e a esposa não usam dinheiro. Sobrevivem doando seu tempo e esforço e aceitando presentes e doações dos outros. É incrível. Há muito o que aprender e adaptar à nossa economia falida. Imagine se todas as pessoas do mundo fossem um pouco mais caridosas, não com dinheiro de verdade, mas com serviço. Isso transformaria completamente a economia do planeta.

Papa abaixou a xícara de café.

— Há uma mulher que é geneticista. É uma das maiores especialistas do mundo no mapeamento dos genes. Ontem ela contou coisas realmente admiráveis — ele ficava entusiasmado só de falar a respeito. — Quer dizer, imagine para onde a ciência está caminhando... Eu a coloquei em contato com um sujeito que veio da França e é um dos criadores

a sabedoria dos cães

do sistema de saúde francês. Você sabia que o sistema deles é considerado um dos melhores do mundo?

— Vou tomar café com eles mais tarde e com um outro sujeito que fundou e vendeu duas empresas de tecnologia por algumas centenas de milhões de dólares e agora criou uma nova tecnologia. É como um dispositivo que qualquer pessoa pode personalizar e usar como portal para catalogar seu bem-estar pessoal. Acho que os três podem juntar seus conhecimentos e recursos e ajudar a resolver o problema do sistema de saúde neste país.

Com toda a seriedade, Papa virou-se para mim, mexendo o dedo.

— O presidente Obama deveria estar aqui.

Meu pai em uma casca de noz. Parte dele é um eterno otimista. Papa realmente acredita que tem uma habilidade única para reunir pessoas de todas as partes do planeta, uni-las mentalmente e alterar a consciência coletiva.

Ele falou de outras pessoas, especialistas em microfinanças, contraterrorismo, bem-estar integrado, tecnologia de telefones celulares, cientistas comportamentais, psicólogos infantis etc. Alguns dos termos que ele usou eram tão estranhos para mim que não pude entender exatamente o que faziam.

— Sabe de uma coisa, Gotham — Papa tomou mais um gole de café e expirou com uma expressão grave —, vivemos em uma admirável era de transformações. A tecnologia logo irá nos permitir reprogramar nossos corpos e nossa consciência a partir de nossos BlackBerrys. A questão é se vamos ou não nos orientar em direção a esse fim.

Em ocasiões como essa, eu sentia uma profunda sensação de decepção e desespero em Papa. Era o lado escuro do seu otimismo; como se estivesse no primeiro lugar na fila diante desse incrível potencial humano, sabendo que muitas vezes nossa raça conduzia esses recursos para os mesmos fins de sempre — guerras e armamentos, privatizações e uma riqueza enorme para poucos.

dez

— Ontem, em uma das nossas sessões de grupo, uma das pessoas disse que estamos na "era das ilimitações" por causa do o potencial que temos com tanta tecnologia e recursos.

Ele riu.

— Sabe no que pensei quando ela disse isso? Ilimitações.

Eu balancei a cabeça.

— O quê?

— Cleo. — Ele sorriu.

Caramba, ele e Cleo realmente tinham feito avanços. Ele não só havia reconhecido nela uma série de qualidades espirituais durante o último verão como também agora acreditava que ela tinha potencial para nos conduzir para o admirável mundo novo tecnológico do futuro.

— A verdadeira ilimitação vem da sensação de ser puro. Não do fazer ou tentar, mas do ser. Não se trata de obter reconhecimento ou de conquistar respeito, de ganhar um prêmio ou de gerar dividendos, trata-se de não funcionar a partir do ego, oferecendo-se a todos porque você sabe que no fundo até o seu chamado *eu* é apenas uma peça reciclada do todo. Nem você é seu para começo de conversa, por isso oferecer-se aos outros é apenas mais um exercício de consciência.

Está vendo? Eu disse a mim mesmo, isso é o que acontece depois de alguns dias de meditação crônica e oficinas espirituais.

— Cleo é ilimitada porque está em contato com seu *eu* e sabe que seu *eu* sequer é seu eu verdadeiro.

— Bem, é melhor conseguirmos um passaporte para ela, então — eu brinquei.

Papa riu.

— Certo. Em vez de Obama, talvez fosse melhor se Cleo estivesse aqui.

a sabedoria dos cães

TELEFONEI PARA O HOTEL de cães para ter notícias. Segundo Missy, no primeiro e no segundo dia, Cleo ficou na sua. Isso não era de surpreender, pois quem a conhecia sabia que Cleo não era do tipo de fazer amigos. Ainda assim, apesar de Missy me garantir que sempre demorava algum tempo para os cães se adaptarem a ambientes novos, comecei a ficar preocupado, em dúvida se tínhamos feito a coisa certa. A analogia de Nomi com uma prisão não ajudou muito. Cleo não era exatamente afeita às regras do pátio. Ficaria deitada a maior parte do tempo, e não era preciso ser especialista para saber que ela não aceitaria bem ser empurrada para a selva da vida na prisão.

Apesar de saber que não tínhamos muitas alternativas e de fazer de tudo para relaxar — como longas subidas de bicicleta pelas trilhas de montanha na paisagem espetacular da Colúmbia Britânica, com Krishu amarrado a um carrinho atrás de mim —, eu não conseguia evitar um sentimento de culpa cada vez maior em relação a Cleo. No terceiro dia em Whistler, eu estava bastante apreensivo.

— Ela deu a volta. — Missy anunciou alegremente. Um novo cãozinho chamado Billy havia chegado naquela manhã e começou a seguir Cleo por toda parte. Apesar de ficar irritada no início, tentando mordê-lo, ela acabou adotando Billy, e agora estava lhe mostrando o lugar.

— Sério?

— Pode acreditar, até amanhã teremos muitas novidades.

Telefonei vinte e quatro horas depois, bastante ansioso.

— Então, Cleo já se transformou em mandachuva do pedaço?

— Mandachuva? — Missy estranhou o termo.

Eu me lembrei desse termo, usado nas prisões para definir o líder entre os presidiários, que encontrei quando fazia uma pesquisa na internet para um projeto que acontecia parcialmente dentro de uma prisão.

— Esqueça. Como está ela?

— Billy e Cleo formaram seu pequeno bando. É um grupo de cachorros pequenos que Cleo comanda pela área de brincar. Quando fazemos

dez

brincadeiras dirigidas, todos ficam olhando para Cleo e tentam fazer os truques que ela faz.

— Truques? — Missy tinha se entregado. Ela estava confundindo Cleo com outro cachorro. — Cleo?

— Sim, sua pequena bola de pelos branca é uma líder nata.

Eu não pude evitar um sorriso.

— Vou ter que ficar de olho nela — Missy confessou. — Quanto maior fica o grupo dela, mais os outros reparam. Isso pode gerar alguma rivalidade.

Certo, eu pensei comigo mesmo. Vida na prisão. Gangues. As coisas podem esquentar.

— Não se preocupe. Cleo não parece do tipo que causa problemas.

E realmente não era. Apesar do seu complexo de Napoleão, era pouco provável que liderasse uma revolta no estilo bolchevique.

Desliguei o telefone excitado com o que Missy havia contado. Procurei por Candice no *spa*.

— Cleo formou uma gangue! — eu disse a ela, todo feliz, deixando a manicure espantada.

NAQUELA NOITE, durante o jantar, contei a novidade para toda a família. Apesar de cada um ter sua rotina, participar de atividades diferentes no *resort* e até dar uma olhada no curso de Papa de vez em quando, o jantar em família tornara-se um ritual diário. Era a hora de contar histórias, deixar as crianças brincarem embaixo da mesa e encerrar o dia tranquilamente.

Nos últimos meses, Cleo havia se transformado em tópico constante de nossas conversas. Suas travessuras com Papa, para não falar dos meus *insights*, eram motivo de risos, suspiros e olhos virados. Sua promoção a

a sabedoria dos cães

gângster em um hotelzinho para cães de Los Angeles garantiu-lhe ainda mais elogios. Em retrospectiva, acho que nossas piadas tinham adquirido um tom óbvio. Tínhamos começado a falar de Cleo com grande ternura, como se ela não estivesse mais entre nós. Talvez fosse inconsciente, um reconhecimento sutil do que nós todos sabíamos — Cleo estava ficando velha. Ela tinha reduzido a velocidade depois de passar a marca dos dez anos. Candice e eu tínhamos vasculhado a internet para descobrir a média de vida de cães de raças misturadas, como Cleo. Todas as evidências indicavam que ela de fato estava, como dizia meu pai, no "ocaso de sua vida".

Tara em particular prestava muita atenção quando o nome de Cleo vinha à tona. Recentemente ela tinha descoberto o conceito de "idade canina". Isso, combinado com sua atenção cada vez mais voltada para a matemática, permitiu a ela calcular que Cleo estava com mais de 70 anos. Considerando que para ela qualquer pessoa com mais de 11 anos era considerada velha, Cleo podia ser chamada de anciã. Nesse contexto, sua reação quando tocamos no nome de Cleo naquela noite não foi algo inesperado. Tara começou a chorar.

Mallika, a mãe sempre atenta, pegou Tara no colo.

— Cleo está morrendo? — Tara foi direto ao ponto.

— Não — eu disse. — Cleo está bem. Ela está muito bem.

Ela olhou para mim com os olhos cheios de lágrimas.

— Mamu [termo indiano para tio], ela está ficando velhinha. Eu sei. E acho que ela vai morrer logo.

Perdidos, os adultos da mesa ficaram olhando para Tara em silêncio.

— Vá chamar seu pai — minha mãe pediu.

Encontrei-o no salão de conferências, discutindo a ideia de "células da paz" com um casal de suíços que trabalhava para as Nações Unidas. Desculpei-me pela interrupção antes de sussurrar no ouvido de meu pai o que estava acontecendo.

Ele acenou com a cabeça e levantou-se. Papa disse ao casal que precisava resolver um problema de família. A paz mundial teria que esperar.

dez

— O que houve? — Papa perguntou a Tara quando voltamos para a mesa do jantar.

— Eu não quero que Cleo morra — ela respondeu. Só de pensar nisso ela já estava com lágrimas nos olhos de novo. — Não quero que ela nos deixe.

— Sabe de uma coisa, Tara? Nas últimas semanas passei mais tempo com Cleo do que jamais havia passado antes. — Ele sorriu, lembrando de alguns momentos. — E percebi que Cleo foi uma verdadeira dádiva para nós. Ela nos ama e aceita todo o amor que damos a ela. Mas, como todas as dádivas, temos que apreciá-la enquanto a temos, sem nos preocuparmos com o dia em que não a tivermos mais no futuro.

Papa enxugou a lágrima do rosto de Tara. Ela tentou sorrir.

— Cleo é uma dádiva do universo para nós. Mas ela não é nossa. Estamos aqui para cuidar dela até o dia em que, esperamos que em um futuro distante, o universo a leve de volta como levará todos nós. Temos que ser gratos pelo tempo que passamos juntos e aproveitar cada segundo porque é o tempo mais precioso que temos.

— Se você conseguir ver Cleo na sua mente e sentir Cleo no seu coração, então ela nunca estará longe de nós, certo?

Tara fez que sim.

— É melhor do que sentir cheiro de cachorro ou ouvir os latidos constantes, certo?

Desta vez, Tara sorriu. Papa pegou-a no colo, triunfante.

Tara sorriu para sua mãe, mostrando que a crise havia sido superada, mesmo que temporariamente. Mallika respirou aliviada, consciente de que isso era apenas o início de muitos momentos da pré-adolescência.

Ocorreu-me, no entanto, que isso não fora apenas um momento importante no amadurecimento de Tara. Também havia sido para Papa. Ao ver que Tara recebera seu afeto, os outros netos — Krishu e Leela — também o buscaram. Os três subiram em seu colo e se penduraram nele. Era um retrato improvável, embora o verão aparentemente o tivesse

a sabedoria dos cães

transformado em algo familiar. Olhei para mamãe, curioso com sua reação. Agora era ela quem estava com os olhos cheios de lágrimas. Subitamente percebi que seu plano para o verão havia funcionado.

Apesar de todas as identidades de Papa — professor, aluno, celebridade, doutor, autor, parceiro de Larry King —, a de homem de família era nova e à qual ele ainda estava se acostumando. Ainda assim, estava se saindo bem. Parecia alinhar-se a uma parte dele que, nos momentos em que não estava preparando um *best-seller*, contemplando a consciência ou tentando resolver os problemas do mundo, se encaixava muito bem.

Quando Krishu tentava dar a Papa uma colherada com torta de banana, um dos participantes do seminário passou por nossa mesa. Ele olhou duas vezes ao ver Papa ali sentado com três crianças pequenas em cima dele.

Papa o cumprimentou e apresentou a família. O homem era do Colorado, tinha se divorciado recentemente e estava tentando se adaptar e lidar com o fracasso do casamento.

— É bom vê-lo com sua família — o homem falou depois de conversar alguns minutos sobre amenidades. — Eu não sei por que nunca havia imaginado uma imagem assim.

Papa sorriu para ele. — Nem eu.

POR MAIS QUE DIGAM (quem quer que seja) que o instinto maternal/paternal é instintivo, não é. Para mim, caçar e colher nunca me pareceu algo natural. A noção de proteger e sustentar, criar um ninho, fazer um testamento e todos os outros comportamentos e rituais ligados à paternidade exigiam aprendizado e familiaridade. Alguns, até hoje, estão muito distantes do meu horizonte.

E, no entanto, alguns sentimentos menos acionáveis me pareciam intuitivos. Krishu nasceu três semanas e meia antes do previsto. Como se

dez

não estivéssemos preparados para a alteração no jogo provocada pela paternidade, a chegada prematura nos pegou de calças curtas. Literalmente.

Quando Candice me acordou à 2 horas da manhã dizendo que achava que a bolsa havia rompido, eu a "tranquilizei" dizendo que ela devia estar enganada. (Em minha defesa, devo dizer que eu estava dormindo.) Mas ela estava certa, e logo percebi que aquele caminho não teria volta. Apavorado, pulei da cama e comecei a agir, colocando em uma mala tudo o que eu conseguia imaginar antes de irmos para o hospital. Só quando já estávamos no carro é que Candice me lembrou de que eu estava esquecendo algo.

— Eu coloquei a comida de Cleo para fora — respondi todo confiante. Meu instinto paterno já estava se manifestando, como se não deixar o cachorro morrer de fome fosse um grande feito.

— Não é isso — ela falou, apontando para baixo. Olhei para onde ela estava apontando e me dei conta de que ainda estava de cueca.

Trinta minutos depois, Candice e eu (usando um conjunto de agasalho) estávamos na maternidade de Santa Monica/Centro Médico da Ucla, tentando conversar enquanto uma mulher gritava no corredor:

— Tirem esta coisa #@$% de mim!!!!!!

— Não se preocupe — eu tranquilizei Candice, como um macho idiota que não tem ideia do que está falando. — Tenho certeza de que seu parto será rápido e indolor.

Certo.

Vinte e duas horas e meia depois, nosso bebê nasceu. Tendo testemunhado o que Candice sofreu para que Krishu nascesse, é surpreendente que ela nos ame.

Faz pouco tempo, mas gosto de pensar que fizemos um ótimo trabalho. Ainda assim, é difícil — não, impossível — dizer a um garoto de 2 anos que ele precisa valorizar as coisas que tem na vida. Mas é o que faço regularmente com meu filho. Mesmo que ele não saiba agora, um dia irá perceber que Cleo sempre foi uma influência importante em sua vida. Não apenas porque ela o adora e o lambe, mas porque seu ser ilimitado revela algumas das qualidades mais importantes que ele poderá aprender.

Mais do que as coisas que ensinou a mim ou a Papa, as lições que está transmitindo a Krishu — em uma idade em que o próprio universo está se imprimindo rapidamente em sua consciência — estão entre as mais preciosas que ele guardará consigo. Digo isso consciente de que "sou filho de", sabendo no meu coração que um dia ficarei ainda mais orgulhoso por dizer que "sou pai de".

EM ALGUM MOMENTO do quarto ou quinto dia do curso de Papa, as atendentes realmente acertaram o passo. Essa era a parte do curso mais valiosa para a maioria das pessoas, em que podiam examinar seus dilemas pessoais e também as questões maiores, de todo o planeta, com uma sobriedade ao mesmo tempo enraizada em uma perspectiva muito maior da conectividade de todas as coisas. Nesse estágio, essa conectividade era empírica, não apenas conceitual. Essa experiência coletiva de retirada de camadas do eu na atmosfera aberta e confiável do curso criava uma energia única, estimulante e inspiradora. Até mesmo eu, o cínico da família, reconhecia isso.

Era nessa fase do curso que Papa acertava sua batida. Essa mesma energia inspiradora o abastecia. Suas palestras adquiriam um algo a mais. Seus *insights* forçavam novos limites. Ele não se detinha diante de nada — as falhas do sistema de saúde, os tropeços da economia, a retórica inflamada entre imperialistas e terroristas que assolavam o mundo exterior. Ele estava sempre disposto fosse para lidar com a forma de ajudar os indivíduos a explorarem sua própria consciência e se curarem, fosse para pensar nas crises globais mais amplas e com a ajuda de outros elaborar soluções criativas.

dez

Talvez a única coisa capaz de fazê-lo desacelerar — tanto literal quanto figurativamente — fosse um teleférico parado, e foi exatamente isso o que aconteceu quando ele, Krishu e eu subimos uma montanha bem íngreme.

— E agora, o que vamos fazer? — Papa perguntou quando ficamos parados a 60 metros de altura sobre uma pista de esqui seca com o teleférico balançando para frente e para trás.

— Não há muito o que fazer, a menos que você seja o MacGyver.

— Quem é MacGyver? — ele perguntou, confuso.

Balancei a cabeça.

— Esqueça. Acho que vamos ter que esperar.

Krishu parecia imperturbável. Andando ou não, o teleférico em si já era uma aventura para ele.

— Olha. — Ele apontou pela janela do compartimento fechado. Sua expressão de espanto se transformou em um sorriso capaz de iluminar toda a cidade de Nova York.

Papa e eu seguimos seu dedo para ver o que ele estava apontando. Eu não conseguia ver nada especial. A montanha que estávamos subindo ficava acima do vale onde estavam o *resort* e algumas outras propriedades. Depois de alguns quilômetros de terra ocupada, mais montanhas íngremes com picos nevados. O sol tinha se escondido atrás desses picos, mas alguns raios de luz ainda cruzavam o céu, criando uma neblina laranja e púrpura.

— O quê, Krishu? O que você está vendo?

— Aquilo! — Krishu gesticulou com o dedo, apontando novamente com firmeza para a vasta imensidão do céu.

Papa estava fazendo a mesma coisa. Nós dois estávamos ficando vesgos, tentando desvendar o mistério. — Para o que ele está apontando?

De repente me ocorreu, e sentei no banco, rindo.

— Nada. Ele não está apontando para nada.

— Como assim? — Papa balançou a cabeça, ainda sem entender.

— Ou tudo. — Encolhi os ombros. — Acho que depende da perspectiva.

a sabedoria dos cães

Papa olhou de novo para fora da janela. Observou a montanha descendo para o vale, a imensidão da terra, as montanhas do outro lado subindo até o céu, o pôr do sol atrás delas e o fragmento de luz que formava a neblina laranja e púrpura, A imensa magia do planeta Terra, o domínio mítico em que esses picos nevados rasgavam o céu, era para isso que Krishu estava apontando.

Finalmente ele entendeu.

— Fantástico.

Papa pegou Krishu no colo.

— Você é um gênio — Papa falou, fazendo cócegas em Krishu. Depois virou-se para mim. — Ele é um verdadeiro *rishi*, um profeta.

Krishu aceitou o cumprimento com a humildade de sempre. Ele já tinha esquecido sua grande revelação e estava apontando para baixo. Papa e eu mais uma vez acompanhamos a direção do seu dedo, desta vez determinados a localizar seu *insight* sem nos perdermos em devaneios existenciais.

Mas desta vez não precisamos de lente de guru para encontrar o que Krishu havia visto. Um urso preto de tamanho médio subia desajeitadamente por uma pilha de paus e folhas no chão. Krishu ficou ainda mais animado ao perceber que era um urso de verdade, um urso vivo.

— Dada, urso!

— Uau! — Papa respondeu entusiasmado, agora treinado nas artes de avô.

Sua alegria confirmada, Krishu ficou apenas olhando para o urso, com os olhos arregalados.

Papa também ficou em silêncio, com os olhos igualmente muito abertos. Mas ele não estava olhando para o urso, olhava para Krishu.

— Sabe — Papa falou, sem tirar os olhos de Krishu — este será seu desafio como pai.

— Como preservar e proteger essa inocência e ilimitação à medida que Krishu crescer e se confrontar com um mundo que exige exatamente

dez

o oposto? A conformidade nos incomoda a todos. — Ele se virou e olhou para mim. — Não é fácil.

Ele estava falando de mim? Ou dele?

Krishu continuava hipnotizado pelo urso. Mas como sempre acontecia quando ele percebia que as pessoas em volta estavam conversando sem prestar atenção a ele, tentou chamar a atenção do avô novamente.

— Olha, Dada. — Ele apontou de novo para baixo.

— O urso está comendo. — Papa acenou com a cabeça, impressionado. — Estou vendo.

— É... Estou vendo um rinoceronte e um tigre. — Ele arregalou ainda mais os olhos, cheio de entusiasmo.

— Uau!

— E um elefante e um pinguim — Krishu continuou. Se alguém acompanhasse o olhar de Krishu veria que, para ele, o rinoceronte, o tigre, o elefante e o pinguim eram tão reais quanto o urso. Como acontecia com Cleo, para ele a ilimitação não era uma qualidade espiritual, não era um ideal que ele precisava alcançar ou integrar à sua vida. Era um modo de ser. Por quanto tempo duraria? O mundo e eu trabalharíamos para que ficasse o máximo de tempo possível. Era o melhor que eu poderia fazer.

O teleférico começou a andar e nos levou para frente. Estávamos voltando a subir depressa. Krishu começou a acenar para se despedir dos novos amigos que estavam lá embaixo e procurando novos à medida que a montanha ficava mais íngreme.

— Mama lhe falou o que vou fazer? — Papa mudou de assunto.

Balancei a cabeça, sem saber do que ele estava falando.

— Estou me tornando vegetariano e vou para a Tailândia passar um mês como monge.

Eu fiquei olhando para ele, sem expressão. A parte do vegetarianismo eu já tinha ouvido antes. Muitas vezes. Mas monge? Isso era novidade.

— Um mês em um monastério. Apenas meditação e uma tigela, vivendo da caridade dos outros.

a sabedoria dos cães

Uau. Eu realmente não sabia o que dizer.

Papa, é claro, não precisava de mim ou de quem quer que fosse para manter a conversa.

— Preciso de tempo para pensar naquilo pelo qual quero ser realmente lembrado.

Eu concordei com um aceno de cabeça.

Ele sorriu, como se tivesse ouvido o que acabara de falar.

— E preciso de tempo para pensar por que realmente eu gostaria de ser lembrado.

NA MANHÃ SEGUINTE, antes do café da manhã, no meu quarto, dei alguns telefonemas. Liguei para o hotel em Los Angeles e Nomi atendeu.

— Ei, cara — ele me cumprimentou. — Eu disse, sua cachorrinha parece uma gângster. Você sabe do que estou falando, certo?

Eu sabia o que ele queria dizer com gângster. Era um termo da época em que o *rap* surgiu, para mostrar certo respeito urbano em relação ao gueto Zen.

— Não, cara — Nomi riu. — Não a Cleo *Chopra*. Ela é uma guru de verdade, cara.

Dessa vez comecei a rir.

— Ela tem seguidores, cara. — O número de cães que a seguiam havia dobrado. — Fala pro seu pai tomar cuidado.

Agradeci a Nomi e disse que ligaria no dia seguinte.

— Como quiser, cara. A Cleo vai nos levar para uma peregrinação. Guru original é definitivo.

Eu ri sozinho enquanto ia para a pequena saleta que ficava ao lado do quarto de meus pais. Eles estavam hospedados no andar VIP, onde regalias como café da manhã gratuito estavam incluídas no pacote da

dez

reserva. Infelizmente, eles não contavam com toda a família tomando conta das instalações. Após uma resistência inicial, eles cederam e nós praticamente transformamos o lugar em nossa sala de jantar particular.

Naquela manhã, Mallika tinha pedido a todos que chegassem pontualmente às oito horas porque Tara tinha um anúncio a fazer. Eu sabia que não devia contrariar minha irmã e cheguei alguns segundos antes. Todos — incluindo meus pais — estavam sentados à espera das novidades de Tara. Mallika deu-lhe a palavra.

— Eu, hummmm — Tara começou nervosamente.

— Fala logo! — Leela a apressou.

— Fala — Krishu imitou Leela, com sua vozinha alegre.

— Está certo. Eu vou ganhar um cachorrinho.

— Conte o que combinamos — Mallika interferiu.

— Leela e eu prometemos para mamãe que vamos limpar o quarto toda semana, não vamos brigar, fazer a lição de casa todas as noites e ver menos TV.

Mallika olhou para mim e piscou.

O entusiasmo de Tara não tinha limites. Ela vinha pedindo um cachorrinho para os pais há muito tempo. Tinha finalmente vencido a guerra.

Passamos o resto do dia pensando em nomes. Os preferidos eram Delhi (Sumant), Chutney (mamãe), Moksha (Papa), Jedi (Candice), Rumi (Mallika), Bola de Pelo (Leela) e Tom Brady (eu). Krishu estava em dúvida. Para ele, qualquer cachorrinho novo que viesse fazer parte da família seguiria os passos de Cleo — literalmente. Por isso "Cleo 2" era sua escolha.

Aos poucos, nós conseguimos convencê-lo de que o novo cachorrinho, apesar de ser um irmão de Cleo da mesma maneira que ele era de Tara e de Leela, deveria ter seu próprio nome e sua identidade.

Foi quando surgiu seu novo nome favorito: Lata de Lixo.

Nos dias seguintes, enquanto nossas férias gloriosas — e o verão — chegavam ao fim, nós todos fomos ficando entusiasmados com o novo

a sabedoria dos cães

membro da família. Mallika estava cada vez mais decidida a seguir regras rígidas e firmes para garantir que o novo filhote fosse treinado desde o início e evitasse todos os hábitos ruins que o outro membro da família havia adquirido. Candice e eu a encorajamos, apoiando suas falsas esperanças e rindo por trás dela.

Curiosamente, Tara — que havia iniciado todo esse processo — aos poucos começou a pender em outra direção. Sempre muito contemplativa, ela ficou ainda mais quieta com o correr dos dias e a aproximação da data para pegar o filhotinho quando voltássemos para Los Angeles.

— Gotham Mamu. — Ela se aproximou de mim no aeroporto, enquanto esperávamos para embarcar no avião para casa.

Seu tom de voz revelava sua dúvida. Eu podia jurar que ela estava pensando muito sobre alguma coisa. Papa, sentado ao meu lado lendo uma revista, também notou o tom de voz. Ele se virou para ela, preocupado.

— Qual é o problema?

— Bom, é que... — Seus olhos se encheram de lágrimas. — Eu quero que Cleo saiba que independentemente de qualquer coisa, mesmo quando tivermos um novo cachorrinho, eu nunca vou esquecer que ela foi meu primeiro cachorro. E sempre a amarei de um jeito especial.

Aliviados, Papa e eu sorrimos ao mesmo tempo.

— Sabe de uma coisa, Tara? — Eu a peguei em meus braços. — Não existe uma regra que diga que você não pode amar dois cães ao mesmo tempo.

Dessa vez sua expressão de alívio era evidente.

— Eu estava pensando — ela falou, com uma expressão que sugeria que ela de fato estivera, e bastante. — Como Cleo será a irmã mais velha, ela poderia ensinar a ele, você sabe, *tudo*.

Eu concordei silenciosamente. Minha irmã iria me matar.

— Acho que é uma ótima ideia — Papa interferiu. — Cleo certamente tem muito a ensinar a nós todos.

agradecimentos

Como todas as grandes experiências, este livro resultou da confluência de relacionamentos e eventos.

Em primeiro lugar, o pano de fundo formado por minha família maravilhosa: a amizade e o relacionamento em constante evolução com meu pai; o amor sempre presente de minha mãe; o cuidado e o carinho à distância dos meus sogros; a sabedoria dos meus avós; a vivacidade e o riso da minha incrível esposa, Candice, do meu filho, Krishu, da minha cachorrinha, Cleo; a lembrança de Nicholas; e o aconselhamento acolhedor da minha "outra casa" — Mallika, Sumant, Tara, Leela e o filhotinho Yoda.

Brenda Copeland: você pegou esta ideia maluca sobre meu pai e meu cachorro e ajudou a transformá-la em algo muito especial para mim; estou muito entusiasmado e orgulhoso por dividi-la com minha família e o mundo. Além disso, sua criatividade em meio ao caos também me forçou a desenvolver uma habilidade que ignorei por várias décadas — a organização. Acho que preciso agradecer por isso também.

Por fim, gostaria de agradecer ao meu saudoso amigo Michael Jackson. Ele faleceu enquanto este livro estava sendo elaborado. Batalhamos para incluí-lo neste livro, honrando-o sem explorá-lo, celebrando sem algazarra. Espero termos conseguido. Obrigado por ter sido um grande amigo e uma verdadeira estrela. Descanse em paz, Applehead (Cabeça de Maçã).

Gotham Chopra